DAS KRIEGSENDE 1945 IN THÜRINGEN

»Wo Gefahr ist, wächst das Rettende auch.«
[Friedrich Hölderlin]

ALEXANDER BLÖTHNER

DAS KRIEGSENDE

1945 IN THÜRINGEN

IN

AUGENZEUGENBERICHTEN

Aus der Reihe: Plothener Hefte zur Thüringer Regionalgeschichte Band 7

Über den Autor:

Alexander Blöthner M. A. (phil.), geboren 1974 in Schleiz, hat an der Universität Jena ein »Studium Generale« mit Schwerpunkt auf Geschichte und Soziologie absolviert und verfaßt Bücher über Lebensweisheiten, Landschaftsmythologie, Sagen, Orts- und Regionalgeschichte von Ostthüringen und von Westsachsen.

Tannhäuser
Alexander Blöthner

5. Auflage 2017 [2005]

HERSTELLUNG UND VERLAG: B O D – BOOKS ON DEMAND NORDERSTEDT

ISBN 978-3-74489-717-4

INHALTSVERZEICHNIS

5

Dritter Teil und Schluss

Nordhausen

Sondershausen

Salza

Wülfingerode

Kreuzebra
Heiligenstadt
Wiedermuth
Kefferhausen
Ebeleben
Oberbösa
Küllstedt
Ershausen Volkenroda Westgreußen
Struth Grabe
Mühlhausen

Bad Tennstedt

Sömmerda

Udestedt
Haßleben
Creuzburg Bad Langensalza Erfurt
Gotha Akach
Neudietendorf

Dornburg

Niederroßla
Apolda
Weimar Jena

Langenberg

Gera

Weida

Hermsdorf
Neustadt/Orla

Großpürschnitz

Eisenach Wutha-
Farnroda
Merkers Bad Salzungen
Leimbach

Crawinkel

Frankenhain

Saalfeld

Zella-Mehlis
Jesuborn
Neustadt a.R.
Großbreitenbach

Schmiedefeld

Neuhaus

Pößneck
Kröpa

Neuhofen
Krobitz

Gössitz Kulmla
Liebengrün

Weira
Plothen
Schleiz

Thierbach

Greiz

Schloß Burgk

Gräfenwarth

Gerstungen

Geisa
Kranlucken
Oberweid

Rippershausen

Meiningen

Siegmundsburg

Lehesten

Dingsleben
Mendhausen
Gompertshausen Westhausen
Sternberg
Zimmerau

Haubinda Mengers-
greuth-
Hämmern

Mupperg

Hildburghausen

8

Zum Geleit: Warum Erinnerung so wichtig ist

Noch heute gibt es jährlich weltweit zwischen 15 und 30 kriegerische Konflikte, von denen die meisten von uns allerdings kaum noch etwas mitbekommen. Krieg erlebt man momentan nur noch als etwas weit entferntes – unwirkliches und schnell verlieren wir den Bezug dazu.

Im Jahre 1914, als unsere Vorfahren jubelnd und leichten Herzens in den Ersten Weltkrieg zogen, hatten auch sie den Bezug zum Krieg längst verloren. Nach einer bis dahin 43jährigen Friedensphase stellte man sich – ungeachtet der inzwischen erschreckend weit fortgeschrittenen Entwicklung der Militärtechnik, von denen die wenigsten wußten und jene die davon wußten, sich dessen mögliches Potential beileibe nicht vorstellen konnten – Kriege als ritterliche Scharmützel vor, voller Möglichkeiten zum Beweis von Heldenmut. Was folgte, war millionenfacher Tod, Hunger, Leid, wobei die meisten, von jenen die umkamen, den ›Feind‹ vorher nicht einmal zu Gesicht bekommen hatten.

Damit unsere Generation denselben Fehler nicht noch einmal begeht und aus der Entfremdung heraus, die falschen Entscheidungen trifft, wollen wir mit dieser Veröffentlichung daran erinnern, wie es gewesen ist vor nunmehr 70 Jahren, als die Front mit jedem Tag näher rückte und der direkte Krieg auch in Thüringen zum Alltag wurde.

Freilich könnte man sagen, was will dieses Buch, wo wir doch jeden Tag im Fernsehen Dokumentationen über den Zweiten Weltkrieg sehen können und das viel bequemer, als in einem Buch, wo man sich Seite um Seite selbst erarbeiten muß. Doch was im Fernsehen fehlt, ist der örtliche, vorallem aber der persönliche Bezug.

Da wird von Hunderten, von Tausenden, von Hunderttausenden, von Millionen Opfern gesprochen, aber sobald es an der Schilderung des Einzelschicksals fehlt, verlieren solche Zahlen – und seien sie noch so gewaltig – ihre Bedeutung, denn wir können sie nicht mehr fassen.

Erst der Vergleich mit dem Bekannten – mit dem Vertrauten fördert die Anteilnahme und auch das Gedenken. Da sehen wir die Silhouette unserer Stadt, unseres Dorfes und denken:

Wie mag es damals gewesen sein, als die amerikanischen Panzer den Ort eingeschlossen hatten. Wir gehen über den Markt und denken daran, wie es einst wohl war, als Tiefflieger über der Stadt kreisten, und weiße Fahnen vom Kirchturm wehten.

Was werden die Menschen damals gefühlt, gedacht, erfahren haben – in dieser Stunde Null zwischen Angst und Erwartung?

Mit solchem Wissen im Hinterkopf sehen wir den Krieg im Fernsehen vielleicht einmal mit anderen Augen, bevor wir INFORMiert und ereignisgesättigt zum nächsten Sender weiterwechseln.

PROLOG: KRIEG SCHÄRFT DIE AUFMERKSAMKEIT

Unsere Augen öffnen sich dem Überraschungscharakter der Welt, sobald wir aufwachen und damit aufhören, alles als ›selbstverständlich‹ zu erachten. Eine kurze Begegnung mit dem Tod kann jenes Wunder auslösen. In meinem Leben – so der österreichische Zeitzeuge Pater Steindl-Rast – kam das sehr früh zustande. Da ich im von den Nazis besetzten Österreich aufwuchs, gehörten Luftangriffe zu meiner täglichen Erfahrung.»Und ein Luftangriff kann einem die Augen öffnen. Ich erinnere mich an einen Tag, als die Bomben zu fallen begannen, unmittelbar nachdem die Warnsirenen abgeschaltet waren. Ich befand mich auf der Straße. Da es mir nicht gelang, schnell genug einen Luftschutzbunker zu erreichen, rannte ich an eine nur wenige Schritte entfernte Kirche. Um mich vor Glassplittern und Trümmern zu schützen, kroch ich unter eine Kirchenbank und verbarg mein Gesicht in den Händen. Als aber die Bomben draußen explodierten und der Boden unter mir erzitterte, da war ich sicher, daß das gewölbte Dach jeden Moment einstürzen und mich lebendig begraben würde. Nun, meine Zeit war noch nicht gekommen. Ein gleichbleibender Ton der Sirene verkündete, daß die Gefahr vorüber sei. Und da stand ich nun, reckte mich, klopfte den Staub aus meiner Kleidung und trat heraus in einen herrlichen Maimorgen. Ich lebte, welch eine Überraschung! Die Gebäude, die ich vor weniger als einer Stunde noch gesehen hatte, waren jetzt rauchende Schuttberge. Was mich aber auf überwältigende Art überraschte, war daß es dort überhaupt noch irgendetwas gab. Meine Augen fielen auf wenige Quadratmeter Rasen inmitten all dieser Zerstörung. Es war als hätte mir ein Freund auf seiner Handfläche einen Smaragd angeboten. Niemals – weder vorher, noch nachher – habe ich Gras so überraschend grün gesehen.[1]«

BOMBEN AUF THÜRINGEN

»Thüringen hatte seit 1933 einen wirtschaftlichen Strukturwandel erlebt. Es war von Fritz Sauckel – einem der dienstältesten Gauleiter und mit seinem Aufstieg zum Generalbevollmächtigten für den Arbeitseinsatz, einem der einflußreichsten Gefolgsleute Hitlers – nicht nur zum nationalsozialistischen ›Mustergau‹ ausgebaut worden, sondern auch ›zum technologischen Herzstück des militärisch-industriellen Komplexes der NS-Diktatur‹. Für letzteres schien es prädestiniert. Seine Mittellage machte das Land für die alliierten Bomberflotten schwerer erreichbar; seine Geologie ermöglichte den Bau von riesigen Produktionsanlagen in den inzwischen sagenumwobenen unterirdischen Stollensystemen, die teilweise trotz des massiven Einsatzes von Zwangsarbeitern und KZ-Häftlingen nicht mehr fertiggestellt wurden.[2]« Zudem hatten sich seit 1943 rüstungsorientierte Betriebe aus den luftkriegsgefährdeten Regionen des Reiches nach Thüringen verlagert bzw. wurden hier neu errichtet. Im November 1944 war von den Alliierten eine Liste mit den Orten erstellt worden, die von den britischen Bombern unabhängig von den vordringenden amerikanischen Bodentruppen zerstört werden sollten. Darauf befanden sich die Städte Gotha, Magdeburg, Leipzig, Chemnitz, Dresden, Breslau, Posen, Erfurt, Weimar, Eisenach und Berlin. Der britische Verantwortliche für die Bombenangriffe, ein Mann namens ›Harris‹, hatte sich damit gegen die Ansichten der anderen mitentscheidenden Militärs durchgesetzt. Gotha entging dem Angriff, dafür trafen die Bomben Nordhausen, daß nicht auf dieser Liste stand. Warum, darüber erfahren wir mehr in den Kapiteln über Gotha und Nordhausen.

Die alliierten Fliegerangriffe auf Thüringen nahmen im Zuge des amerikanischen Vormarsches in den letzten Kriegsmonaten enorm zu. Großangelegte Bombenangriffe waren ebenso an der Tagesordnung, wie unablässige Tieffliegerangriffe auf sich bewegende Ziele am Boden. Ohne Zweifel gehörte der Luftraum den Alliierten. Daran konnte auch jene Handvoll deutscher Jäger –darunter Produkte modernster Spitzentechnologie – schon lange nichts mehr ändern. Oft genug trafen diese eigene Soldaten und Zivilisten.

Am 6. Februar fielen Bomben auf Ohrdruf, 3 Tage später auf Weimar und Jena. Am 17. und 19. Februar wurde Jena noch einmal aus der Luft angegriffen. Am 31. März fand der zweite große Angriff auf Weimar statt. Auch viele kleinere Städte, wie Schleiz, sanken um diese Zeit teilweise in Schutt und Asche. Nordhausen wurde am 3. und 4. April von britischen Bombern zu 55 Prozent zerstört. Den Himmel überzog eine furchtbare Röte. Beinahe 9.000 Menschen fanden den Tod. In Erfurt und Weimar forderte der Luftkrieg während der letzten Phase jeweils etwa 1.000, in Eisenach 2.500 Menschenleben. Die materiellen Schäden waren unterschiedlich hoch, während Eisenach, Gotha und Erfurt jeweils zu 5 Prozent zerstört waren, lag der Anteil in Jena und Gera zwischen 10 und 15 Prozent.[3] Während die materiellen Schäden in Bezug auf Größe und Ausmaß relativ schnell wieder behoben waren, wirkten und wirken die mentalen Schäden der vom Krieg verstörten Zivilisten und Soldaten in deren Psyche zum Teil noch immer fort. Wie die Forscherin Sabine Bode schreibt, haben sich die Spätfolgen ihrer Ängste und Traumata mittels Prägung zum Teil auf die nächste, ja übernächste Generation, die Kriegsenkel, transgenerell repliziert. Eine Hypothek aus dem Krieg, die sich nur langsam abbaut und von der selbst die gegenwärtig Geborenen in ihrem Unbewußtem noch betroffen sein können.

Die letzten Kriegstage im Überblick

»Der Landkrieg begann am 1. April, nachdem Eisenhower [gegen britischen Widerstand] am 28. März entschieden hatte, nicht auf Berlin vorzurücken, sondern auf der Linie Kassel–Leipzig den Zusammenschluß mit der Roten Armee zu suchen.[4]« Gegen die anrückenden amerikanischen Armeen konnten die ausgezehrten deutschen Truppen auf Dauer keine zusammenhängende Frontlinie mehr aufrecht erhalten. Daran änderte auch die Einberufung, der älteren Männer bis zu 65 Jahren zum Volkssturm sowie die der Jugendlichen des Geburtenjahrgangs 1929 nichts mehr.[5]

Um den 1. April herum formierte sich die 3. US-Armee für einen Blitzvorstoß in den Raum Gotha/Ohrdruf/Erfurt/Weimar. Im ›Weimarer Viereck‹ vermutete General George S. Patton starke deutsche Gegenkräfte. Ihm war klar, daß der Flankenschutz der anderen Armeen dabei fehlen würde. Die deutsche Heeresgruppe G, unter dem erst am 2. April ernannten Oberbefehlshaber General Friedrich Schulz, sollte den Feind nicht nur stoppen, sondern auch noch in die Flanke fallen und wichtige US-Einheiten einkesseln.

Die zusammengeschrumpften Divisionen wurden mit Angehörigen von Waffen- und Heeresschulen, Bodenpersonal der Luftwaffe, wieder aufgefangenen Versprengten, Rekruten, Reichsarbeitsdienst- und Volkssturmmännern notdürftig geflickt. Die Kampfkraft dieser 11. Armee beurteilte General Hitzfeld später wie folgt: »Sie verfügte über keinen geschlossenen, vollausgerüsteten kampfkräftigen Verband, sondern war aus den Resten vieler Einheiten und Neuzusammenstellungen gebildet worden. Es gab keine nennenswerte Artillerie, keine ausreichenden Reserven und keine Luftunterstützung.

Die Bezeichnung ›Armee‹ bestand zu Unrecht. ›Sperrverband‹ hätte ihren Charakter besser gekennzeichnet.[6]«

Am 1. April 1945, den ersten Ostertag, erreichte die 3. US-Armee die Thüringer Grenze bei Hörschel, westlich von Eisenach. Die kleine Stadt Creuzburg an der Werra wurde zur Festung erklärt und von den Amerikanern in Schutt und Asche gelegt. Am Abend des 2. April 1945 erließ das Oberkommando der Wehrmacht den Befehl, eine neue Hauptkampflinie entlang der Weser–Werra– Thüringer Wald– Fränkische Alb bis zur Donau aufzubauen. Vornehmlich sollte die besonders tiefe Flanke in Richtung Mühlhausen geschützt werden. Der Aufbau einer durchgehenden Kampflinie war unmöglich. Maximal konnte eine stützpunktartige Verteidigung geschaffen werden. Am 3. April hatten die Amerikaner Vacha erreicht.

Am nächsten Tag fielen Mühlhausen, Gotha, Ohrdruf und Mühlberg.
Am 4. April verlief die Front noch auf der Linie: Meiningen, Östliche

Umgehung des Thüringer Waldes, Bogen westlich nach Ohrdruf, Gotha, Eisenach, Mühlhausen. Zunächst ließ der Stab des 12. Armeekorps die 3. Armee kurze Zeit anhalten. »Nach der Konsolidierung des Hinterlandes besonders im Thüringer Wald, und der Zuführung von Verstärkungen begann der erneute Vormarsch.[7]«

Der Wehrmachtsbericht meldete am 4. April, daß die amerikanischen Verbände an Eisenach und Meiningen vorbei in den Raum zwischen Gotha und Suhl eingedrungen seien, man aber 23[!] Panzer vernichtet habe. Die schwache deutsche Verteidigung im nordhessischen/westthüringischen Raum war von den Panzerdivisionen der 3. US-Armee durchbrochen worden, wobei es zur Trennung der Ersten Deutschen Armee von der Siebenden gekommen war.

Der Verlust der Werra–Fulda–Linie und der amerikanische Einbruch, veranlaßte das Oberkommando der Wehrmacht [OKW] am 5. April der 11. Armee zu befehlen, die Lücke zur 7. Armee im Raum Mühlhausen zu schließen. Gleichzeitig sollten durch dieses Angriffsunternehmen die Spitzen der keilförmig nach Thüringen eingedrungenen amerikanischen Verbände, von ihren rückwärtigen Verbindungen abgeschnitten werden. Am 7. April 1945 wurde im Eichsfeld – in der Gegend um das Dorf Struth herum – mit zusammengewürfelten Kräften der verzweifelte Versuch unternommen, durch einen Überraschungsangriff die Lücke zwischen den beiden deutschen Armeen wieder zu schließen. Der deutsche Angriff scheiterte an der guten Deckung der amerikanischen Vorhut, sowie deren unbegrenzte Verfügbarkeit an Ressourcen, mit denen die erlittenen Verluste aufgrund der guten Motorisierung der US-Armee innerhalb kürzester Zeit ausgeglichen werden konnten.

Am 8. April war ein großer Teil des Eichsfeldes, sowie Arnstadt besetzt. Am Vortag waren die Amerikaner in Eisenach und Langensalza gestanden. Da man angesichts der Niederlage in Struth im Harzvorfeld nichts mehr ausrichten konnte, befahl der deutsche Oberbefehlshaber Kesselring die Bildung der ›Festung Harz‹, wodurch der Krieg in diesem Gebiet um etwa 2 Wochen verlängert wurde.[8]

Zwischen dem 8. und dem 10. April wurde das Gebiet südlich des Thüringer Waldes zum Kampfgebiet. Dabei gerieten mehrmals Einheiten beider Seiten durcheinander und kämpften an verkehrten Fronten. Dies war zwischen Schleußingen und Themar, sowie südöstlich von Zella-Mehlis der Fall. Die 3. US-Armee erreichte am 12. April Erfurt, einen Tag darauf Buchenwald.

Weimar wurde den Amerikanern ohne Widerstand übergeben, nachdem Gauleiter Sauckel die Stadt verlassen hatte. Am 13. April erreichten die Amerikaner Jena, am 14. April Saalfeld, Gera und Zeitz. Am Abend des 15. April standen sie auf der Linie Zwickau–

Plauen–Hof. Nach Greiz gelangten sie erst am 16./17. April, nachdem sich ein in aller Eile noch aufgestelltes Wehrmachtskommando ›Elster Abschnitt VII Süd‹ selbst aufgelöst hatte.[9]

Die Zivilbevölkerung

»Bei diesen Kämpfen kam es immer wieder zu Opfern unter der Zivilbevölkerung, etwa durch den Beschuß von Ortschaften, wenn lokale NS-Dienststellen oder Wehrmachts- und SS-Einheiten die Übergabe von Dörfern oder Städten verweigerten.[10]« Viele Stadtväter, zum Teil auch militärische Befehlshaber versuchten ihren Ort zur offenen Stadt zu erklären und sich aus den Kämpfen herauszuhalten. Alle größeren Städte Thüringens wurden beim Herannahen des Feindes von entschlossenen Zivilisten ›bedingungslos‹ übergeben.

Dabei hißte man weiße Fahnen, beseitigte zuvor errichtete Panzersperren oder bewahrte Brücken und Straßen vor der sinnlosen Zerstörung. Dagegen hielten sich die im Kampfgebiet stets präsenten SS-Gruppen streng an die Befehlslage, wonach jeder deutsche Ort mit allen Mitteln gehalten werden müsse. Stellenweise wurden weiße Fahnen wieder entfernt, die dafür Verantwortlichen zur Rechenschaft gezogen, oftmals auch erschossen. Diese Grausamkeit und Härte, welche die Angehörigen dieser Verbände stellenweise an den Tag legten, kann nicht mit Fanatismus allein erklärt werden.

Zwar bestanden diese Einheiten zum Teil aus jungen, renitenten und extrem fanatisierten Männern, die wie in Westgreußen den Einwohnern, die sie zum Abzug bewegen wollten, entgegenschleuderten: ›Was kommt es auf dieses Scheißkaff an, wo schon so vieles kaputtgegangen ist!‹ Zum anderen aber zählten auch ›alten Hasen‹ dazu, vornehmlich solche, die im Vorfeld jene brachiale und für ihre Rücksichtslosigkeit gegenüber Freund und Feind bekannte Kriegsführung der Waffen-SS überlebt hatten. Diese jahrelang im Feld stehenden Soldaten mußten nun mitansehen, wie wenig die in der Heimat gebliebenen bislang allseits hofierten Partei-Funktionäre und Zivil-Eliten – von flammenden Reden abgesehen – nun selbst bereit waren, für die nationalsozialistische Sache einzustehen und dafür sollten sie nun bezahlen. Auf diese Weise befanden sich sowohl die Bevölkerung, als auch die kommunalen Funktionäre in der Zwickmühle: Einerseits sollte der Ort von der US-Artillerie verschont bleiben, andererseits konnten zu jeder Zeit deutsche Einheiten einrücken und jene, die weiße Fahnen angebracht hatten, bestrafen. In vielen Fällen versuchten Einwohner, die im Ort befindlichen Soldaten zum Abzug zu bewegen, nicht nur weil die Amerikaner jeden Widerstand mit konzentrierten Beschuß beantworteten, sondern auch, weil im Ort befindliche Armeefahrzeuge die Beschießung mit Tiefffliegern regelrecht herausforderten. Ferner war die Unberechenbarkeit fanatischer Nationalsozialisten und Hitlerjungen vor Ort zu berücksichtigen.

Würden sie den Volkssturm zum Kampf einsetzen, würden unüberlegte Hitzköpfe aus einer kampflosen Besetzung des Ortes in letzter Sekunde ein Blutbad machen? Doch die Zivilbevölkerung drückte in diesen Stunden noch andere Ängste. Wie würden sich die vielen Kriegsgefangenen und Zwangsarbeiter nach ihrer Freilassung verhalten? Vorallem aber: Werden die zum Kriegsdienst eingezogenen Familienangehörigen heil zurückkommen?

Im Großen und Ganzen läßt sich das Kriegsende 1945 in Thüringen folgendermaßen charakterisieren: Während die meisten Ortschaften kampflos eingenommen wurden, gerieten andere – aus mehr oder mindergroßer Veranlassung heraus – zuvor unter Beschuß. Die schwersten Kämpfe gab es in Westthüringen, während weite Gebiete Ostthüringens beinahe kampflos eingenommen wurden. Überall gab es Widerstandsnester und es war nie klar, ob sich noch in letzter Minute kampfbereite deutsche Einheiten irgendwo einnisten würden. In großen Zangenbewegungen wurde ein Ort nach dem anderen besetzt und jeweils mit einer Besatzung versehen. Die Menschen waren mittels einem Dauersirenenton auf die heranrollende Front aufmerksam gemacht worden. Die meiste Zeit verbrachten sie in den Kellern, denn feindliche Tieflieger beschossen jede Bewegung am Boden. Andere flüchteten in Wälder und Berglöcher. Dort befanden sich auch viele deutsche Soldaten, weil die Amerikaner mit ihrer schweren Technik nur das offene Feld behaupteten und die zeitraubende Durchkämmung der Wälder und Täler besonderen Einheiten überließen. Waren die Amerikaner erst einmal einmarschiert, machte sich zumeist Erleichterung breit, auch für jene die kurz zuvor alles verloren hatten. Natürlich gab es vereinzelt auch unschöne Szenen mit den Amerikanern, aber im großen und ganzen wurde das Verhältnis zu ihnen als ›relativ entspannt‹ beschrieben.

»Die Haltung der Deutschen gegenüber den amerikanischen Behörden differenzierte anscheinend von Ort zu Ort. Anfang Mai 1945 berichteten zwei US-Armeehistoriker an das alliierte Hauptquartier: ›Wir besuchten Erfurt, Langensalza, Mühlhausen, Apolda und Jena. All diese Städte mit der Ausnahme Apoldas waren zu 25–40 Prozent zerstört. Es war interessant den Unterschied in der Haltung der Einwohner zerstörter Städte gegenüber denen in unzerstörten festzustellen. Die in nichtzerstörten Städten waren arrogant und feindlich.[11]«

Die amerikanische Besatzungszeit

Innerhalb von 16 Tagen wurde Thüringen von der US-Armee besetzt, die in Mitteldeutschland einen, nach eigenen Angaben unerwartet großen Geländegewinn verbuchen konnten.

Mit der Proklamation Nr. 1: ›An das deutsche Volk‹ hatte General Eisenhower als oberster Befehlshaber der alliierten Streitkräfte die höchste legislative, judikative und exekutive Gewalt auch in Thüringen und Westsachsen übernommen. Nach eigenen Angaben waren die Amerikaner zwar als ›siegreiches Heer, jedoch nicht als Unterdrücker‹ gekommen.»Die Berichte über die ersten Begegnungen mit den GIs entsprechen denen aus anderen Gebieten: Die gute Ernährung und Ausrüstung, die schwarzen Soldaten, die den Kindern Schokolade oder Kaugummis schenkten u.ä.m.. Zwar führen auch sie die erforderlichen Sicherungsmaßnahmen durch, indem sie die Häuser nach Waffen und versteckten Soldaten durchsuchten, Wohnraum für sich selbst requirierten und dabei auch manches ›Souvenir‹ mitnahmen; Waffen [selbst historische], Munition, Fotoapparate, Ferngläser, teils auch Radioapparate waren abzugeben; ein Ausgehverbot wurde verhängt.[12]«

Das Verhalten gegenüber der Bevölkerung wurde also von den allgemeinen Prinzipien des Verhältnisses zwischen Siegern und Besiegten bestimmt. Offiziell war den amerikanischen Soldaten die Fraternisierung [Anfreundung] mit den deutschen Zivilisten verboten, doch das alltägliche Verhältnis zwischen beiden Gruppen wird als ›sehr entspannt‹ beschrieben.

Besonders die deutschen Kinder fanden schnell einen Draht zu den GIs. Die amerikanische Administration jedoch, deren Träger noch unter dem frischen Eindruck der unlängst entdeckten Verbrechen in den Konzentrationslagern standen, verhielt sich gegenüber den Besetzten reserviert. So war die amerikanische Besatzungspolitik auch von allerhand Beschränkungen und Verboten, neben den nächtlichen Ausgangssperren, Versammlungsverbot [außer bei Gottesdiensten], Verbot politischer Betätigungen, durchzogen. Man wußte, daß der Aufenthalt hier lediglich nur vorübergehend sein würde.

So blieb das Besatzungsregime in vielerlei Hinsicht provisorisch und die Kontrolle des thüringischen Raumes auf Dauer unvollkommen.

Die deutschen Zivilbehörden wurden angewiesen, ihre Arbeit bis auf weiteres fortzusetzen. Die US-Behörden setzten überall neue Landräte und Bürgermeister ein, oft nach Rücksprache mit den örtlichen Pfarrern. Umfragen unter Zwangsarbeitern über ihre deutschen Vorgesetzten ergaben eine weitere Informationsquelle. Dies erklärt, warum die Besatzer als Außenstehende über das soziale Gefüge vor

Ort so gut informiert waren. Auch in anderen Bereichen wußten die Amerikaner sehr schnell, wo was verborgen und wer dafür verantwortlich war. Nationalsozialistische Funktionäre wurden gewöhnlich von der Militärpolizei aufgestöbert und festgesetzt, vereinzelten terroristischen Aktionen fanatischer Jugendlicher, sogenannter ›Werwölfe‹, äußerst rigoros begegnet. Auch die aufgegriffenen nachweislichen Kriegsverbrecher faßte man nicht gerade mit Samthandschuhen an. Gegen Plünderungen seitens der deutschen Bevölkerung und der ehemaligen Zwangsarbeiter ging man je nach Bedeutung des zu schützenden Gutes und eigenem Vermögen mit unterschiedlicher Intensität vor. Fallweise wurde bei ehemaligen Zwangsarbeitern und KZ-Häftlingen manches Auge zugedrückt, gemäß der Devise: ›Die Zwangsarbeiter haben jahrelang Not gelitten, sie sollen jetzt Gelegenheit haben sich ordentlich zu versorgen.‹[13]

Trotz ihrer intensiven Vorbereitungen für die Jagd nach ›geistigen Reparationen‹ [John Gimbel], bei denen sie sich angesichts ihres für die erste Julihälfte geplanten Abzuges aus Thüringen zugunsten der Roten Armee beeilen mußten, waren die Amerikaner dennoch überrascht, welche Beute ihnen da in den Schoß fiel: »V2-Raketen, Düsenflugzeuge [Me262], Prototypen von Nurflügel-Strahljägern, dazu diverse Neuentwicklungen [Feuerleit- und Zielgeräte, Periskope, Frühwarnsysteme u.ä.m.] sowie der Atomversuchsreaktor in Stadtilm. In aller Eile wurden Pläne, Maschinen, Prototypen demontiert und abtransportiert. Mit ›evakuiert‹ wurden die dazugehörigen 1.500 Experten, allein aus Jena wurden 126 Wissenschaftler und Techniker von Zeiss und Schott sowie ca. 70 Personen aus der Universität mitgenommen. ... Zugleich förderte die USA die Eigeninitiative von Unternehmern zur Verlagerung ihrer Betriebe in ihre Zone, ob durch Duldung oder Begünstigung etwa durch die Bereitstellung von Transportmöglichkeiten.[14]« Solange wie möglich wurde versucht die Bevölkerung zu beruhigen und ihr Glauben gemacht, ein Besatzerwechsel stehe nicht bevor. Sogar Sanktionen gegen die Verbreitung dieser Gerüchte drohte man an. Und doch brodelte die Gerüchteküche, Telefonleitungen wurden abgebaut, das Ausgehverbot verkürzt, immer mehr Truppenstandorte teilweise über Nacht aufgegeben. »Der Abzug als solcher kam nicht unerwartet, er erfolgte dann für viele doch so überraschend, daß sich nicht wenige binnen kürzester Zeit entscheiden mußten, ob sie sich dem Strom, der seit Tagen und Wochen durchziehenden Flüchtlinge anschließen sollten, die sich und soviel wie möglich von ihrem Hab und Gut in den Westen zu retten versuchten.[15]«

Vom Beginn der sowjetischen Besatzungszeit

Der Einmarsch der Roten Armee zwischen dem 1. und 6. Juli 1945 in Thüringen – das nach den Vereinbarungen der Siegermächte zum Teil der Sowjetischen Besatzungszone [SBZ] geschlagen war – erfolgte weniger spektakulär, aber ebenfalls nicht ohne Geschieße. Nur erfolgte dieses nicht aus Geschützrohren der Panzer und Kanonenlafetten, sondern als Fehlzündungen von verrosteten Auspuffrohren von wunderlichen SIS-LKWs mit altmodischen Fahrerhäusern. Hinter kleinen Panjewagen mit noch kleineren Pferdchen zogen weitgehend zerlumpte, vom Krieg noch gezeichnete Soldaten einher, deren überaus herzergreifender Marschgesang vielen bis heute im Gedächtnis geblieben ist. Im Gegensatz zu den auch hier befürchteten Greueltaten sowjetischer Soldaten, wie sie bei der Eroberung der deutschen Ostgebiete vorgekommen waren, verlief der Einmarsch der Roten Armee in Thüringen in einem für die Zivilbevölkerung erträglicherem Maß. Auf der einen Seite zeigten sich viele der sowjetischen Soldaten und Offiziere tolerant und gleich den Amerikanern ebenfalls kinderfreundlich, gaben den Kindern zu essen, unterhielten Suppenküchen und dergleichen. Andererseits – und im Gegensatz zu den Amerikanern – mußten sich die neuen Besatzer vollkommen aus dem Land selbst ernähren, wobei bei einem großen Teil der Truppen, drakonischer Strafen zum Trotz , die Disziplin nicht aufrechterhalten werden konnte und rücksichtsloser, teils unter vorgehaltener Waffe ausgeübter Raub von Gebrauchs- und Wirtschaftsgütern [vorallem Uhren, Fahrräder, Lebensmittel, Pferde, Vieh, Kohle] mit und ohne anschließender Schieberei, sowie – oftmals unter starkem Alkoholkonsum begangene – Straftaten wie Sachbeschädigung, Körperverletzung, Vergewaltigung und Mord noch bis Ende 1945 an der Tagesordnung blieben.

»Zudem änderte sich das äußere Erscheinungsbild der Orte. Rote Fahnen wurden gehißt, ... Stalin- und Leninbilder wurden ebenso aufgehängt wie Stalin-Worte und sonstige Losungen auf Plakaten und Bannern, Straßennamen in kyrillischer Schrift ausgewiesen. Sender des Berliner oder Moskauer Rundfunks wurden ... täglich auf Plätzen und Straßen übertragen usw.. ... Auch der neue politische Stil ließ nicht lange auf sich warten. Hatten die Amerikaner die Sozialdemokraten bevorzugt, so förderten nun die Sowjets die Kommunisten.[16]« Bald fand die Sowjetische Militäradministration [SMAD] auch hier die Zeit, nach den Schuldigen für die Verbrechen der NS-Zeit zu suchen. Während die größeren Nazis in Ost und West – abgesehen von einigen Exempeln – bekanntlich der Verfolgung entgingen und später ›unschätzbare Dienste‹ beim Aufbau von Bundeswehr, NVA, BND und nichtzuletzt auch dem Staatssicherheitsdienst leisteten, wurden die kleinen Funktionäre und Mitglieder vielerorts gnadenlos verfolgt. Spezialeinheiten des sowjetischen Geheimdienstes NKWD begannen – partiell unmittelbar nach dem Einmarsch – flächendeckend dann im August 1945 mit einer großen Verfolgungs- und Verhaftungswelle, der die Betroffenen – wenn nicht zur sofortigen Erschießung, so doch in Internierung und mitunter auf einen jahrelangen Leidensweg durch die Stationen der sowjetischen Strafjustiz führte, von dem Zehntausende nicht zurückkehrten.

Die Aufgaben der Sowjetischen Militäradministration und der selbiger unterstellten Thüringer Kommunalverwaltungen waren zu dieser Zeit äußerst kompliziert. Die gesamte Volkswirtschaft war zusammengebrochen und selbst in den Dörfern, wo es im Gegensatz zu den Städten kaum Ruinen gab, waren während des Krieges wichtige Instandsetzungsarbeiten unterblieben, die Landwirtschaft durch den Mangel an Arbeitskräften heruntergekommen, die Viehbestände dezimiert. Obwohl im Zuge von NKWD-Terror, Enteignung, Demontage, Reparation und unangebrachter Liefersölle zahlreiche Ressourcen verloren gingen, war die SMAD dennoch bemüht, den Wiederaufbau der Administration-, der Infrastruktur und der Versorgungseinrichtungen voranzutreiben. Das sowohl die zentralen wie auch die örtlichen Entscheider mit der Bewältigung einer Krise solchen Ausmaßes oft überfordert waren und mitunter zur falschen Zeit die falschen Entscheidungen gefällt haben, liegt auf der Hand, doch gab es dabei verschiedene Abstufungen: Während in den einen Ortsgemeinden besonders widersprüchliche oder restriktive Anordnungen des SMAD zunächst hintertrieben wurden oder man einfach abgewartet hat, bis diese Befehle – oft schon nach wenigen Tagen – in ihrer Härte gemindert oder ganz zurückgenommen wurden, setzten anderenorts die Bürgermeister wirklich alle Befehle des SMAD – und waren diese noch so undurchsichtig – sofort und rigide in die Tat um, lieferten mitunter alle im Ort noch vorhandenen Kraftfahrzeuge, Maschinen und zum Teil auch Zugpferde, Saatgetreide oder letzte Kohlenreserven rückhaltlos der Behörde aus und verschärften damit die Not ihrer Mitbürger, doch an dieser Stelle beginnt schon wieder eine andere Geschichte.

Festzuhalten bleibt, daß die SBZ in den darauffolgenden Jahren im Zuge von Bodenreform, Verstaatlichung der Wirtschaft und Entdemokratisierung zur Projektionsfläche für eines der gewaltigsten Sozialexperimente der Menschheitsgeschichte mit weitreichenden gesellschaftlichen, sozialen und wirtschaftlichen Konsequenzen werden sollte, welche vorallem für die vormals blühende, weltweit bedeutende Wirtschaftsregion ›Sachsen-Thüringen‹ nicht zum Besten geriet.[17]

II. DAS KRIEGSENDE IN DEN EINZELNEN ORTEN

Nachfolgend werden anhand ausgewählter Zeitzeugenberichte und Auszügen aus späteren Ortschroniken charakteristische Abläufe von damaligen Ereignissen skizziert. Die Auswertung dieses Materials bestätigt den im Vorfeld bereits gezeigten allgemeinen historischen Befund über den Einmarsch der US-Armee in Thüringen empirisch auch auf breiterer Basis. Von Bedeutung waren dabei nicht allein die festgestellten Gemeinsamkeiten und Unterschiede, sondern auch die Art und Weise wie die Erlebnisse ansich, zum Teil erst nach 40, 50 oder 60 Jahren, von den Zeitzeugen erinnert wurden bzw. werden:

Alach: *Ein Frühjahrsmorgen mit wolkenlosem Himmel*

»Das Jahr 1945 wurde das schicksalsschwerste Jahr unserer Zeit. Die Luftangriffe nahmen mehr und mehr zu. Die Bevölkerung war fast immer in den Luftschutzkellern. Feindliche Truppen aus Ost und West rückten unseren Grenzen immer näher. Die Stimmung der Menschen war niederdrückend. Mit Bordwaffen wurden von den Flugzeugen Gehöfte in Brand geschossen; ein Kind wurde dabei getötet und es gab Verwundete. Unter großen Schwierigkeiten und unter dauerndem Beschuß wurde die Frühjahrsbestellung durchgeführt. Der 10. April nahm seinen Anfang. Plötzlich setzte von westlicher Seite unseres Dorfes her Beschuß ein. Die Einwohner waren zum Teil in ihren Unterständen und Kellern, andere waren nach dem benachbartem Gut Schaderode gegangen und mehrere hatten das freie Feld bevorzugt. Gegen Mittag steigerte sich der Beschuß mit Phosphor-Brandgranaten. Ein Aufenthalt im Freien war deshalb lebensgefährlich. Und schon verfinsterte sich der schöne blaue Himmel. Alach war in Brand geschossen. Es war ein schauriger Anblick, dazwischen das Brüllen des Viehs und das Prasseln der Flammen. Abends wurde unser Dorf von amerikanischen Truppen besetzt, viele Männer in ein Lager nach Bad Kreuznach gebracht. Ein Einwohner, Paul Burghardt, war tot. Nachdem die Nacht vorüber war, die Einwohner von den Feldern und Kellern zurückkamen, konnten sie erst ermessen, was der Tag dem Dorf gebracht hatte: 4 abgebrannte Feldscheunen, 4 abgebrannte Gehöfte, 70 Prozent mehr oder weniger beschädigte Gehöfte. Die elektrischen Leitungen waren ganz zerstört, der Kirchturm stark beschädigt. 10 deutsche Soldaten mußten ihr Leben lassen. Sie wurden auf dem Friedhof unseres Ortes in einem Gemeinschaftsgrab beigesetzt. Am 11. April 1945 wurde der Soldat Waldemar Höhne, 17½ Jahre alt, aus Alach, welcher aus dem Lazarett, hier bei seinen Eltern zu Besuch war, von den Amerikanern erschossen.[18]«

Bad Salzungen: *Alle Werrabrücken wurden zerstört*

»Im März 1945 sind begrenzte Bombenschäden – die Zerstörung der Husenkirche, mehrerer Häuser in der Husengasse, sowie sämtliche Fenster der Stadt durch die Explosion eines Munitionszuges als Folge amerikanischer Jagdbomberangriffe – zu verzeichnen. Am 4. April 1945 erfolgte der Einmarsch amerikanischer Truppen. Zu Kampfhandlungen kam es nicht. Abziehende Wehrmachtseinheiten sprengten alle Werrabrücken mit Ausnahme der Klosterbrücke, an der die bereits angebrachten Sprengsätze durch mutige Bürger beseitigt wurden. Die Kriegsschäden der Stadt werden mit 2,2 Millionen Reichsmark beziffert. Die Stadt hatte 163 Tote zu beklagen.[19]«

Schloß Burgk: *Die SS wußte nicht wohin mit den Akten*

Bekannterweise stand Thüringen für die maßgeblichen Dienststellen in Berlin ganz oben auf der Liste der möglichen Ausweichquartiere, falls die Reichshauptstadt zum Frontgebiet werden würde.

Schloß Burgk, die Perle des oberen Saaletals, diente als Refugium bedeutender Teile des Reichssicherheitshauptamtes. Zunächst waren in dem von Flüchtlingen und anderen Bewohnern überfüllten Schloß nur sechs Räume für dieses Amt vorgesehen. Doch die SS machte unmißverständlich klar, daß das ganze Schloß benötigt würde.

Mysteriöse Gestalten – viele mit eigenem Stab, Leibgarde und Dienstwagenkolonne – kamen und gingen. Transporte aus Berlin brachten Akten um Akten, insgesamt wohl 50.000 Bände, wobei Teile davon wieder mitgenommen und weitergeführt wurden.

Ende März begann man in der Schloßküche, die wie ein großer Kamin gestaltet war, die Akten zu verbrennen. Tag und Nacht loderte das Feuer, die Hänge am Schloßberg waren über und über mit Papierresten bestreut. Bald fehlte es an trockenem Brennholz und die ›Russen der Nebelkompanie‹ mußten dürre Bäume in den Burgkwäldern fällen. Die SS wußte nicht wohin mit den Akten und zog sogar in Betracht die Akten zusammen mit dem Schloß in die Luft zu sprengen. Der Schloßverwalter konnte den SS-Kommandeur nicht umstimmen. Bald waren die Vorbereitungen für die Sprengung des ehrwürdigen Baus getroffen. Als aber die Front zunächst nicht näherrückte, begnügte sich die SS mit der Verbrennung der Akten in der Schloßküche und setzt sich bis zum 13. April klangheimlich ab. An diesen Tag war die Stadt Leutenberg aufgegeben worden und die Amerikanern rückten auf Lobenstein vor. Am 13. April wurde auch die Saalebrücke am Ausgleichsbecken und die Eisbrücke gesprengt. Zwar hatte der Schloßverwalter vor der Sprengung die Nachricht erhalten die Fenster zu öffnen, aber schon wenige Minuten später erfolgte die Detonation. Als daraufhin der Volkssturm unter dem Burgker Lehrer Bamberg die verlassene Feste besetzte, traf man auf eine ›schweinemäßige Hinterlassenschaft‹ der abgezogenen SS, die schwer an Vandalismus grenzte. Am 14. April besetzte eine Abteilung der Wehrmacht das Schloß, mit dem Ansinnen, zusammen mit dem Volkssturm die Verteidigung zu übernehmen. Schnell aber nahm man davon wieder Abstand und zog von Burgk ab, so daß nur noch eine Abteilung Hitlerjungend auf dem Schloß blieb. Am 15. April verhinderten amerikanische Soldaten, die mit vier Jeeps herangebraust kamen, die Sprengung der Burgkhammerbrücke. Als sie weiterfahren wollten, wurden sie vom Schloß aus beschossen, so daß sie den wuchtigen Gebäuderiegel sofort mit heftigen MG-Feuer bestrichen. Danach folgte Ruhe. Erst am folgenden Tag drangen die Amerikaner aus Richtung Schleiz gegen Burgk vor und besetzen das Schloß.[20]

Büttstedt: *Der Bürgermeister wird bedroht*

Von Bickenriede und Anrode kommend, fuhr am Nachmittag des 5. April ein amerikanischer Jeep im Ort ein. Die 4 Insassen forderten den Bürgermeister zur Übergabe des Ortes auf und verhängten eine Ausgangssperre. Plakate forderten zu den nach der US-Besetzung üblichen Maßnahmen auf. Damit schien der Krieg im Ort zu Ende. Nachdem sich die Amerikaner wieder auf den gleichen Weg entfernt hatten, kam einige Stunden später ein deutscher Spähtrupp aus Richtung Küllstedt ins Dorf. Der Bürgermeister wurde bedroht und sollte sich dafür verantworten, warum er kampflos den Ort übergeben hätte. Die Plakate wurden abgerissen, die Ausgangssperre aufgehoben. In den Nachfolgen der ›Schlacht von Struth‹ wurde der Ort ein paar Tage später zum zweiten Mal von amerikanischem Militär besetzt, doch diesmal ging es für die Bewohner weniger reibungslos ab. Es gab Tote und man machte Gefangene. Fünf versprengte deutsche Soldaten hatten sich auf dem Stallboden von Georg Kuhler versteckt, und es wurde ihnen von der Familie Übernachtung gewährt. Sie wurden am 8. April frühmorgens von amerikanischen Artilleristen, die am Ortsausgang in Stellung gegangen waren entdeckt. Daraufhin zündeten die Amerikaner das Wohnhaus der Familie Kühler an und bedrohten die Bewohner mit Erschießung.[21]

Crawinkel: *Rätselhafte Stollenanlagen im Jonastal*

Im Zuge des Ausbaus von Thüringen zum ›Schutz und Trutzgau‹ des Reiches, wie Gauleiter Sauckel bei jeder sich bietenden Gelegenheit verkündete, hatten die Nationalsozialisten im Jonastal unterirdische Anlagen gigantischen Ausmaßes errichtet, die auch heute noch zum größten Teil unerforscht sind. Über eine Außenstelle des Konzentrationslagers Buchenwald, genannt ›Sonderlager S III‹, waren Tausende von Häftlingen unter unmenschlichsten Bedingungen mit dem Bau beschäftigt. Angesichts des schnellen Vorankommens der Alliierten zählten für die Bauherren nur die Fortschritte des Projektes. Im Zuge der Evakuierung der großen Konzentrationslager im Osten vor der Roten Armee waren die Haftstätten ohnehin zum Bersten gefüllt und ein Häftlingsleben zählte faktisch nichts. Was folgte, war eine rücksichtslose Ausbeutung der ›Ressource Mensch‹ in bisher ungekanntem Ausmaß. Nach einem Geheimbefehl Hitlers vom Februar 1945 sollte kein Häftling den Alliierten in die Hände fallen.

Die Evakuierung des Lagers ›SIII‹ begann am 1. April 1945. Am 26. März hatte die Häftlingsstärke noch 13.726 Personen betragen. Die meisten von ihnen wurden zu Fuß in Richtung Buchenwald getrieben, jene aus den Krankenbaracken sofort erschossen. Auf dem 70 km langen Marsch zum Stammlager kamen mehrere Tausend Häftlinge ums Leben. In Einzelfällen beteiligten sich verblendete Hitlerjungen, ja sogar Hausfrauen, an den Tötungen. Das Schießen auf wehrlose und erschöpfte Häftlinge wurde im Jargon einiger Täter ›Zebraschießen‹ genannt.[22] Inzwischen näherte sich die 4. Panzerdivision der US-Armee, welche am 4. April Gotha eingenommen hatte, unaufhaltsam Ohrdruf. Das Gebiet des Jonastales, in dessen Bunkeranlagen sich immer wieder Angehörige der höchsten NS-Kreise aufgehalten hatten, wurde vom 5. bis zum 11. April von Wehrmachts- und SS-Einheiten buchstäblich bis zur letzten Patrone verteidigt. Zuletzt sprengte die SS noch wichtige Stollenzufahrten.

Dennoch wurden die Amerikaner in den Bunkern schnell fündig. Tagelang karrten sie Material heraus. Den Einwohnern Crawinkels war zuvor befohlen worden, alle Fenster blind zu machen. Was die Amerikaner dort gefunden haben, weiß keiner mit Sicherheit zu sagen. Manche Einwohner wollen gehört haben, daß GIs den Aufbau der Anlage als ein riesiges Wagenrad beschrieben hätten. Nachdem alles verladen war, soll ein Lautsprecherwagen durch den Ort gefahren sein und den Bewohnern mitgeteilt haben, daß die gemachten Funde die Kriegsschuld Deutschlands komplett tilgen würde.

Creuzburg: *Das Einfallstor nach Thüringen*

Wie eingangs erwähnt hatten bei Creuzburg zusammengewürfelte deutsche Verbände versucht die Werra–Linie zu halten.

Durch Artilleriebeschuß wurde die Stadt zu 80 Prozent zerstört. In der Nachbarstadt Mihla verschwand der Volkssturm in den Wäldern oder versteckte sich im Ort.[23] Von Creuzburg zog das Gros der 3. US-

Armee entlang der Autohahn in Richtung Eisenach–Gotha–Erfurt nach Thüringen ein. Am 5. April waren die Amerikaner bis nach Bad Langensalza vorgestoßen. Der Ort wurde von zwei Seiten angegriffen und teilweise besetzt. Die deutschen Verteidiger zogen über Nacht ab, so daß die Stadt am nächsten Tag kampflos eingenommen werden konnte.[24] Im Gegenzug wurde das westlich von Langensalza gelegene Bad Tennstedt am 10. April von amerikanischer Artillerie beschossen, wobei einige Gebäude in Brand geschossen bzw. beschädigt wurden.[25]

Dingsleben: *Bürger und Fremdarbeiter beseitigten Straßensperren*

Am 8. April standen die amerikanischen Panzerspitzen vor Mendhausen südwestlich von Römhild. Der Ort wurde mit Granatwerfern beschossen, drei Gebäude nebst der Kirche getroffen. Die Scheune von Hugo Freund brannte nieder. Frau Voigt wurde von Granatsplittern verletzt und starb drei Tage später. Desweiteren fanden drei deutsche Soldaten in der Ortsflur ihr Ende.[26]

Auch in Dingsleben hatte sich Anfang April Wehrmacht aufgehalten. »Am Ortsausgang nach Sankt Bernhard mußten Einwohner und Volkssturm Panzersperren errichten. Von der St. Bernharder Höhe aus beschossen die Amerikaner Ziele in größerer Entfernung.

Die Dingslebener flüchteten sich zunächst in die Keller. Beherzte Bürger und Fremdarbeiter beseitigten am Morgen des 8. April 1945 die Panzersperren am Ortseingang. Frau Hedwig Seber hißte auf dem Kirchturm eine weiße Fahne. Damit konnte größeres Leid abgewendet werden. In den nächsten drei Tagen beherrschten die Amerikaner das Ortsbild und quartierten sich in die Wohnhäuser ein. Die Schule wurde zum Lazarett. Am 11. April waren alle Fahrzeuge verschwunden. Im Laufe nächsten Zeit wurden 131 Umsiedler im Ort untergebracht.[27]«

Dornburg: *Von den Amtspersonen hat sich keiner bereit gefunden*

Am 11. April 1945 gab es in Dornburg Feindalarm. »Es gab Soldaten – sogar der Volkssturm war schon ausgerückt, lauter alte Männer! – und es gab einen Major, der Dornburg bis zuletzt verteidigen wollte! Die Soldaten äußerten sich vernünftiger. Wir mußten also in die Keller. Die Nacht und den nächsten Tag verbrachten wir dort, bis schließlich die Entwarnung kam und wir hinauf in unsere Wohnungen gingen. Ich habe selbst nichts beobachtet, da ich nicht hinaus gesehen habe, aber ich erfuhr, daß 80 amerikanische Panzer rings um Dornburg gestanden hätten, alle Rohre auf den Ort gerichtet. Der Dornburger Arzt, Dr. K., band ein Laken auf sein Auto, nahm ein junges Mädchen mit Englisch-Kenntnissen mit und fuhr zur Übergabe zu den Amis. Von den Amtspersonen hatte sich keiner dazu bereit gefunden. Nun kamen sie in die Häuser und suchten ›Mann‹, meine Schwester kam aus einer hinteren Kammer, wo man keine Tür vermutete, und der Soldat hob sofort sein Gewehr zum Anschlag.

Als er aber die halbe Portion meiner Schwester sah, mußten beide lachen. Dann wurden die Häuser geräumt für die Übernachtung der Soldaten, aber dazwischen immer mal ein Haus für die Einwohner freigelassen; das war unter anderem unseres. Die Nacht war etwas unruhig, denn genau vor unserem Haus stand die Lichtmaschine und brummte die ganze Zeit. Am Morgen – ich hatte nichts davon gemerkt – war alles verschwunden wie ein Spuk. Und dann wurde erzählt von der ›Einquartierung‹: Sie hatten zum Teil die Wohnungen völlig umgeräumt, aber auch Eßwaren dagelassen, nichts zerstört. ...

Es kamen dann auch wieder amerikanische Soldaten, die unten auf den Saalewiesen kampierten. – Es gab Leute, die sich dort den Kaffeesatz holten, und die Dorndorfer Mägdelein hatten bereits amerikanische Brocken aufgeschnappt wie ›shut up!‹ und warfen damit um sich. Die polnischen Landarbeiter waren schnell verschwunden und die Felder des Gutes wurden von den Einwohnern abgeerntet. Jeder machte gern mit, denn man konnte z.B. Schoten oder Möhren bekommen. Diese Zeit in Domburg war trotz der schnellen ›Eroberung‹ durch die Amerikaner wie eine Atempause; wir wußten ja noch nicht, was auf uns zu kam.[28]«

Ershausen: *Sechs Einwohner starben, darunter drei Kinder*

Am 2. April 1945 sprengte man den Friedaviadukt und unterbrach damit den Bahnbetrieb. Immerhin wurde auf der Reststrecke Großtöpfer–Heiligenstadt am 23. Juli 1945 der Betrieb wieder aufgenommen. Am 7. April ordnete ein junger deutscher Leutnant an, die beiden Brücken im Ort zu sprengen, außerdem die Straße zwischen Ershausen und Martinfeld. Am 8. April rückten 40 amerikanische Panzer im Ort ein. Die verbliebenen Wehrmachtssoldaten bezogen Stellung, weswegen die Amerikaner Ershausen unter Beschuß nahmen. Insgesamt wurden 11 Häuser und 15 Wohnungen stark beschädigt. Sechs Einwohner starben, darunter drei Kinder.

Am schwersten betroffen war die Stift-Straße. Zu den ersten Maßnahmen nach dem amerikanischen Einmarsch gehörte die Schließung der Schule. Ab dem 6. Juli besetzten Soldaten der Roten Armee den Ort. Drei Männer wurden verhaftet und verschleppt. Nur einer kehrte 1948 zurück. Die Bilanz des Krieges war erschreckend: Von den eingezogenen Männern waren 73 gefallen oder vermißt. So waren im

Dorf insgesamt 81 Personen zu beklagen. Dazu kamen die am 30. Juni 1938 aus fadenscheinigen Gründen abtransportierten und umgebrachten 93 Kinder aus dem Johannesstift, ferner die beiden Männer, die vom NKWD geholt wurden und nicht wiederkehrten.[29]

Erfurt: *Für Feiglinge kein Platz in der Stadt*

»Im Jahr 1945 war die Stadt sechs Mal, im Vorjahr vier Mal Ziel von Bombenangriffen.

Neben ungezählten Wohnhäusern, ja ganzen Straßenzügen wurden auch zahlreiche uralte Kulturdenkmale zerstört, so die Barfüßerkirche, das Augustinerkloster oder das Collegium Maius der Alten Universität. Seit jener Zeit gab es auch zunehmend größere Probleme mit der Lebensmittelversorgung. Um die Ernährung der Stadtbevölkerung zu sichern, kürzte man ab Anfang März die Lebensmittelrationen erheblich. Bereits am 1. April 1945 waren die alliierten Truppen bis Eisenach vorgedrungen. Die Einheiten der 3. US-Armee unter dem Kommando des legendären Generals George S. Patton überschritten dort die thüringische Landesgrenze und näherten sich Stück für Stück dem Erfurter Territorium. Dennoch bestand der Erfurter Kreisleiter der NSDAP Franz Theine auf Widerstand und veröffentlichte am 10. April 1945 in der Thüringer Gauzeitung einen unsinnigen Appell zum Kampf: ›Erfurter, werdet nicht mutlos! Für Feiglinge ist kein Platz in unserer Stadt! Je näher der Feind, desto unbeugsamer unsere Haltung!‹ – prangte in großen Lettern als Aufmacher. Kaum war die Zeitung von den Menschen gelesen, alarmierte man bereits gegen 14:00 Uhr die Bevölkerung. Die ›Feinde‹ waren im Anmarsch. Die Bürger flüchteten in ihre Keller und hofften auf ein baldiges Ende. Durch die Unterstützung der Tieffliegerangriffe konnte die Stadt bereits am folgenden Tag durch die 3. US-Armee vollständig eingeschlossen werden. Neben verschiedenen Stellen in der Stadt war die Zitadelle auf dem Petersberg der einzige Ort, von der noch ernsthafterer Widerstand ausging.

Da der nationalsozialistische Stadtkommandant Oberst Merkel bereits frühzeitig das Weite suchte, gaben auch die noch kämpfenden Verbände in Gipsersleben, in den Bunkern des Stadtparkes, am Bahnhof, am Güterbahnhof und am Steinplatz rasch auf. Am späten Nachmittag des 12. April 1945 war die Stadt gänzlich in amerikanischer Hand. Die Amerikaner gingen sofort nach ihren Einmarsch daran, Kommandanturen einzurichten. Ihnen oblag die volle Befehlsgewalt über alle Fragen. Zunächst war ihre vordringlichste Aufgabe, das normale Leben in der Stadt wieder in Gang zu setzen, die Verwaltung aufrechtzuerhalten und die wichtigste Problematik, die

Versorgung der Bevölkerung mit allem Lebensnotwendigen zu sichern. Parallel dazu gab es bereits seit Ende April erste Überlegungen zu einer Neuorganisation der Verwaltung.
Die amerikanische Besatzungsmacht setzte am 15. April 1945 den Kaufmann Otto Gerber ... als Oberbürgermeister ein.[30]«

Ebeleben: *Durch Bomben und Beschuß schwer beschädigt*

»Im Raum Holzthaleben wurden Abschußrampen für Trägerraketen V1 und V2 installiert. Die zum Abschuß erforderlichen Raketen wurden in Einzelteilen mit der Kleinbahn auf Güterwaggons transportiert. Zirka 6 oder 8 Dampflokomotiven gehörten zur Ausrüstung der Kleinbahn mit Zentrum Knotenpunkt Ebeleben. Diese sollen alle den alliierten Jagdflugzeugen zum Opfer gefallen sein.
Ein Luftangriff auf Greußen forderte 36 Menschenleben, darunter 13 Kinder, und verursachte erhebliche Zerstörungen.
Während Gotha, Erfurt und Weimar von älteren Stadtkommandanten den amerikanischen Truppen kampflos übergeben wurden, glaubten anderenorts vornehmlich junge fanatische Offiziere, die gewaltige amerikanische Heeresmacht aufhalten zu können und ließen auf ihrem Rückzug brennende Kleinstädte und Dörfer zurück.
So trat man im Raum Schlotheim/Ebeleben dem anrückenden Feind entgegen. Die Folge war, daß Ebeleben durch Bomben und Artilleriebeschuß schwer beschädigt wurde. Das Schloß, die Domäne, die Ziegelei und viele andere Gebäude wurden zerstört. Fritz Schwedopp, der die Stadt durch eine weiße Fahne übergeben wollte, wurde von den deutschen Soldaten standrechtlich erschossen. Das geschah am 9. und 10. April 1945.[31]«

Frankenhain: *Häuser in Brand geschossen, um Licht zu haben*

»Am Abend des 9. April lag Frankenhain unter ständigem Beschuß zwischen zwei Fronten. Phosphorgranaten wurden in den Ort gefeuert. Der Kühnerthof brannte. Die Feuerwehr mußte unter ständigem Artilleriebeschuß löschen. Einige Wasserstellen waren völlig zerstört. Die Kameraden versuchten, Wasser vom Hydranten bei Familie Balzer zu bekommen. Aber durch mehrere Volltreffer und Granatsplitter waren die Schläuche und Gerätschaften schon bald unbrauchbar geworden. So brannten Ställe, Schuppen und eine Glasbläserwerkstatt nieder.
Kaum waren die Flammen kleiner geworden, wurde erneut mit Phosphorgranaten geschossen. Diesmal traf es die Triftstraße. Einige Wohnhäuser und Nebengebäude fingen Feuer. Scheinbar benötigten die Amerikaner diese Feuer, um Richtwerte zu haben und die Ziele

vom ›Brockenblick‹ aus besser zu erkennen. Da keine Schläuche mehr zur Verfügung standen, mußten zum Löschen der Brände Eimerketten gebildet werden. Die Häuser der Familien Emil Hiebel und Oswald Riem brannten völlig nieder. Vom Forsthaus brannte der Dachstuhl ab. Viele freiwillige Helfer reihten sich in die Eimerketten ein, um Wasser aus dem Graben über dem Dorf heranzuholen. So konnte wenigstens das Haus der Familie Schlundt vor der Flammen gerettet werden. Erst gegen Morgen wurde es still in Frankenhain, der Gefechtslärm verstummte. Mit Tagesanbruch wurde das Ausmaß dieser Schreckensnacht sichtbar. Elf Einwohner von Frankenhain mußten in dieser Nacht ihr Leben lassen, sie waren in Luftschutzkellern durch Volltreffer umgekommen. Viele Leute waren obdachlos geworden. Die Löscharbeiten gingen unaufhörlich weiter.

In der Nacht vom 10. zum 11. April wurden die deutschen Panzer und Geschütze abgezogen. Nur vereinzelt fielen noch Schüsse. Frankenhain erlebte endlich wieder eine ruhige Nacht. Am Vormittag des 11. April setzte ein unheimlicher immer näher kommender Lärm ein. Schwere amerikanische Kettenfahrzeuge bewegten sich von Ohrdruf und Oberhof her auf unseren Ort zu. Weder Panzersperren noch Gräben konnten die Amerikaner aufhalten. Die Hindernisse wurden von den Panzern fast problemlos beiseite geräumt. Gegen 11:00 Uhr war unser Ort von den amerikanischen Truppen eingenommen worden.[32]«

Geisa: *Als besonderen Verteidigungspunkt ausgewählt*

Am Ende war es der ›Volkssturm‹, der die vordringenden Truppen des Gegners aufhalten, jeden Strauch und jedes Haus verteidigen sollte.»Der Geisaer Volkssturm hatte zu diesem Zweck 6 Panzerfäuste, 15 halbdefekte italienische Gewehre mit je 5 Schuß Munition und ein paar private Jagdgewehre und Revolver zur Verfügung.

Schon hatten die zurückflutenden deutschen Truppen Geisa als besonderen Verteidigungspunkt ausgewählt, schon war die Sprengung der alten Ulsterbrücke in Erwägung gezogen, da gelang es den Vertretern der Stadt und insbesondere Dechant [später Prälat] Aloys Wehner den verantwortlichen Offizier von diesem Vorhaben abzubringen. Nach einem Nachhutgefecht bei Mackenzell verließen die deutschen Soldaten die Gegend. Am 2. Osterfeiertag kamen die Amerikaner ins Geisaer Land. Man vermutete Widerstand und besetzte zunächst die umliegenden Berge, die Geschützrohre der Panzer auf das Städtchen gerichtet. Auch in Motzlar sollen Geschütze platziert worden sein. Ein Schuß aus dem Ort und Geisa wäre zerstört worden. Die Verteidiger, der Sinnlosigkeit ihres Tuns bewußt, hielten still. Als Zeichen des Entgegenkommens beseitigte man die Straßensperre an der Wiesenfelder Straße. Gegen Mittag des 3. April 1945 kamen die ersten Amerikaner aus Richtung Wiesenfeld. An der Brücke hielt ihnen Karl Wiegand aus eigenem Antrieb eine weiße Fahne entgegen. Um sicher zu gehen, setzten ihn die Amerikaner mitsamt seinem Symbol als Geisel auf einen Panzerspähwagen und fuhren so in die Stadt ein. Als sie am Gasthaus ›Zum Stern‹ drehten, kamen bereits weitere Soldaten [Fußtruppen und Panzer] die Rasdorfer Straße herab. Schon wurden die ersten Häuser durchsucht, und eine ganze Menge Amerikaner waren am Marktplatz versammelt, als vom Kirchturm die Uhr die zweite Mittagsstunde schlug.

Ein Offizier wies den Dechanten an, schleunigst die weiße Fahne zu hissen, denn der Glockenschlag könne ja auch ein Signal sein. Daraufhin erfolgte eine aufgeregte Suche nach dem Küster Josef Hergert, denn der Turm war noch abgeschlossen. Unbekannte hatten nämlich schon vorher eine weiße Fahne gehißt.

Da aber die Verhältnisse noch sehr unklar waren und eventuell eine Bestrafung durch deutsche Behörden oder Militärs erfolgen konnte, ließ sie der Dechant wieder einziehen und den Kirchturm abschließen. Gegen 15 Uhr war der Kirchendiener endlich gefunden. Dieser hißte das schon bereitliegende weiße Bettuch, und damit war für alle Geisaer, deren Häuser meist schon beim Einzug der fremden Truppen entsprechend geflaggt waren, das Symbol der Übergabe sichtbar. So kam die Stadt in die Hände der Amerikaner, ohne, daß ein Schuß gefallen oder ein Tropfen Blut geflossen war. Der fähige und geachtete Bürgermeister Dombrowicz, der von den Nazis gleichzeitig als Ortsgruppenleiter der NSDAP bestimmt war, wurde seines Postens enthoben, und Adolf Dittmar wurde kommissarisch mit der Führung der Geschäfte beauftragt.[33]«

Gera: *Am Nachmittag kamen so genannte ›Quartiermacher‹*

»Heute wird viel von Terrorangriffen der Alliierten gesprochen. Ich bezweifle das für Gera, auch als Historiker. Die Angriffe wurden entlang der Elster geflogen, wo die Bahntrasse verläuft. Ziele waren Eisenbahnknotenpunkte und Rüstungsbetriebe.

Bedenkt man den Stand der Technik damals, die Zielgenauigkeit und die dichte Besiedlung, wird das bestätigt. Ich vermute auch, die Bombenabwürfe in unserem Wohngebiet galten der Reuß-Kaserne, die sich in unmittelbarer Nähe befand.

Am 13. April gab es Mittags Feindalarm. Noch zu DDR-Zeiten ging es mir jeden Mittwoch Mittag durch Mark und Bein, wenn dieser Sirenen-Dauerton geprobt wurde. Ich war natürlich gespannt auf das, was auf uns zukommen würde. Die Propaganda hat ja funktioniert. An den Litfaßsäulen hingen Plakate mit den Bildern der angeblichen russischen Untermenschen, furchtbare Fratzen mit blutigen Messern zwischen den Zähnen. Das ist der Bolschewismus, stand darunter. Am 14. April kamen aber die Amerikaner. Weil es offenbar Widerstand in der Stadt gab, wurde von Thieschütz aus mit Granaten geschossen. Auch bei uns hat es gekracht und die Fenster gingen zum dritten Mal kaputt. Der Hof war mit Glassplittern übersät. Ich hatte aus Angst einen Sessel in meinen Keller geschleppt und wartete. Als die Panzer rollten, hielt es uns Kinder nicht mehr. Wir sind raus aus dem Hof gelaufen, haben um die Ecke geschielt und sahen die Amerikaner die Straße des Bergmanns in Richtung Leumnitz fahren. Am Nachmittag kamen sogenannte ›Quartiermacher‹. Die sahen die Bescherung in unserem Hof, haben kehrtgemacht und den Block auf der gegenüberliegenden Straßenseite geräumt. Da war ich zum ersten Mal heilfroh, daß unsere Fenster kaputt waren. In der Abfolge zogen nämlich die Russen ein und bis in die 1990er Jahre wohnten dort auch sowjetische Bürger.

In den nächsten Tagen sind die amerikanischen Jeeps in unserer Straße rauf und runter gefahren. In ihren Fahrzeugen sah es aus, wie bei ›Hempels unterm Sofa‹. Konservendosen, Zigaretten, Süßigkeiten und Kaugummis, alles lag wild durcheinander. Die Amerikaner waren kinderlieb. Wir kletterten auf ihren Jeeps rum und haben lange Finger gemacht. Oft haben sie uns aber auch was geschenkt. Wir sind dann hinter die Büsche und ich habe damals meine erste Zigarette geraucht.[34]«

Gerstungen: *Feindbewegung auf der neuerbauten Autobahn*

»1945 bewegten sich auf der gerade erbauten Autobahn die voll motorisierten Verbände der Amerikaner vorwärts. Von der Gerstunger Werrabrücke und von Sallmannshausen aus wurden sie beschossen. Bei der Erwiderung des Feuers trafen die Granaten die Steinsche Mühle und zahlreiche Sallmannshäuser Gehöfte. Am 1. April 1945 wurde unser Heimatort von amerikanischen dann allerdings am 4. Juli von sowjetischenTruppen besetzt.[35]«

Gompertshausen: *Alle Wälder planmäßig abgesucht*

»Vom 4. bis zum 8. April 1945 war der Donner der Geschütze schon von weitem zu hören, der mit dem Rückzug der deutschen Truppen von Königshof einherging. Von der Landwehr her rückten die ersten amerikanischen Panzer am 8. April 1945 in Gompertshausen ein. Letzte deutsche Truppenangehörige hasteten auf der Flucht durch

Gompertshausen. Gegen 13:00 Uhr suchten die Tiefflieger [Jabos] alle ringsum liegenden Wälder planmäßig ab. Immer bedrohlicher war das Rattern ihrer Motoren und Maschinengewehre zu hören. Die Feldscheune von Hugo Köhler wurde in Brand geschossen. Bei Armin Oestreicher wurden im Stall zwei Färsen und zwei Schweine erschossen. Ein flüchtender Soldat fiel am Kuhrasen. Er wurde auf dem kleinen Friedhof in Leitenhausen begraben. Ein zweiter Soldat wurde an der Riether Straße erschossen. Er wurde auf dem Gompertshäuser Friedhof beigesetzt. Verletzt wurde auch ein junges Mädchen, das einen Bauchschuß erlitt. Die Bevölkerung suchte beim Einmarsch der US-Amerikaner Schutz in der Kirche und in den Kellern am Kapellenweg. Etliche Tage nach der Einnahme Gompertshausens durch die Amerikaner wurde Otto Sommer zum Bürgermeister ernannt und als Polizeihelfer mit weißer Armbinde Adolf Decken eingesetzt. Der Zweite Weltkrieg war zu Ende. 44 Gompertshäuser Bürger mußten in dem furchtbaren Krieg ihr Leben lassen.[36]«

Gössitz: *›Wenn Sie weitergehen, wird das Ihr Sarg!‹*

»Die Frühjahrsbestellung 1945 war infolge der häufigen Tieffliegerangriffe schwierig. Die Fahrten nach Ranis oder Pößneck waren gefährlich. Als die Familie Laußmann einmal Waschtag hatte, muß der Qualm aus der Esse der Waschküche einem Tiefflieger ein Ziel geboten haben. Eine Bombe durchbrach das Dach der Küche und landete im offenen Waschtrog. Die Wäsche hatte die Bombe abgefedert, sie detonierte nicht. Im März 1945 fiel der Kassenverwalter der Gemeinde aus. Das zum Nachfolger bestimmte Gemeindemitglied, daß sich bisher aus allen hatte heraushalten können, war nun gezwungen, sozusagen noch kurz vor Schluß, der NSDAP beizutreten. Bald danach wurde der Volkssturm, aufgestellt. Alte Männer und jugendliche Kinder wurden einberufen.
Kurz vor Beendigung des Krieges kam ein Ostarbeiter ins Dorf und erbettelte sich Brot; er war so entkräftet, daß er zusammenbrach und ins ehemalige Kriegsgefangenenlager bei Familie Lemmrich gebracht wurde; trotz Hilfe verstarb er hier und wurde auf dem Gössitzer Friedhof bestattet; sein Name: Alexander Dudeck.
Derweil rückte die Front heran. Nach dem Abzug einer 56köpfigen Wehrmachtseinheit Anfang April, rückte eine 25 Mann starke SS-Einheit in Gössitz ein und wurde in Privatquartiere gelegt. Der Stab war bei Laußmanns, die Feldküche im Torhaus von Biedermanns untergebracht. In den letzten Stunden des Krieges machte sich diese Truppe noch eines Verbrechens schuldig. Kurz vor dem Osterfest hielten sich drei polnische Ostarbeiter im Ort auf, um sich Lebens-

mittel zu erbetteln. Diesmal wurden sie verraten und von einer SS-Patrouille aufgegriffen. Die Gefangenen wurden in das Gehöft von Laußmanns eskortiert und sollten an der dortigen Garagenwand erschossen werden. Als die resolute Großmutter des Hauses Wind davon bekam, ging sie wie eine Furie auf die verdutzten SS-Leute los und machte ihnen lautstark klar, daß hier niemand erschossen würde. Das half den unglücklichen Polen jedoch wenig, die SS-Leute führten sie daraufhin in ein kleines Birkenwäldchen unterhalb der Kiesgrube [rechts neben dem Weg nach Neumannshof], exekutierten sie dort und verscharrten dann die Leichen.

Die SS-Truppe zog am 13. April 1945 wieder ab [allerdings ohne ihre Schaftstiefel und weitere Ausrüstungsgegenstände] und sprengte die erst fünf Monate zuvor fertiggestellte Linkenmühlenbrücke. Auf Anraten des Bürgermeisters hängten die Gössitzer nach dem Abzug der SS in der Nacht zum 14. April weiße Tücher als Zeichen der friedlichen Kapitulation aus den Fenstern. Im Gasthaus ›Zur Linde‹ befand sich die örtliche Lebensmittelverkaufsstelle. Dort wurden am Sonntag, den 15. April gegen Mittag gerade Lebensmittel ausgegeben, als ein Kübelwagen mit Offizieren der US-Armee herangefahren kam. Begleitende Truppen sicherten den Ortseingang.

Der anwesende Bürgermeister versicherte den Offizieren, daß sich die Einwohner von Gössitz friedlich verhalten würden; daraufhin vollzog sich die Besetzung des Ortes in aller Ruhe. Der Ortseingang wurde von Doppelposten bewacht; das Gesamtverhalten der neuen Besatzer war anfangs noch recht unsicher. Untergebracht waren die Soldaten in den Räumen der oberen Schulklassen im Haus-Nr. 34 und die Offiziere privat.

Der Großvater der Familie Gustav Kleinschmidt, Haus-Nr. 31; war am Vortag verstorben. Aus diesem Grunde gingen der Nachbar Herr Schott und der bei Kleinschmidts eingesetzte russische Fremdarbeiter Dimitri mit einen Handwagen nach Ranis um einen Sarg zu holen. Auf dem Rückweg wurden sie von den heranziehenden amerikanischen Soldaten mit den Worten angehalten: ›Wenn Sie weitergehen, wird das Ihr Sarg!‹ Darauf wollten es die beiden nicht ankommen lassen und kamen deshalb mit vielen Stunden Verspätung zu Hause an, wo man schon in größter Sorge war. Bei der Beerdigung von Opa Kleinschmidt durften keine Glocken geläutet werden, wohl damit den deutschen Truppen keine Zeichen gegeben werden konnten.Die Besatzungstruppen führten in Deutschland die Sommerzeit ein, die Uhren wurden um 2 Stunden vorgestellt. Für die gesamte Bevölkerung gab es eine Ausgangssperre ab 21:00 Uhr Sommerzeit. Danach durfte niemand mehr sein Grundstück verlassen. Das war eine starke Einschränkung der persönlichen Freiheit –

stand doch die Sonne zu dieser Zeit noch hoch am Himmel. Ab 6:00 Uhr früh konnte die Straße wieder betreten werden. Am Pfingstsonnabend mußten auf Anordnung des Ortskommandanten die Leichen der ermordeten Zwangsarbeiter von den ehemaligen Parteigenossen exhumiert und auf den Friedhof direkt an der Westwand der Kirche ordentlich beerdigt werden. Am 8. Mai 1945 erfolgte die bedingungslose Kapitulation Deutschlands und der Zweite Weltkrieg war beendet. Der Krieg kostete 31 Soldaten aus Gössitz das Leben. Der Zustrom von Umsiedlern aus den ehemaligen deutschen Ostgebieten riß in der Folge nicht ab. Am 1. Juli zog die amerikanische Besatzungstruppe mit ihren Jeeps ab. Am nächsten Tag marschierten die sowjetischen Soldaten mit Pferdegespannen und Wagen hier ein. Dabei kam es zu keinerlei Zwischenfällen. Untergebracht waren die Soldaten im Schulraum der unteren Klassen, Haus-Nr. 33, die Offiziere privat. Die sowjetischen Soldaten zeigten sich sehr kinderfreundlich und gaben den Kindern zu essen. Viele Kinder kamen den ganzen Tag nicht nach Hause. Beim Entschärfen von Bomben und Minen verunglückten immer wieder Besatzungssoldaten. So sprengte es einem bei der Familie Laußmann untergebrachten Sowjetoffizier beide Hände weg. Seine Frau, die bei ihm lebte, war darüber so aufgelöst, daß sie sich im Hausbrunnen ertränken wollte. Das konnte von Otto Laußmann zum Glück noch verhindert werden.

Nachdem sich die Sowjetische Militäradministration gefestigt hatte, entfernte man die letzten Altnazis aus den Verwaltungen. Am 23. August 1945 wurde der bisherige Bürgermeister durch eine von der SMAD neu eingesetzte Bürgermeisterin – der ersten Frau Thüringens in einem solchen Amt – ersetzt. Nach ihrer Amtsübernahme wurden auch die Aktenschränke gesäubert. Viele Unterlagen, zum Teil wertvolle zeitgeschichtliche Dokumente und historische Urkunden des ehemaligen Marktfleckens, wurden vernichtet, entwendet oder gar verbrannt, ein großer Verlust für die Ortsgeschichte. Die Aufgaben der Kommunalverwaltung waren damals sehr kompliziert. Die Verteilung der Grundnahrungsmittel erforderte strengste Reglementierung. Es gab Lebensmittelkarten für Schwerstarbeiter, für Arbeiter, für Hausfrauen bzw. für nichtarbeitende Bevölkerungsteile.

Für Bauern und Nebenerwerbslandwirte, sogenannte ›Selbstversorger‹, gab es nur Zuckermarken. Für die Versorgung mit Bekleidung aller Art wurden Punktkarten und Bezugsscheine ausgegeben; dem Gemeinderat standen aus der Bevölkerung gebildete Ausschüsse zur Seite, so z.B. der ›Ernährungsausschuß‹ für die Versorgung der Bevölkerung mit Lebensmitteln und Bekleidung. Er hatte eine beratende Funktion. Die Tätigkeit war verantwortungsvoll und nicht immer leicht und manchmal auch angefeindet, wenn z.B. mehr als

100 Anträge auf einen Mantel vorlagen, aber nur ein Bezugsschein dafür zur Verfügung stand.

Die gesamte Volkswirtschaft war zusammengebrochen; überall nur Trümmer und Chaos. In den Dörfern gab es zwar kaum Ruinen, aber wichtige Instandsetzungsarbeiten waren auf Grund des Krieges unterblieben, die Landwirtschaft durch Mangel an Arbeitskräften heruntergekommen, die Viehbestände dezimiert.

Mit allen Gütern und Gebrauchsgegenständen des täglichen Bedarfs mußte weiter gewirtschaftet oder ›Neues‹ organisiert werden.

Bei Lieferung von verwendungsfähigen Grundstoffen gab es z.B. im Tausch für Draht – Nägel und für einen Stahlhelm einen Kochtopf. Tauschzentralen entstanden in allen größeren Orten.

Die Bevölkerung tauschte alles gegen alles. Bald fand die SMAD auch die Zeit, nach den Schuldigen für die Verbrechen der NS-Zeit zu suchen. Im August 1945 erging die Weisung, daß alle ehemaligen Funktionäre der NSDAP und ihrer Nebenorganisationen und wahrscheinlich auch die Mitglieder selbst aufs Bürgermeisteramt kommen sollten. Dort warteten schon die Soldaten des NKWD mit angeschlagenen Maschinenpistolen. Die verdutzten Leute wurden verhaftet und aus dem Ort geführt. Während dieses Marsches wurde der Gastwirt und ehemalige NSDAP-Ortsgruppenleiter in einer Sandgrube bei Birkigt erschossen. Unterwegs schlossen sich dem Zug, der nach Schleiz in eine Schule führte, noch Kolonnen aus anderen Dörfern an. Dort wurden die Gefangenen in den ehemaligen nun mit Stroh ausgelegten Klassenräumen untergebracht und in den folgenden Wochen und Monaten verhört. Dabei wurde Fritz Döhler mit einem anderen Döhler verwechselt und nach Buchenwald verschleppt.

Das gleiche Schicksal ereilte auch den damals in Gössitz wohnenden Reinhard Gotthelf. Beide fanden dort den Tod. Der Offizier Heil aus Ranis und der Evakuierte Klümpen versuchten aus dem Sammellager Schleiz zu entkommen, wurden aber eingefangen und ebenfalls erschossen. Einzig [!] das oben erwähnte letzte Parteimitglied und eine weitere Person aus dem Kreis der in Gössitz Verhafteten kehrten nach einigen Monaten wieder heim. Ferner wurden vom NKWD auch gezielte Verhaftungen durchgeführt. Die ehemaligen Besitzer der Rittergüter Knau [Schneider] und Wernburg [v. Erfa] mußten – so hieß es lakonisch – damals nicht zu Fuß gehen, man fuhr sie zur Exekution. Der Pächter des Großbauerngutes ›Neumannshof‹, Martin Lindig, wurde eines Tages aufs Gössitzer Bürgermeisteramt bestellt, weil er sein Getreidesoll nicht erfüllt hatte. Man warf ihm vor, Getreide unterschlagen zu haben. Er wurde auf der Stelle verhaftet und zu acht Jahren Zuchthaus verurteilt. Auch sonst war mit den neuen Machthabern nicht zu spaßen. Sowohl der Gesangsverein, als auch die gut funktionierende Theatergruppe wurden 1946 aufgelöst. Selbstgeschriebene Stücke wie z.B. ›Der Erbhofbauer‹ paßten nicht in das Konzept der demokratischen Neuerer. Jeder noch so unsinnige Befehl der SMAD wurde in Gössitz unverzüglich zur Ausführung gebracht. Rückhaltlos mußten alle im Ort noch vorhandenen Autos, Zugmaschinen und zum Teil auch Zugpferde abgeliefert werden. Man holte Radios, selbst Ruhebänke aus den Häusern von ehemaligen Parteimitgliedern der NSDAP. Manche Einwohner mußten für Feierlichkeiten im Gemeindeamt ›auf Befehl‹ einen Kuchen oder eine Torte backen. Wehe, wer sich dem widersetzte, dann konnten willkürlich angesetzte Hausdurchsuchungen und zeitweilige Verhaftungen die Folge sein. Auch mit den Bauern, denen 1947 die Ernte verhagelt war, hatte man kein Erbarmen. Sie mußten das Soll beschaffen. Bei der Verteilung der Lieferlasten wurde nicht selten geschummelt, indem die der Zivilverwaltung ›näher‹ stehenden Bauern weniger, die anderen mehr und jene auf die man ein Auge geworfen hatte, noch mehr zu liefern hatten. Das Ganze nannte die damalige Propaganda dann ›Befreiung der Bauern aus der feudalen Unterdrückung‹.[37]

Gotha: *Wie durch ein Wunder verschont*

Die Theorie, daß der Angriff der britischen Bomber am 3. April 1945 auf Nordhausen im Grunde der Stadt Gotha gegolten habe, ist nicht von der Hand zu weisen. Weil der Stadtkommandant auf Schloß Friedensstein und dem Rathaus weiße Fahnen hissen hatte lassen, soll die Stadt von den bereits anfliegenden Bombern verschont worden sein. Dies wollte der katholische Pfarrer Joseph Redemann von einem amerikanischen Offizier gehört haben. Andererseits wären die sich bereits am Stadtrand von Gotha, befindlichen amerikanischen Einheiten von dem geplanten Bombenangriff bedroht gewesen. Gardolla dagegen, der den expliziten Befehl Hitlers, den ›festen Platz Gotha‹ unter allen Umständen zu verteidigen, mißachtet hatte, geriet in die Fänge eines SS-Kommandos. Er wurde am 5. April standrechtlich erschossen.[38]

Grabe: *Pfarrer Zippel kehrte als gebrochener Mann zurück*

»Am 04. April 1945 kamen die Amerikaner nach Grabe. Bei den vorherigen Kampfhandlungen fielen 13 deutsche Soldaten. 5 Zivilisten starben durch Artilleriebeschuß. 10 Scheunen und 1 Wohnhaus brannten ab. Pfarrer Zippel, 1941 willkürlich ins KZ Dachau verschleppt, kehrte als gebrochener Mann nach Grabe zurück. 1945 gab es über 300 Umsiedler in beiden Orten.[39]«

Gräfenwarth: *Die Verteidigung des Thüringer Meeres*

Die Alliierten hatten es auch auf die Talsperren an der oberen Saale abgesehen. In Westdeutschland waren bereits drei Sperrmauern durch britische Lancesterbomber zerstört worden, mit zum Teil verheerenden Flutkatastrophen. Was würde passieren, wenn nun auch die riesige Staumauer der Bleilochtalsperre zerstört würde? Wieviele Menschen würde die Flut flußabwärts bis Jena mitreißen? So war im letzten Kriegsfrühling ein starker Schutzgürtel von mehreren leichten und schweren Flaks, Scheinwerfer- und Balloneinheiten am Stausee stationiert. Dennoch fühlte man sich nicht sicher. Indem die alliierten Bomber nicht direkt an die Sperrmauer herankamen, versuchten sie bereits weiter draußen auf dem See Torpedos in Position zu bringen. Ein gewaltiges Stahlnetz – als Torpedoschutz vor die Speermauer gelegt und obendrein mit Seeminen bestückt – sollte dem entgegen halten. Über dem Berg ›Lohmen‹ bei Schleiz befanden sich Sperrballons, die wie große graue Elefanten aussahen. Sie wurden von den Tieffliegern besonders gern angegriffen. Viele dieser grauen Riesen stürzten dann brennend ins Saaletal.[40] Auch das Geflimmer der Windows – das war jene in Ballen abgeworfene Lameta zur Störung der Funkortung – muß schaurig schön anzusehen gewesen sein.[41] Auf der ›Gans‹ einem Bergrücken über der Staumauer befand sich der Hauptsender für die Luftüberwachung Mitteldeutschlands.

Greiz: *Im Tunnel ließ man zwei Züge ineinanderfahren*

Die Amerikaner rückten sehr zügig im Frühjahr des Jahres 1945 auch in Richtung Ostthüringen vor. Trotzdem waren einige überzeugte Nationalsozialisten noch vom bevorstehenden ›Endsieg‹ überzeugt und handelten entsprechend. Ein Oberst Freiherr von Lützow hatte noch in aller Eile ein Wehrmachtskommando ›Elster Abschnitt VII Süd‹ aufgestellt. In der Nacht zum 17. April wurden fünf Eisenbahn- und Straßenbrücken durch Soldaten der deutschen Wehrmacht gesprengt. Am Nachmittag des 16. April war bereits die Friedensbrücke zerstört worden. Im Eisenbahntunnel bei Rothental ließ man zwei Züge ineinanderfahren und sprengte sie anschließend, auf diese Art und Weise sollte eine Barrikade gebildet werden. Doch all diese sinnlosen Befehle konnten den Vormarsch der Amerikaner nicht aufhalten. Das erkannten auch besonnene Offiziere der Wehrmacht, die die Ausführung von Befehlen zur weiteren Zerstörung von Verkehrs- und Versorgungseinrichtungen verweigerten. In Greiz handelte in diesem Sinne der Hauptmann Kurt von Westernhagen, indem er seine Soldaten in Gefangenschaft zu den Amerikanern schickte. Daraufhin wurde er in den Mittagsstunden des 16. April von einem

SS-Kommando auf dem Markt als ›Deserteur‹ standrechtlich erschossen. An dieser Hinrichtung nahm auch der damalige Kreisleiter der NSDAP teil. Nachdem sich der Stab Lützow zurückgezogen hatte, fiel auch das Kommando auseinander. Der Widerstand weniger Landser hörte daraufhin auf.

Am Dienstag, dem 17. April besetzten amerikanische Truppen dann den Rest der Stadt Greiz. Damit war der Zweite Weltkrieg und vor allem die Naziherrschaft in Greiz zu Ende. Die amerikanische Besatzungsmacht setzte die Befehle und Anordnungen der alliierten Militärregierung in Greiz durch. Die NSDAP und alle ihre Organisationen wurden verboten, die bisherige Verwaltung aufgelöst und mit dem Neuaufbau einer demokratischen Verwaltung begonnen.[42]

Großbreitenbach: *Waffen, Radios, Fotoapparate beschlagnahmt!*

»Anfang 1945 war das Ende des Krieges bereits absehbar. Am 1. Februar wurde zwischen der Volksschule Großbreitenbach und dem Reichsfiskus das Ende des Schulbetriebes und die Umwandlung in ein Lazarett beschlossen. Die amerikanische Armee rückte näher und damit wuchs die Unruhe und Angst unter der Bevölkerung.

Am Abend des 9. April gegen 21:45 Uhr erfolgte der erste Schuß auf Großbreitenbach durch die amerikanische Artillerie. Der Beschuß dauerte bis 6:30 Uhr des folgenden Tages an. Eine Bürgerin wurde getötet, ein Mann schwer verletzt.

Der Bürgermeister und NSDAP-Ortsgruppenleiter hatte sich mit seinen Getreuen im Rathaus verbarrikadiert und war nicht zur Aufgabe bereit. Um den Untergang der Stadt aufzuhalten, gingen die Einwohner Johannes und Ernst Machold sowie Max Kahl den Amerikanern mit einer weißen Fahne entgegen und übergaben die Stadt kampflos.

Am 11. April gegen 9:00 Uhr rollte der erste US-Panzer durch den Ort. Die Nazi-Aktivisten wurden verhaftet, alle Waffen, Radios und Fotoapparate beschlagnahmt. Die Wehrmachtssoldaten wurden festgesetzt. Ganze Straßenzüge mußten für die Amerikaner geräumt werden. Man kam bei Verwandten und Bekannten unter. Während der Einquartierung wurde die Einrichtung zum Teil erheblich beschädigt. Am 11. Juni 1945 kamen die Zwangsarbeiter im Ort in Freiheit. Die Amerikaner ordneten das öffentliche Leben mit 160 Erlassen neu.[43]«

Großpürschütz: *Sie suchten nach der alten Saalefurt*

»Vom 07. April bis 09.April 1945 gab es Bombenangriffe auf Kahla. Dabei wurden bei Großpürschütz Eisenbahnzüge getroffen. Am Mittwoch, dem 11. April, gab es Feind-Alarm. Noch am 12. April wurden sämtliche Brücken entlang der Saale gesprengt, auch die in Großpürschütz. Am selben Tag drangen amerikanische Panzer zur Saale vor. Sie suchten die alte Furt, um die Saale zu überwinden. Am 2. Juli zogen die amerikanischen Besatzungstruppen ab. Am 4. Juli erfolgte der Einzug der Roten Armee. Im Herbst 1945 begann der provisorische Aufbau der Saalebrücke.[44]«

Haßleben: *Drei Granaten zur Warnung*

»Im Februar 1945 schlugen in Haßleben zwei Bomben ein. Eine fiel in einen Ziehbrunnen und die andere in einen Misthaufen. Menschen kamen hierbei nicht zu Tode, aber das Vieh hatte nicht so viel Glück. Am 10. April rückten die Amerikaner in Haßleben ein. Zuvor wurde unser Dorf von 3 Granaten aus Richtung Ringleben beschossen. Der Oberlehrer Herr Ernst Ziegel hißte auf unserem Kirchturm eine weiße Flagge, was die Gemeinde vor weiterem Beschuß bewahrte.[45]«

Hermsdorf: *Sein Bruder nahm ihn als Militärpolizist in Empfang*

Mit einem Jeep und zwei Panzern erfolgte am 13. April 1945 um 14:30 Uhr der offizielle Einmarsch der Amerikaner in Hermsdorf. Bereits um 8:00 Uhr waren die ersten GIs am Felsenkeller gesehen worden, gegen 9:00 Uhr weitere in der Rodaer Straße. Vom 12. bis zum 13./14. April war in Stadtroda und Hermsdorf die 80. Infanteriedivision der US-Armee stationiert, die dann weiter nach Österreich zog. Sie wurde abgelöst von der 6. Panzerdivision bis zu ihrem Abzug am 2. Juli 1945. Eine außergewöhnliche Begebenheit spielte sich in amerikanischer Kriegsgefangenschaft ab: »Im Jahr 1937 oder 1938 ist ein Steiding aus Hermsdorf in die USA ausgewandert. Sein Bruder [†1980] blieb in Hermsdorf. Mit Kriegsende kam dieser in amerikanische Gefangenschaft. Der Transport erfolgte mit dem Schiff. In Amerika angekommen stand sein Bruder, inzwischen Militärpolizist, am Kai und nahm ihn in Empfang.[46]«

Heiligenstadt: *Sechs Personen kamen ums Leben*

Am 5. April 1945 erfolgte ein Luftangriff auf die Stadt. 18 Fliegerbomben wurden auf die Oststraße und das Erbental abgeworfen. Sechs Personen kamen dabei ums Leben.
Am 9. April erreichten Kontingente der 1. US-Army, von Witzenhau- und Göttingen kommend, Heiligenstadt, das kampflos besetzt wurde. Gegen 16:00 Uhr trafen hier Truppenteile der 3. und 1. US-Armee zusammen.[47]

Hildburghausen: *Von Ecke zu Ecke sich ins Zentrum vorgetastet*

In den Tagen vor dem Kriegsende hatte in der Stadtverwaltung Hildburghausen eine Notverordnung die andere abgelöst. Um nach der ›Stunde Null‹ nicht mit nichts dazustehen, verpflichtete Bürgermeister Dr. Zschaeck einige alte Männer im voraus zu Hilfspolizeidiensten nach der Besetzung. Die Einwohnermeldekartei wurde entgegen dem Befehl nicht vernichtet, dafür aber die weniger wichtige Familienkartei, um nicht in den Notstand der Befehlsverweigerung zu kommen. Zunächst gaben die Amerikaner einen Warnschuß auf den Rathausturm ab. Daraufhin veranlaßte der Bürgermeister das Hissen einer weißen Fahne.
Es erfolgt eine Beschießungspause. Der Volkssturm war zu dieser Zeit in Richtung Schleußinger Straße unterwegs. Inzwischen waren aus Richtung Eisfeld mit der Bahn SS-Einheiten angekommen, die sofort in Stellung gingen. Die weiße Fahne wurde wieder entfernt und mit ihr auch der Bürgermeister. Die Beschießung der Stadt ging weiter. Danach rückten die Amerikaner in die Stadt ein, von Straßenecke zu Straßenecke sich ins Zentrum vortastend, dabei auf vermutete Widerstandsnester feuernd. Der Volkssturm hatte den Kampf gar nicht erst aufgenommen. Die SS-Truppen verließen die Stadt Richtung Coburg. Als erstes wurden Ausgehsperren verhängt, zunächst 24 Stunden, danach durfte die Bevölkerung 2 Stunden vormittags, sowie nachmittags wichtige Geschäfte erledigen. Stadtbeamte, Krankenschwestern und sonstige wichtige Personen erhielten Passierscheine. Danach wurden alle mehr und minderbelasteten Parteiführer verhaftet, zumeist aber nach kurzer Zeit wieder freigelassen. Auch alle höheren Ärzte wurden wegen des Verdachts auf Beteiligung an der Euthanasie verhaftet und verhört. Unter den abgelieferten Hieb- und Stichwaffen waren zum Teil sehr wertvolle und antike Stücke, für die es keine Bestätigung oder Entschädigung gab. Auch alle Fotoapparate mußten abgegeben werden. Die besonders alten Stücke wurden von den Amerikanern nicht genommen. Meist ›sackte‹ diese die Nachbarschaft ein. Weil alle Telefone ausgefallen waren, mußte

ein Kurierdienst eingerichtet werden, der besonders von Schülern mit Fremdsprachenkenntnissen aufrechterhalten wurde.

Das Gesundheitswesen lag den Amerikanern sehr am Herzen. Eine der ersten Anordnungen gleich nach der Besetzung galt der Kontrolle des Trinkwassers. Als neuer Landrat wurde der von den Nazis entlassene Berliner Ministerialrat Keding eingesetzt. Im ehemaligen Rüstungsbetrieb ›Norddeuma‹ wurden nun aus Rüstungsschrott Gebrauchsgegenstände für die Bevölkerung hergestellt. Der Einmarsch der Sowjettruppen war durch Flüsterpropaganda im Gespräch. Hartnäckig hielt sich das Gerücht, daß die Fernstraße 89 [do. 87] die neue Grenze werden sollte.[48]

Jena: *US-Parlamentäre geraten unter deutschen Beschuß*

Eine Augenzeugin erinnert sich an das Kriegsende in der Saalestadt: »Von weitem hörten wir ein eigenartiges Geräusch, immer lauter. Wir erkannten dann, daß Panzer aus Richtung Kunitz heranrollten. Auf einmal betrat ein amerikanischer Soldat mit vorgehaltenem Gewehr unser Grundstück. ›Soldaten?‹ – ›No only men!‹ sagte die Bewohnerin ... Da sahen wir die ersten Jeeps und Mannschaftswagen. Sie standen dem Damm entlang. Soldaten kamen in die Straße, setzten sich auf dem Bordstein und verteilten Schokolade und Eßwaren an die Kinder.[49]« Der kampflosen Einnahme Jenas war ein erbittertes innerstädtisches Ringen vorausgegangen. Teile der 80. US-Infanteriedivision waren direkt gegen die Stadt vorgegangen, während andere Einheiten Jena nördlich und südlich umgingen, die Saale überquerten und auf diese Weise die östlichen Teile der Stadt avisierten.

Gelegentlich aufflackernder Widerstand wurde mit massivem Panzerfeuer erwidert und zog gelegentlich Strafaktionen, wie die Zerstörung der als Widerstandsnester ausgemachten Häuser, nach sich.

Die Kommunikation mit Jena war unterbrochen, nachdem die Wehrmacht die letzte intakte Saalebrücke, die Kamsdorfer Brücke, gesprengt hatte. Stadtkommandant Oberst Heß und seine Männer verschanzten sich im Ostteil der Stadt. Er selbst befand sich im Bunker am Adlerstieg. Durch fehlende Kommunikationsmöglichkeiten waren Absprachen bezüglich einer kampflosen Übergabe Jenas erschwert. In der Stadt bildeten sich Bürgergruppen, unter ihnen viele Honoratioren für diesen Zweck.

Inwieweit diese zusammenarbeiteten, bleibt unbekannt. Dittmer, der Leiter einer dieser Gruppen, wäre um ein Haar getötet worden, weil er in Jena-Ost dem Stadtkommandanten sowie dem SS-Führer Schulze in die Hände fiel. Man bezichtigte ihn des Verrats und drohte bei nochmaliger Kontaktaufnahme mit den Amerikanern ihn zu erschießen. Die Übergabe der Stadt am 13. April wurde nur von den zivilen Amtsträgern forciert, ein Ultimatum wurde vom Stadtkommandanten abgelehnt und mit Widerstand beantwortet. Dittmer hatte den Amerikanern am Vortag Übergabeverhandlungen zugesichert, war aber infolge seiner Verhaftung verhindert gewesen.

Die ausgesandten US-Parlamentäre gerieten unter deutschen Beschuß. Dies sollte für Dittmer nach dem US-Einmarsch ein Nachspiel haben. Die US-Besatzung bezog ihr Hauptqartier zunächst im ›Weimarischen Hof‹. Erster Stadtkommandant war Captain Lawrence A. Degner, ein New Yorker Rechtsanwalt deutsch-amerikanischer Herkunft. Schon am 14. April zog er mit seiner Einheit Richtung Gera weiter.[50]«

Jesuborn: *Wenn nur das Munitionslager nicht explodiert*

»Zu Ostern waren die amerikanischen Truppen bis zur Werra vorgedrungen und standen vor Meiningen. Jesuborn erhielt am 6. April 1945 Einquartierung von deutschen Truppen. Eine Werferabteilung nahm Feuerstellung am Bahndamm über dem Dorfe ein.

Die Soldaten, die alle in Wohnungen der Dorfbewohner untergebracht waren, rückten am 8. April in Richtung Großbreitenbach oder Neustadt am Rennsteig ab. Der Volkssturm ließ im Schobsetal bei Gehren Panzersperren bauen. Große Fichten wurden über die Straße geworfen. Im Munitionslager Esbach mußten die Männer des Volkssturms Kisten mit Zündern heraustransportieren und verbrennen. Alles bereitete sich auf das Kommen ›des Feindes‹ vor.

Am Nachmittag des 9. April 1945 begannen amerikanische Jagdbomber, Esbach mit Bordwaffen zu beschießen. Immer wieder flogen ganze Bombenstapel zugleich in die Luft. Die Häuser in Jesuborn zitterten, die Wände barsten, die Ziegel fielen von den Dächern, Türen sprangen aus den Angeln. Küchengeschirr flog auf den Hof und Blumentöpfe gingen zu Bruch. Die Leute flüchteten in die Keller oder hatten sich wie in der Viehtreibe notdürftig selbst einen kleinen Unterstand gebaut. Wer keinen Keller hatte, kam bei den Nachbarn unter. Am Dienstag war Fortsetzung des Bombardements.

Die Artillerie der Amerikaner schoß von den umliegenden Bergen über das Dorf hinweg ins Esbach. Ein Einschlag war vor dem Dorf am Bahndamm und ein weiterer am Wege nach Gehren zu.

Das Radio meldete bereits Kämpfe östlich von Suhl, bei Oberhof und Hildburghausen.[51]« Am 3. April 1945 marschierten die Amerikaner in Suhl ein und fanden das dortige Gustloff-Werk noch in relativ guten Zustand.

»Am 10. April fanden im Esbach bis nach 24 Uhr Sprengungen statt.

Am Mittwoch, dem 11. April, fand der Bordwaffenbeschuß durch die alliierten Flugzeuge seine Fortsetzung. Die Leute rechneten mit dem Schlimmsten. Die größte Gefahr ging vom Esbach mit seinen riesigen Sprengmittelbestand aus. Man befürchtete, daß das ganze Esbach in einem einzigen Feuerball in die Luft fliegen würde, was den sicheren Tod bedeutet hätte. Die Jesuborner hängten weiße Tücher zu den Fenstern hinaus und verkrochen sich wieder in den Kellern. Seitens der Gemeinde wurde auf dem Glockenturm eine weiße Fahne gehißt. Am Nachmittag gegen 15 Uhr kamen amerikanische Truppen von Gehren her in unser Dörfchen. Die Aufklärungsspitzen schlichen sich mit Abstand von 10 Metern und mit der Waffe im Anschlag ein.

Einzelne Detonationen im Esbach ließen die Amerikaner jedesmal respektvoll zusammenzucken. Am Ortseingang von Gehren wurde die Truppe von einigen Jesubornern empfangen. Der Schuhmacher Trabs kredenzte Wein. Der Böttger Willy Tröbs holte Eier und tauschte sie gegen Tabak und Tee ein. Einige Soldaten gingen in die Häuser und verlangten Wein. Die Kampftruppen marschierten weiter in Richtung Pennewitz. Eine kleine Truppe blieb zur Besatzung des Dorfes über Nacht. Einer Bekanntmachung zufolge mußten noch am selben Abend vorhandene Waffen, Feldstecher und Fotoapparate abgegeben werden. Die Lichtleitungen wurden durchschnitten.

Es gab keinen elektrischen Strom, weshalb auch keiner Radio hören konnte. Es galt zunächst die Dächer zu reparieren und aufzuräumen. In der Natur war bereits alles grün. Die Birken hatten am 14. April schon ausgeschlagen. Am 20. April wurde die Ausgehzeit beschränkt. Am 26. April wurde der Bürgermeister Hilmar Korn abgesetzt und Max Korn, der schon vor 1933 Bürgermeister war, wieder eingesetzt. In Gräfinau wurde eine alliierte Kommandantur eingerichtet und mit belgischen Truppen besetzt. Der Hoheitsträger der NSDAP in Jesuborn, Paul Kramrich, wurde von der Arbeit geholt und von den Belgiern im Walde zwischen Gräfinau und Cottendorf erschlagen und dort verscharrt. Dies soll auf Denunziation geschehen sein. Erst am 16. Mai durfte der Leichnam des kaufmännischen Angestellten aus dem Wald geholt und in Jesuborn ordentlich bestattet werden.

Der gerade erst ernannte Gehrener Bürgermeister Curt Heyder legte wegen diesem und wegen weiterer ähnlicher Vorfälle sein Amt nieder. Emil Mahr wurde neuer Bürgermeister in Gehren.

Am 5. Mai nahm die Süddeutsche Eisenbahngesellschaft zwischen Ilmenau und Großbreitenbach den Verkehr wieder auf, der seit dem Einmarsch der Amerikaner geruht hatte. Am 6. Mai mußten alle Kraftfahrzeuge angemeldet und registriert werden. Alle ehemaligen Mitglieder der NSDAP wurden ebenfalls registriert. Insgesamt kehrten 55 junge Jesuborner nicht mehr aus dem Krieg zurück.

Ehemalige Kriegsgefangene oder Ostarbeiter irrten in der Gegend umher. Manche von ihnen begingen Diebstähle und Einbrüche. Da sie sofort als frei galten, hatte auch niemand mehr ihnen etwas zu sagen. Einige begaben sich von allein auf den Marsch in Richtung Heimat. Der organisierte Abtransport erfolgte erst Ende Mai bis in den Juni hinein. Das Kriegsgefangenenlager im Saale des ›Schwarzburger Hofes‹, in dem vor allem Serben und Franzosen untergebracht waren, wurde aufgelöst. Einige ehemalige Soldaten kehrten nach Jesuborn zurück, nachdem sie eigenmächtig ihre Truppe verlassen hatten oder versprengt wurden. Die meisten deutschen Soldaten gerieten jedoch in Kriegsgefangenschaft, wo sie oft erst nach mehreren Jahren ihre Heimat wiedersehen durften.

Mit den Amerikanern bestand während der Besatzung ein recht gutes Verhältnis. Besonders die Dorfjugend schloß schnell Freundschaft. Ein reger Tauschhandel entwickelte sich. Gern tauschten die Amerikaner in Büchsen verlötete Schokolade und Zigaretten gegen frische Eier und Wein. Der Krieg war zu Ende. Die Jesuborner konnten wieder aufatmen. Doch die weitere Zukunft war noch sehr ungewiß, denn schon bald wechselte die Besatzungsmacht in Thüringen.[52]«

Kranlucken: *Bleierne Ungewißheit lastete auf den Einwohnern*

»Im Ort gab es Kriegsgefangene. Sie wurden den Bauern als Arbeitskräfte zugeteilt. Nach Feierabend trafen sich die etwa 20–25 Franzosen im Oberdorf und ließen sich durch einen Wachsoldaten, in der Regel ein älterer Landser, nach Zitters bringen, wo die Gefangenen in einer eigenen Unterkunft die Nacht verbringen mußten. Der menschliche Kontakt zwischen Freund und ehemaligem Feind war in den meisten Fällen so herzlich, daß mancher Abschied nach dem Einmarsch der Amerikaner 1945 schwer fiel, um nicht zu sagen tränenreich.

Ab Anfang 1945 konnte man fast täglich die Bombergeschwader am Himmel sehen oder hören. Im März kam die Gefahr von Tieffliegerangriffen hinzu, vor denen man nirgends sicher sein konnte. Am Bahnhof in Motzlar wurde am Karsamstag der Personenzug beschossen, es gab Verwundete, wie Pfarrer Nüdling berichtet.

Bleiern lastete die ungewisse Zukunft in der Karwoche 1945 auf den Leuten, als die Amerikaner immer näher rückten und in den Ostertagen das Kohlbachtal besetzten. Zunächst besetzten die Amerikaner die umliegenden Hänge des Dorfes. Erst als man die weiße Fahne gehißt hatte, besetzten sie das Dorf, durchkämmten die Häuser, ohne auf Widerstand zu stoßen, und richteten ein Lager ein.

Die Kampftruppen zogen weiter nach Osten. Das Leben im Dorf ging nun seinen Gang weiter. Die Leute waren in einer seltsam gedrückten Stimmung, einerseits froh darüber, daß nun der lange Krieg und die Angst der letzten Wochen vor den Tieffliegern und Bomberstaffeln, die auch im stillen Kohlbachtal zu hören waren, und der heranrückenden amerikanischen Armee vorüber war, andererseits in Sorge über ihre Angehörigen in der geschlagenen deutschen Wehrmacht. Niemand wußte etwas über deren Schicksal und unvorstellbar war die Zukunft in dieser ›Stunde Null‹. Nach dem offiziellen Waffenstillstand am 9. Mai 1945 tauchten die ersten Heimkehrer auf, meist solche, die sich heimlich irgendwo abgesetzt hatten und auf abenteuerlichen Wegen nach tage- oder wochenlangen Märschen die Heimat wiederfanden. Die amerikanischen Besatzer waren auf kleine Stützpunkte in den Ortschaften verteilt und kontrollierten nur sporadisch auf den Straßen, hatten aber schon Anfang Juni Straßenposten an der Grenze gegen Hessen aufgestellt, die z.B. Heimkehrer auf ihre Entlassungspapiere kontrollierten, so geschehen am 6. Juni 1945 an der Straße zwischen Holachenbach und Spahl.

Im Geisaer Waldhäuschen hatten sich zwei deutsche Landser beim Einmarsch der Amerikaner versteckt und dann nach deren Abzug sich unter die Leute in Kranlucken gemischt, sozusagen als Heimkehrer. Erst unter den Russen fiel ihre Tarnung auf. Sie wurden verhaftet, kamen aber bald wieder auf freien Fuß.[53]«

Kefferhausen: *Brandkanister und Sprengbomben taten ihr übriges*

»Unsere Heimat, das Eichsfeld, hatte bisher vom Luftkrieg gar nichts zu spüren bekommen. Es sah so aus, als wenn es von Zerstörungen verschont bleiben würde. Im März 1945 kam aber Unruhe unter die Eichsfelder. Man hörte nämlich den fernen Geschützdonner der herannahenden Front. Mit Spannung und voller Sorge verfolgte jeder das Kriegsgeschehen. Die Kellerräume wurden für den Notfall wohnlich eingerichtet und Vorräte eingelagert. Anfang April hatte man noch die Hoffnung, daß es zu keinen Kampfhandlungen in diesem Gebiet kommen würde. Die Stoßrichtung der amerikanischen Truppen ging von Eisenach und Eschwege in Richtung Mühlhausen. Am 4. und 5. April 1945 kamen Nachrichten aus Struth, daß dort erbittert gekämpft würde. Am 5. April wurde Dingelstädt und somit auch Kefferhausen zur ›Verteidigungszone 1‹ bestimmt, aber in der Nacht zum 6. April erklärte der Volkssturm Dingelstädt zur offenen Stadt. Morgens waren starke Truppenbewegungen in unserem Ort zu sehen. Die Kampfgruppe Struth hatte nach Wachstedt und Kefferhausen gewechselt. Unser Dorf sollte verteidigt werden.
Die Bewohner an den Ausfallstraßen mußten ihre Häuser verlassen

und es wurden Maschinengewehre in Stellung gebracht. In den Morgenstunden des 7. April wurde Dingelstädt von Einheiten der 3. amerikanischen Armee, die von Mühlhausen kam, kampflos eingenommen. Um 9:00 Uhr begann der Angriff auf Kefferhausen. Mit Streufeuer und Stoßtrupps testeten die Amerikanern die deutsche Truppenstärke aus. Der Ort wurde von schweren Panzern beschossen. In den Kampfpausen griffen Jagdbomber an.

Das Ortszentrum wurde zerstört. Um die Kirche herum stand alles in Flammen. Brandkanister und Sprengbomben taten ihr übriges.

Trotz Rauch und Flammen versuchten die Einwohner zu retten, was zu retten war. Ohne Rücksicht auf die zischenden Granaten wurde das Vieh aus den Ställen geholt. Die Menschen versuchten ununterbrochen die Brände zu löschen. Am Ende gelang es den beherzten Leuten die Brandherde zu isolieren und ein Übergreifen der Brände zu verhindern. Heinrich Klein kam dabei in der Nähe des Backhauses ums Leben. In diesem Kampfgetümmel und Feuerregen faßten zwei beherzte Frauen – Bibiana Freund geb. Waldmann und Anne Nachwey geb. Eckart – den Entschluß auf dem Kirchturm die weiße Fahne zu hissen. Sie hatten die Tücher unter ihren Kleidern versteckt und versuchten die Kirche zu erreichen. Auf die Frauen wurde geschossen und sie konnten ihr Vorhaben nicht durchführen. Nachmittags gegen 16:00 Uhr wollten zwei Männer die weiße Fahne hissen. Trotz starken Beschusses ist es ihnen gelungen. Ihr persönlicher Einsatz hatte Erfolg, die Fliegertätigkeit ließ sofort nach. Die schweren Waffen schwiegen. Das Kampfgeschehen war vorbei und alles atmete auf. Die amerikanischen Truppen zogen in den Ort ein und blieben bis zum Juli 1945.

Die Amerikaner verfügten, daß die Leute abends nur eine Stunde auf die Straßen durften und sich in der übrigen Zeit in ihren Häusern aufhalten mußten. Dieser Zustand dauerte drei Tage, aber dann durften die Menschen sich bei Tageslicht im Freien aufhalten. Zuerst mußte im Ort notdürftig Ordnung geschaffen werden, da es große Verwüstungen gab. Die 21 gefallenen Soldaten wurden auf dem hiesigen Friedhof in einem Gemeinschaftsgrab beigesetzt.

In unserem Dorf entstand durch die Kampfhandlungen am 7. April 1945 ein Gesamtschaden von rund 1 Million Reichsmark. Zu den beschädigten Gebäuden gehörten u.a. die Kirche [Dach], die Wirtschaftsgebäude, der Gemeindeschenke und des Backhauses, das Spritzenhaus sowie die alte Schule und die ›Neue Schule‹.

Der materielle Verlust war schlimm. Aber wer zählt die Tränen, wer kennt den Schmerz und die Sorgen, die der Tod um 85 gefallene Söhne, Ehemänner und Väter bereitet hat. Ihre Namen sind auf dem Gedenkstein vor der Kirche verewigt.[54]«

Knau: *Vor Hunger das Gras herausgerissen und verschlungen*

Am 5. April 1945 kommt es auf der Bahnstrecke zwischen Dreba und Moßbach zu einem Tieffliegerangriff auf den Personenzug. Drei Wehrmachtsangehörige finden den Tod. Sie liegen auf dem Friedhof in Knau begraben. Im Gegenzug wird Ruth Müller aus Knau Opfer eines Angriffs in Gera. Im April werden KZ-Häftlinge aus Richtung Daumitsch kommend durch den Ort in Richtung Plothen getrieben. Eine Frau, die ihnen Brot reichen will, wird von der Begleitmannschaft beschimpft [›Du deutsche Sau!‹] und mit dem Tod bedroht. Die Häftlinge waren so ausgehungert, daß sie während einer Pause auf dem Windmühlenhügel das Gras aus den Boden rissen und hastig verschlangen.»Aus diesem Zug wurden 10 Häftlinge getötet, die später auf dem Friedhof in Knau beerdigt wurden. Eine schlichte Gedenktafel erinnert an sie.

Im Ort stationierte Soldaten der Wehrmacht verlassen um den 12.–13. April Knau in Richtung Plothen. Am Sonntag den 15. April ziehen die amerikanischen Truppen ein. Panzer rollen den Pößnecker Weg herab und beobachten den Ort und die Umgebung. Nach 3 Warn-schüssen aus Panzergeschützen und keinerlei Widerstand fahren sie in den Ort ein. Aus den meisten Häusern wehen weiße Fahnen. Durch den Abzug der Wehrmachtsverbände aus der Umgebung sind die Kampfhandlungen hier beendet. Die Amerikaner quartieren sich im Rittergut und einigen Häusern des Oberdorfes ein. Für die Bevölkerung wird eine Ausgangssperre von 20:00 Uhr bis 06:00 Uhr verhängt. Auf Befehl des Kommandanten wird die NSDAP mit ihren Gliederungen verboten. Der bisherige Bürgermeister wird abgelöst und ein Parteiloser eingesetzt. Besitzer von Schuß-, Hieb- und Stich-waffen sowie Fotoapparaten haben diese auf der Kommandantur abzuliefern. Von der Besatzungsmacht wird Alliiertengeld eingeführt. Der Schulunterricht und sämtliche Versammlungen werden verboten. Für die Durchführung der Befehle des Kommandanten und die Aufrechterhaltung der Ordnung und der Versorgung der Bevölkerung trägt der Bürgermeister die Verantwortung. In den kommenden Wochen und Monaten treffen weitere Flüchtlinge aus dem Osten ein.[55]«

Kreuzebra: *›Im Glauben sind wir wir stark‹*

Die Situation der Bevölkerung in den Wochen vor dem Kriegsende gestaltete sich folgendermaßen:»Die Stromversorgung brach immer mehr zusammen, Fenster mußten abends vollständig verdunkelt werden. Die Einhaltung wurde kontrolliert. Das Milchschleudern war eingeschränkt worden. Die Bevölkerungszahl im Ort hatte sich erhöht. Verwandte und zum Teil zugewiesene Fremde, besonders

Frauen und Kinder, die in den Städten durch Bombardierung ihre Wohnung verloren hatten, mußten aufgenommen werden. Es wurden Großfamilien gebildet und primitive Einfamilienzimmer eingerichtet. Die Not zwang zur Solidarität und zum Teilen.

Unter großen Vorsichtsmaßnahmen hörten einige Einwohner im Hörfunk ausländische Sender in deutscher Sprache. Offizielle Verbindungen zu den Städten sowie zur Kreisstadt Heiligenstadt waren wegen der Tieffliegerangriffe auf das notwendigste beschränkt. Nach Heiligenstadt wurde oft das täglich fahrende Milchfahrzeug genutzt. Auf der Heimfahrt des Milchtransportes von Heiligenstadt, wurde am 6. April 1945 Adolf Münnemann aus unserem Ort am Hartkopf von einem amerikanischen Tieffliegger angegriffen. Ein Pferd war sofort tot, das zweite verletzt und er selbst konnte sich nur durch flache Deckung auf dem Erdboden unweit des Fuhrwerkes retten.

Aus Angst vor der Zukunft stellte sich das Eichsfeld am Palmsonntag [25.03.1945] unter den Schutz der Gottesmutter. In Abstimmung mit Bischof Dietz hatte Prälat Adolf Bolte zu einer Weihe um den Schutz der Gottesmutter und Patronin des Eichsfeldes aufgerufen. Der Inhalt des Gelöbnisses war die Bitte um den Glauben und den Schutz der Heimat vor feindlichen Angriffen. Aus den Klassenräumen waren die Kruzifixe entfernt worden. In vielen Familien wurde in den Abendstunden der Rosenkranz oder ein Gesetz gebetet. Täglich warteten Angehörige auf Nachricht bzw. auf Feldpost von ihren Angehörigen.

In der Landarbeit wurden ausländische Arbeitskräfte eingesetzt. Im Ort gab es 12–15 Zwangsarbeiter aus dem Osten und etwa ebenso viele französische Kriegsgefangene. Die ersteren waren in einzelnen privaten Haushalten untergebracht. Sie durften am Familienleben nicht teilnehmen und sollten in der Waschküche essen.[56]« Die meisten Bauern hielten sich aber nicht daran und luden ihre Helfer, sobald kein ›Fanatischer‹ in der Nähe war, an den Tisch.

»Die Franzosen waren zunächst im Feuerwehrhaus, später im Nebengebäude einer Wirtschaft untergebracht. Sie wurden durch einen kriegsversehrten Soldaten bewacht. Kurz vor Kriegsende wurden sie bei den bäuerlichen Familien untergebracht.

In den Monaten Februar/März 1945 zogen endlose Kolonnen russischer, französischer, englischer und anderer ausländischer Kriegsgefangener, aus den Gefangenenlagern Schlesiens von Ost nach West durch unseren Ort. Durch unmenschliche Arbeitsbedingungen und lange Fußwege waren viele marschunfähig. Sie wurden von bewaffneten deutschen Soldaten bewacht. Ein paar Tage war ein Transport im ehemaligen Schafstall unter dem Rodichen untergebracht. Die Gefangenen versuchten ihre letzten Kostbarkeiten gegen Essen einzutauschen. Entsprechend der Möglichkeiten wurden sie von Einwohnern unserer Gemeinde verpflegt. Die Bewachung verpflichtete Gespannhalter zum Weitertransport mit Pferdefuhrwerken. Daneben passierten Truppentransporte, Zwangsarbeiterkolonnen und Flüchtlingstrecks den Ort.

Als ältester Kriegsteilnehmer wurde Hermann Schörner [45 Jahre] aus unserem Ort zum aktiven Volkssturm eingezogen. Er wurde nicht mehr eingekleidet, kam in Zivilkleidung zum Einsatz. Nach Kriegsende im Mai 1945 kam er verletzt nach Hause. Im anderen Extrem waren bei den Jugendlichen die Grenzen gefallen. Mit 16 Jahren wurden in den Monaten Januar/Februar 1945 Jugendliche über Wehrertüchtigung und Volkssturm zur Ausbildung an der Flak und später als Soldat des Reichsarbeitsdienstes [RAD] eingezogen.

Die Konzentration von Militär in Kreuzebra nahm immer mehr zu, es wurden immer mehr Soldaten unterschiedlicher Waffengattungen und Ranghöhe, RAD-Leute, Volkssturmmänner einquartiert. Aus dem zusammengewürfelten Haufen sollte eine neue Kampfgruppe entstehen. Ein Teil dieser Kräfte wurde später zum Angriff auf Struth abgezogen. Daneben gab es im Ort noch einen SS-Verband unter dem Kommando eines Sturmbannführers mit Ritterkreuz. Dieser Verband unterstand keinem größeren Truppenteil und scheint ausschließlich operativ und nach Gutdünken operiert zu haben.

Da die Amerikaner in Richtung Kreuzebra und Kallmerode nach Aufklärung enormen Widerstand ermittelt hatten, wurde in den Vormittagsstunden Kefferhausen angegriffen. Am Samstagmorgen wurde Richard Konradi, ein Toter unserer Gemeinde, inmitten des Truppengetümmels eilig begraben.[57]«

In Bezug auf die in Kreuzebra stationierten Einheiten zeichnet sich zu dieser Zeit in etwa folgendes Bild: Die Koordinierung der Truppenteile untereinander fehlte. Die Infanterie war notdürftig ausgebildet und schlecht bewaffnet. Alle Geschütze und Flak konnten nicht mehr in Stellung gebracht werden. Die Stimmungslage der Truppe war nicht schlecht. Am 5. April erhielt Oberst G. Worgitzki den Befehl über die Kampfverbände des Raumes Heiligenstadt/ Küllstedt. Er sollte durch Bündelung aller noch vorhandenen Kräfte den amerikanischen Vorstoß stoppen. Seit dem 6. April operierte er von Küllstedt aus. Für die Einwohner bestärkte sich der Verdacht: ›Kreuzebra sollte verteidigt werden‹. Die deutschen Offiziere forderten sie inoffiziell auf, den Ort zu verlassen. Munitionsfahrzeuge wurden in Brand geschossen und explodierten. Es entstand enormer Gebäudeschaden.

Am Samstagnachmittag, dem 7. April 1945, wurden mehrere Sturmgeschütze – schwere Panzerfahrzeuge mit 7,5 cm Kanonen – von Struth über Wachstedt, Heuthen nach Kreuzebra umgesetzt. Der Befehlshaber des Panzergefechtsstandes in Kreuzebra war Major

Lambert. Die erwähnten Wehrmachtsbewegungen und Geschützkonzentrationen um Kreuzebra lockten amerikanische Flugzeuge an. Am 7. April 1945 gegen 12:50 Uhr wurde ein amerikanischer Jagdbomber Typ ›P47 Thunderbird‹ angeschossen. Nach Augenzeugen flog das Flugzeug im Tiefflug, mit Rauchfahne und Flammen aus dem hinteren Teil, über Kefferhausen und versuchte ca. 600–700 Meter südlich von Dingelstädt eine Notlandung, die nicht ganz gelang. Die amerikanischen Tiefflieger flogen so knapp über die Dächer unseres Ortes, das Gesichter und Gesichtszüge der Piloten erkennbar waren. Dadurch gerieten sie nicht in die Schußlinie der Flak.

Die Flugrichtungen erfolgten zum Teil direkt mit den Straßenzügen, um sofort auf alle beweglichen Objekte und Menschen zu schießen. Bei erforderlichen Bewegungen der Menschen durch den Ort erfolgten diese eng an die Häuserfront gedrückt. Einige Einwohner hatten bereits in ihren Kellern Schutz gesucht.

Am Samstag dem 7. April 1945 gegen Abend setzte das Störfeuer der US-Artillerie ein und wurde von der deutschen Flak erwidert.

Der Beschuß erfolgte zunächst von einem US-Geschützpark im Raum Küllstedt, der auch Kallmerode mit einbezog. Nach dem Abschuß von Sprenggranaten wurden in der Nacht auch Brandgranaten – mit Phosphor bestückt – eingesetzt. Geschossen wurde in regelmäßigen Abständen – ca. jede halbe Stunde –, so daß die Einwohner in den Zwischenzeiten in Panik, aus Angst und Unsicherheit, aus dem Ort in die umliegenden Wälder flüchten konnten.

Geflüchtet wurde in den Dün, Talsberg, Mittelberg, Hockelgrund und zum Gut Steinhagen. Auf dem Gut Steinhagen war die Verpflegung, besonders der Kleinkinder, mit Milch gesichert. Ein drohender Fliegerangriff wurde durch ein weißes Tuch auf dem Dach abgewendet. Nach den regnerischen Tagen in der abgelaufenen Woche war zumindest das Wetter am Samstag besser und machte den Aufenthalt in den Wäldern erträglicher. Einige Einwohner blieben im Dorf und suchten zunächst Schutz in den Kellern. Pfarrer Kaufmann ging, soweit die Zeit reichte, zu ihnen und erteilte die Absolution. Infolge des Beschusses wurde der Ort stark zerstört. Am Sonntagmorgen, dem 8. April 1945, Weißer Sonntag, war im Ort eine relative Ruhe zu verspüren. Einzelne wagten sich aus den Kellern und versuchten die Lage zu erkundigen. Notwendige Tätigkeiten, wie Versorgung des Viehs in den Ställen, wurden im Eilgang erledigt.[58] Die Kriegshandlungen hatten sich inzwischen auf den Bodenkrieg östlich von Kreuzebra verlagert.

Wie Kreuzebra von Dingelstädt aus von Teilen der 6. US-Panzer-Division angegriffen wurde, beschreibt der amerikanische Captain James W. Ryan in seinem Gefechtstagebuch:

»Wir fuhren in der Nacht vom 7. zum 8. April von Mühlhausen über Struth, Küllstedt nach Dingelstädt. Wir fuhren durch das brennende Struth und sahen in der Dunkelheit weitere Orte wie Dörna, Anrode und Kefferhausen brennen. In Dingelstädt kamen wir zu Teilen der Kampfgruppe B der 6. Panzer-Division und verbrachten hier den Rest der Nacht. ... Zur Sicherung der Versorgungswege brach eine Kompanie auf, um einen Hügel zu nehmen als Schutz für die Nachschubwege nahe Kreuzebra. Sie kam an eine Geländekante und fuhr in heftiges Feuer, 5–6 Panzer waren dabei, sie hielten drauf und zogen sich zurück.[59]« Im Anschluß griffen die Amerikaner die deutschen Stellungen mit Artilleriegeschossen an und beschossen Kreuzebra wieder mit Spreng- und Brandgranaten. Eine Brandbekämpfung war nicht möglich, so daß die getroffenen Gebäude vollständig niederbrannten. Durch die Gebäudelücken konnte sich der Brand nicht weiter ausbreiten. In dieser Zeit traten die deutschen Truppen, zunächst unbemerkt von den Amerikanern, den Rückzug an. Fahrzeuge und motorisierte Truppen verließen Kreuzebra über Geisleden, Bodenrode Richtung Harz. Der größte Teil der Soldaten mit Fahrrad oder zu Fuß flüchtete durch den Dün in Richtung Beuren. Dabei wurden Großvieh, Pferde, Kühe und Ochsen, mitgenommen, verlorene Tiere vereinzelt in den Nachbardörfern wiedergefunden.

Am Sonntagnachmittag gegen 16:00 Uhr wurde aus dem Kirchturm eine weiße Fahne gehißt. Angeregt von der Idee eines Gefangenen wurde die weiße Fahne von Frau Maria Rümenapp, Schwester Edelgard Kellner und Meßdiener Georg Schmidt am Turm angebracht. Diese Handlung war zu diesem Zeitpunkt sehr gefährlich, da sich noch SS-Offiziere im Ort befanden. Durch Rückzug der deutschen Wehrmacht war zu diesem Zeitpunkt die Entscheidung über die Aufgabe der Verteidigung Kreuzebras gefallen.

Ein Ortsfunktionär forderte jedoch noch vom Pfarrer Rechenschaft über das Anbringen der weißen Fahne und die Namen der Beteiligten. Wahrscheinlich war er es, der die Fahne wieder entfernt hat. Und doch war die Flagge von einem amerikanischen Aufklärungsflugzeug bemerkt worden.

Kurze Zeit nach dem Abdrehen des Flugzeuges kamen vier amerikanische Jeeps mit aufgebauten Maschinengewehren von Dingelstädt her und fuhren die Hauptstraße herunter. Sie drehten beim Kreuzgarten und verließen wieder unseren Ort. Unmittelbar danach war ein lauter Knall zuhören. Ein Jeep war auf der Kefferhäuser Straße kurz vor der Höhe auf eine Fahrzeugmine gefahren und explodiert. Nach weiteren Kontrollen der Amerikaner verließen die letzten SS-Offiziere den Ort. Die Notunterkünfte in den Kellern wurden endgültig verlassen. Die in die umliegenden Wälder geflüchteten Einwohner kehrten heim. Eine lähmende Ungewißheit lastete über dem Dorf. Obwohl Anzeichen des Kriegsendes erkennbar waren, konnte es die Bevölkerung noch nicht glauben. Nur langsam wurde es zur Gewißheit: ›Der Krieg ist aus!‹ Am Montag, den 9. April 1945 spät nachmittags, kamen die ersten Amerikaner aus Richtung Heiligenstadt nach Kreuzebra. Ab Dienstag wurde unser Ort ständig durch Militärtechnik der US-Armee in Richtung Dingelstädt durchfahren. Gegen 13:15 Uhr wurde von Kreuzebra aus Kallmerode besetzt. Überall wurden deutsche Soldaten gefangengenommen und mit LKWs über Heiligenstadt abtransportiert. Der Soldat Kurt Bleier wurde erst nach den Kampfhandlungen um Kreuzebra tot aufgefunden.

Die gefallenen Soldaten wurden im Feuerwehrgerätehaus aufgebahrt. Sie wurden noch in der gleichen Woche, durch Pfarrer Kaufmann und wenige Dorfbewohner auf dem hiesigen Friedhof in Doppelgräbern beigesetzt.[60]

Krobitz: *Ein Schlag wie Tausend Donner*

Als der Zweite Weltkrieg zu Ende ging, wurde die noch aus romanischen Zeiten stammende Krobitzkapelle schwer beschädigt. An der zweigleisigen Strecke der Orlabahn im Mühlengrund war ein Gleis mit abgestellten Lokomotiven und Güterwagons faktisch ›von Gera bis Saalfeld‹ zugestellt. Auch am Neustädter Bahnhof Richtung Pößneck standen Dampflokomotiven und andere Schienentechnik. Im Zuge der Rückverlegung der Front hatte es auch einen Versorgungszug mit Sprengstoff, zusammengesetzten Granaten, Stiefeln, Stahlhelmen u.a. hierher verschlagen. Da die Gleise blockiert waren, konnte er nicht in den Tunnel gefahren werden. »Für die amerikanischen Jagdbomber und Lightlings war es ein Sport diese ruhenden Objekte zu beschießen. Am 8. April 1945 war Harry Blöthner als Kriegsverwundeter aus dem fast letzten Zug ln Neunhofen ausgestiegen und schon auf dem Weg nach seinem Heimatort Weira, als die Jagdbomber die Lokomotiven angriffen. Auf der Höhe des Neunhofener Wasserbassins verlief damals eine Starkstromleitung, welche den Neunhofener Graben hoch überspannte. Die Piloten flogen unter dem Kabel hindurch und nahmen Kurs auf die Lokomotiven. Harry, der sich an den Stamm eines Pflaumenbaumes drückte, konnte die Piloten in ihren Kabinen deutlich sehen. Dann tat es einen Knall wie tausend Donner. Die Jabos hatten den Munitionswagon getroffen, der – so meinte man später – Nitroglyzerin geladen hätte.

Der Bahndamm wurde zerrissen, das ganze Umland total verwüstet. Eisenbahnschienen, zwei Meter lang, und Waggonteile flogen über den Orlagrund bis über die etwa 800 Meter entfernte Krobitzkapelle hinweg. In entgegengesetzter Richtung gingen sie an der Täure, vereinzelt in Lausnitz nieder. Keine Fensterscheibe, kein Dach, kein Baum im Umkreis von einem Kilometer sind von der Druckwelle verschont geblieben. Sogar die Mauern der Krobitzkapelle hatten gefährliche Risse bekommen. Gertrud Jacob [damals 12 Jahre] war unmittelbar Zeugin der Explosion. Sie litt an Kinderlähmung und kam gerade aus der Arztpraxis von Frau Dr. Rottgard, der Frau des bekannten Atomphysikers, im Kupferhammer. Zusammen mit einem anderen Mädchen waren sie kurz vor Krobitz als der Wagon explodierte und kurz darauf die leeren Patronenhülsen aus den Bordkanonen der Jabos auf die Mädchen herabregneten. Es war ein Ding der Unmöglichkeit, aber wie durch ein Wunder wurden die beiden von den herumfliegenden Trümmern nicht verletzt. Selbst die alten Bäume vor Krobitz, soweit sie die Katastrophe überstanden hatten, staken voller Metallsplitter. Einmal wollten sich die Krobitzer Jungen bei dem Oberoppurger Stellmacher Arno Büttner Schneeschuhe [Skier] machen lassen. Als Gegenleistung brachten sie ihm einen großen Eschenstamm aus Krobitz. Der war allerdings so mit Granatsplittern durchzogen, daß sich der Stellmacher dabei sein Sägeblatt kaputtmachte.[61]«

Krölpa: *Den Volkssturm am liebsten weggejagt*

Nachdem alle Männer bis 65 Jahre dazu aufgerufen waren, sich in der Sammelstelle des Volkssturms in Krölpa einzufinden, ging es noch am gleichen Abend [9. April] nach Gräfendorf. Dann vereinigte man sich in Dobian mit dem Raniser Volkssturm und endlich erfolgte die Aufteilung. Zum Besitz der Einheit gehörten sechs Kleinkalibergewehre und ein wenig Munition. Da die Amerikaner um diese Zeit Saalfeld schon besetzt hatten, marschierte der Volkssturm am 12. April von Dobian zurück nach Döbritz, wo die Mannschaft in der Scheune des Bürgermeisters Quartier nahm, während der Stab in dessen Wohnung einzog. Den Einwohnern paßte es überhaupt nicht, daß der Volkssturm im Ort verweilte. Am liebsten hätten sie ihn weggejagt. Doch der Volkssturmführer konnte die Einwohner beruhigen.»In der Nacht zum 14. April schickte man eine Nachricht zum Kommando der Wehrmacht im Nimritzer Schloß.
Der Kradmelder bekam keine Nachricht zurück und vermutete den Rückzug der Einheiten. In Richtung Orlamünde sah er Artillerieschüsse aufblitzen. Sicher ist dort gekämpft worden. In der Nacht kam der Befehl zur Auflösung des Volkssturms. Dennoch mußte ein Trupp von ca. 100 Mann in Richtung Schleiz marschieren. In der Gegend zwischen Schleiz und Plauen kamen alle in Gefangenschaft

und wurden in das berüchtigte Hungerlager nach Bad Kreuznach deportiert. Die zurückgebliebenen Volkssturmmänner wurden entlassen. Jeder mußte sehen, wie er nach Hause kam, da niemand wußte, wie weit der Amerikaner inzwischen vorgedrungen war. Mein Weg vom Volkssturm zurück nach Krölpa ging zunächst durch einen Wald, wobei ich einem Trupp Ausländer begegnete, die sich im Wald versteckt hielten. Am Buchenberg hielt ein Unteroffizier der Wehrmacht Ausschau nach dem Feind, konnte mir jedoch nicht sagen, ob der Amerikaner schon in Krölpa ist. Ein Beschuß von Krölpa war noch nicht erfolgt. Zu dieser Zeit waren die Amerikaner bereits in Rockendorf. Wie ich später erfuhr, berichtete Frau Triebner vom Roten Kreuz, die einen Kranken gegen 11:00 Uhr von Rockendorf nach Ranis ins Krankenhaus brachte, darüber. Um in den Ort zu kommen, mußte ich den Weg durch den Hain gehen. Plötzlich hörte ich auch Maschinengewehrfeuer aus Richtung Gräfendorf–Rockendorf.

Der Artilleriebeschuß von Krölpa setzte ein. Viele Geschosse gingen auf das Dorf nieder. So wurde auch der schöne Zwiebelturm der Kirche abgeschossen. Dies geschah bei sehr schönen Frühlingswetter am 14. April 1945, gegen 14:00 Uhr. Auch Häuser wurden zum Teil schwer beschädigt, besonders in der Neuen-, Schiller-, Saalfelder und Pößnecker Straße.

In der Neuen Straße war auch ein Todesopfer zu beklagen. ... Von der Bahnstrecke hörte man noch Maschinengewehre, die Artillerie hatte das Feuer eingestellt und die Spähtruppe befand sich an der Ortsgrenze. Nach Berichten ist vor Einmarsch des Feindes ein Spähwagen der Wehrmacht oder SS, den Feind provozierend, mehrfach vor dessen Nase herumgefahren, bis er abgeschossen im Straßengraben, Ortsausgang Rockendorf, liegenblieb. Ob die Besatzung ums Leben kam, ist nicht bekannt. Weitere Spähwagen wurden auch auf dem ›Mühl‹ gesichtet, deshalb wohl auch der Beschuß Krölpas.

Auf Befehl der Wehrmacht oder SS wurden die Bahnbrücke, die Straßenbrücke der B 281 an der Kreuzung am Vormittag gesprengt, wobei die anliegenden Häuser zum Teil schwer beschädigt wurden. Auch eine Panzersperre war auf der Hauptstraße zwischen Bach und ›Schenkenbügel‹ errichtet worden, die wieder beseitigt wurde, bevor der Amerikaner einmarschierte. Man hatte wohl die Sinnlosigkeit der Sperre eingesehen. Die Stromleitung war zerstört, besonders im unteren Dorf. Ein Lebensmittellager, auch Waggons an der Bahn wurden geplündert, wobei vieles unbrauchbar gemacht wurde.

Krölpa war nun besetzt, die ersten Befehle an die Zivilbevölkerung erfolgten. Sämtliche Waffen, Fotoapparate, Ferngläser, Dolche usw. mußten auf dem Schulhof abgeliefert werden. Ausgangssperre wurde verhängt. Mehr als drei Personen durften nicht zusammenstehen.

Die Amerikaner nahmen niemanden etwas weg. Kinder wurden mit Schokolade beschenkt. Die ›Weise‹ links der Saalfelder Straße war Sammelplatz für Gefangene. Ständig fuhren Autos und brachten Soldaten, Zivilisten, Volkssturmleute, Parteigenossen, darunter auch den Ortsgruppenleiter, zum Sammelplatz. Gleichzeitig gingen vollbeladenen Transporte weiter. Für die Bevölkerung wurden amerikanische Behelfsausweise ausgestellt.

In der Fabrik für Papierverarbeitung waren große Mengen von Armee- und Landkarten aus allen Ländern Europas gestapelt. Diese wurden unter Aufsicht der amerikanischen Besatzer durchgesehen. Die nicht brauchbaren Karten fürs Militär wurden im Garten mit Benzin übergossen und verbrannt. Auch zu anderen Arbeiten wurden Parteigenossen verpflichtet, so unter anderem zum Brückenbau an der Straßenkreuzung. Weitere Kontingente der amerikanischen Armee marschierten und durchfuhren Krölpa in Richtung Pößneck, daß am 15. April besetzt wurde. Die Bevölkerung von Krölpa, mußte zusammenrücken, denn der große Flüchtlingsstrom von Osten kommend, mußte untergebracht werden. Wo die Amerikaner lagerten, blieben auch Schußwaffen, Munition und dergleichen liegen. Im Wald bei Zella kam ein Junge aus dem Ort ums Leben. Er hatte mit Fundmunition gespielt.[62]«

Küllstedt: *Zunächst jeden Busch mit den MGs durchsiebt*

»Küllstedt war wesentlicher Teil der deutschen Verteidigungslinie. Es gab große Zusammenballungen an deutschem Militär im Ort. Eine Reihe von Stäben waren hier untergebracht. Der Oberbefehlshaber der Verteidigungslinie Oberst G. Worgitzki kontrollierte von hier aus das Geschehen. Als Auftakt für den Angriff auf Struth wurden von hier aus, die Aufklärungsspitzen der US-Armee beschossen. Viele Soldaten für den Angriff auf Struth wurden von Küllstedt und Kreuzebra abbefohlen. Am 7. April 1945, morgens 2:30 Uhr, begann ein deutscher Gegenangriff in Struth, geplant als Überrumpelungsanschlag. Nach heftigem Gefecht mit Häuserkampf, Einsatz von Artillerie, Infanterie, Panzer und Luftunterstützung durch Jagdbomber ist der Kampf gegen 15:00 Uhr von den Amerikanern gewonnen. Dabei kamen 225 deutsche Soldaten, 27 amerikanische Soldaten sowie 5 Zivilpersonen ums Leben. Der Ort wurde völlig zerstört. Nach Aussage eines von Kreuzebra umgesetzten Soldaten haben von seinen Kameraden nur wenige überlebt.

Um den deutschen Truppen unter Oberst Worgitzki den Rückzug abschneiden zu können, mußten die Amerikaner Küllstedt besetzen. Am Küllstedter Bahnhof stießen sie auf den Widerstand der restlichen

Fallschirmjägerkompanie. Diese gingen mit den mehr für den Nah-kampf geeigneten Sturmgewehren ›44‹ die gepanzerten Fahrzeuge an, ein sinnloses Unternehmen. Die Panzerfäuste konnten kaum ein-gesetzt werden, denn es entsprach der amerikanischen Kampfweise, daß jede deckungsbietende Möglichkeit im Gelände [Büsche, Kuhlen, Waldränder] zunächst aus entsprechender Entfernung mit MG-Salven durchsiebt wurde. Dagegen mied man größere Waldgebiete ganz bzw. überließ sie Spezialisten. Am Bahnhof eroberten die Amerikaner den Troß der Fallschirmjäger mit dem abholbereiten Mittagessen der Soldaten − ›Erbsensuppe mit Speck‹. Die Mehrzahl der Fallschirm-jäger war in das Waldgebiet der Hollau entkommen, nur wenige gerieten in Gefangenschaft.

Aus dem Bahnhofskeller befreite man zwei dort festgehaltene gefan-gene GIs. Küllstädt, wo sich verschiedene deutsche Stäbe befanden, geriet nun unter Jabo-Beschuß. Für eine organisierte hinhaltende Verteidigung war man nicht in der Lage, dennoch sorgte der Abschuß eines amerikanischen Panzers, durch eine eilig am Ortsrand plazierte Panzerabwehrkanone dafür, daß sich die Besetzung von Küllstedt etwa zwei Stunden hinzog. Die Amerikaner umkreisten das Dorf zunächst von der Nordseite und drangen dann vom Osten und Norden gleichzeitig in den Ort ein. MGs sollten den deutschen Rückzug decken. Auf beiden Seiten gab es Tote und Verwundete. Mehrere Wohnhäuser wurden durch Panzerbeschuß beschädigt.[63]«

Külmla: *Das blutige Karpfenschlachtmesser noch in der Hand*

Der Landwirt Benno Grau aus Külmla erinnert sich an den Einmarsch der US-Armee im April 1945: »Am gleichen Tage sollte es mittags Karpfen geben. Ich begann in der Küche Karpfen zu schlachten. Alles, was im Haus war, war in der Küche und harrte der Dinge, die an diesem Tag kommen sollten. Plötzlich fuhren den Weg amerika-nische Militärfahrzeuge herunter. Wenige Momente später öffnete sich die Tür und zwei Amerikaner mit Maschinenpistolen kamen herein. Dieser Augenblick und das, was in uns vorging, ist nicht zu beschreiben. Alle von uns hoben die Hände hoch, auch ich meine vom Fischeschlachten blutverschmierten. Die Amerikaner lachten, sprachen ein paar englische Worte, zeigten auf meinen Karpfen und verließen das Haus. Ich schlachtete meinen Karpfen fertig und ging aus Neugier in den Hof. Als ich die Haustür öffnete, stand ein Neger mit Maschinenpistole vor mir. Ich hatte noch nie einen Neger ge-sehen, hob wieder die Hände und hatte noch immer das Karpfen-messer in der Hand. Der Neger lachte nur, winkte ab und gab mir ein Zeichen, die Hände herunterzunehmen. Die Amerikaner ordneten an, alle Gewehre und Fotoapparate abzuliefern. Dies traf mich als begeisterten Jäger besonders hart. Alle meine Jagdgewehre, das Fernglas und den Plattenfotoapparat mußte ich abgeben. Einmal hatte ein Amerikaner einen Rehbock erlegt. Er brachte ihn zu mir und ich mußte das Tier zerlegen. Als ich fertig war, forderte er meine Mutter auf, eine Keule zuzubereiten. Unter der Aufsicht der Amerikaner mußte meine Mutter kochen. Als der Braten fertig war, schnitt er ein Stück ab und gab es meiner Mutter zum Vorkosten. Den Rest des Wildes schenkten uns die Amerikaner.[64]«

Überhaupt blieben die Besatzer in puncto Jagd und Fischerei nicht untätig: »Während US-Soldaten in Plothen beim Fischen mit Eierhandgranaten lediglich die Abflußdocke des Hausteiches versehentlich zersprengten und der mit etwa 30 ha größte Teich Thüringens leer lief, fischten die einige Wochen später anrückenden Sowjetsoldaten systematisch alle 1.000 Fischteiche im Plothner Land ab.[65]«

In den Wirren des Kriegsendes entkamen aus Sonderjagdbezirken, wie den großen Tiergärten von Saaldorf oder Hummelshain, wo ein erhöhter Wildbestand für die ›herrschaftliche‹ Jagd schußreif gehegt worden war, viele Tiere in die Freiheit. Vorallem Wildschweine, die in freier Wildbahn weitgehend ausgerottet waren, gelangten so wieder in unsere Wälder. Ihre schnelle Vermehrung entwickelte sich schnell zu den bekannten Wildschweinplagen der 1950er Jahre.

Dabei scheint die Tollwut, die bis dahin weitgehend keine Rolle mehr gespielt hatte, diesen Tieren auf dem Fuß gefolgt zu sein und sich ebenfalls wieder verbreitet zu haben. Nach dem Ende des 2. Weltkrieges in den Jahren 1945–1950 ruhte die offizielle Jagd. Dennoch ist in dieser ›schlechten Zeit‹ – schwersten Strafen zum Trotz – viel mit Schlingen, Gruben, aber auch mit alten Kriegswaffen gewildert worden.[66]

Langenberg: *Die Kirschbäume blühten früher als sonst*

Der Volkssturm wurde durch die Parteiaktivisten, Ortsgruppenleiter Arno L. und SA-Führer Emil B. aufgebaut. Die Begeisterung der Langenberger hielt sich freilich in Grenzen. Es gab aber auch fanatische NS-Anhänger vor allem unter der Hitlerjugend. Der Stab befand sich im Gemeindehaus. Die 3 VS-Gruppen sollten u.a. Verteidigungsstellungen ausbauen. Eine Straßensperre am Kalkwerk ›Späthe‹ beim Vorspannberg, Schützenmulden und Laufgräben wurden ausgehoben. Eine weitere Stellung hinter der späteren Augenklinik konnte durch energisches Eingreifen einer Anwohnerin verhindert werden. Nach der offiziellen Einziehung sollte es pro Tag 1 RM Sold und Tabak geben. Die Stunde der ›Bewährung‹ kam am 13.

April 1945. Für die Jahreszeit war es ungewöhnlich warm, die Kirsch-
bäume blühten schon. Die VS-Männer wurden bewaffnet und sollten
die Stellungen besetzen. Im Vorfeld hatten amerikanische Flieger auf
alles geschossen, was sich bewegte.

Es wurde pausenlos geschossen, auch wenn keine Ziele da waren.
In der Nacht vom 12. zum 13. April 1945 hatte der NS-Gauleiter Fritz
Sauckel die Langenberger Straßenkreuzung passiert. Er, der noch
kurz zuvor dazu aufgerufen hatte, Werkbank, Scheuerlappen und
Schulheft gegen eine Panzerfaust zu vertauschen, befand sich nun
selbst auf der Flucht.

Am Morgen des 13. April versuchte die SS noch die Thieschitzer
Autobahnbrücke zu zerstören. Am selben Tag wurde die Köstritzer
und die Milbitzer Brücke gesprengt.

Über den Durchzug von KZ-Häftlingen durch Langenberg gibt es
mehrere aufschlußreiche wie erschütternde Berichte. Es gab mehrere
Durchzüge. Verschiedene Gruppen lagerten in Stublach, bzw. im
Köstritzer Schloßpark. Nach dem Durchmarsch hatten es die örtlichen
Eliten eilig, die am Wegesrand liegenden, durch Genickschuß hinge-
richteten, Opfer zu beseitigen. Die Amerikaner sollten sie nicht sehen.
Doch dazu kam es nicht mehr. Die vom Westen her nach Gera
einrückenden Amerikaner mußten zwangsläufig auch Langenberg
passieren. Ein Hauptmann versuchte noch die sich auflösenden
deutschen Truppen zu formieren, erfolglos. Die Panzerspitze des 319.
Regiments der 80. US-Infanteriedivision bog nach der alten Thieschitzer Ziegelei nach rechts ab, über die Kirschplantage den Hang
zur Autobahn hinauf. Auf der Höhe feuerten sie Granaten auf
Langenberg, dann fuhren sie zum Abzweig und näherten sich vom
Osten der Stadt. Eine zweite Gruppe rückte auf der Köstritzer Straße
nach Milbitz vor. Inzwischen gab es bei vereinzelten Tiefflieger-
beschüssen in Langenberg einige Tote. Der Volkssturm am Kalkwerk
floh beim Anblick der ersten Panzer. Die Amerikaner rücken ohne
nennenswerten Widerstand in die Stadt ein.

Ortskommandant in Langenberg wurde Major Davidson.

Die Amerikaner waren bemüht, alle Wehrmachtssoldaten – auch die
im Lazarett – ausfindig zu machen und in Kriegsgefangenenlager zu
bringen. Das ehemalige Gasthaus Elsteraue wurde zum Verpfle-
gungsstützpunkt. Am 13. April war die Ausgangssperre um 18:00
Uhr. An den folgenden Tagen jagte eine Anordnung die nächste.

Das Verhältnis der Bevölkerung zu den Besatzern war nicht das
schlechteste, besonders die Kinder freundeten sich schnell mit den
US-Soldaten an. Am 14. April lagen alle Nazisymbole aus dem
Gemeindehaus verstreut auf der Straße. Am gleichen Tag wurden
alle NSDAP-Mitglieder auf den Friedhof beordert, um vor den Augen

der Amerikaner ein Massengrab für die 43 ermordeten KZ-Häftlinge auszuheben. Einige Häftlinge hatten sich durch Flucht entziehen können und hielten sich die nächste Zeit in Langenberg auf.

Die Überlebenden wurden auch in den nächsten Jahren wiederholt nach Langenberg eingeladen, um die Erinnerung an das Grauen wachzuhalten. Insgesamt gab es in Langenberg 400 ehemalige KZ-Häftlinge und 200 Zivilarbeiter, die alle untergebracht werden mußten. Es gab aber auch andere Fälle. So gelang es einem ehemaligen Häftling aus der Kriminellenkategorie sich das Vertrauen des amerikanischen Ortskommandanten zu erschleichen und eine wichtige Verwaltungsstelle zu bekommen, die er nach Strich und Faden mißbrauchte. Er flog jedoch bald auf.

Am 17. April hatte die Stadt wieder Strom. Um den 20. April herum wurden die Gedenksteine für Horst Wessel und Leo Schlageter – letzterer war ein örtlicher während der sogenannten ›Kampfzeit‹ von Linksaktivisten ermordeter NS-Publizist – entfernt. Der Krieg hatte eine Völkerwanderung verursacht, die Straßen waren voll von ehemaligen Zwangsarbeitern und KZ-Häftlingen von ehemaligen Kriegsgefangenen, und Wehrmachtssoldaten, von Umsiedlern und Flüchtlingen, die Kleidung, Nahrung und Unterkunft bedurften. Alle möglichen Schlafstellen in Langenberg waren belegt. Die Plünderung von Feldern und Gärten sowie Einbrüche und Diebstähle waren an der Tagesordnung, nahmen aber ab, je mehr die öffentliche Sicherheit wieder hergestellt wurde. In Langenberg waren 18 Personen für 80 Pf. Stundenvergütung im Ordnungsdienst eingesetzt. Auch die Feldküchen der Amerikaner mußten bewacht werden. In der Stadtverwaltung Langenberg wurden akribisch die Anzeigen der Bevölkerung gesammelt. Alle tragen die Aufschrift ›zu den Akten‹ und zeugen von der Hilflosigkeit der Menschen in diesen Tagen.[67]

Leimbach: *Tod eines Bürgermeisters*

»Am Sonnabend, dem 31. März [Ostersonnabend] 1945, griffen amerikanische Flugzeuge den Bahnhof von Salzungen mit Bomben an. Der Leimbacher Ortsgruppenleiter war gerade mit seinem Fahrrad unterhalb des Salzunger Friedhofs auf dem Heimweg, wobei er bei diesem Angriff den Tod fand. In Leimbach flogen zum großen Teil die Fensterscheiben ein. In unserem Dorf herrschte große Aufregung und die Bewohner flüchteten mit ihren Kindern nach Hohleborn und viele Bauern mit Wagen, Pferden und Kühen in den Wald nach dem Hundskopf zu um Schutz zu suchen. Gegen Mittag des 1. April 1945 wollte die Munitionsfabrik noch ihre gefüllten Granaten los sein und ein großer Güterzug, voll beladen, wurde bzw. sollte nach Salzungen zum Weitertransport gebracht werden. Die Salzunger Bahnbehörde konnte durch den Bombenangriff nichts annehmen und lehnte die Annahme der Sprengladung ab. Unser Leimbacher Lokführer Konrad Hoßfeld, welcher eigentlich Auftrag nach Salzungen hatte, wußte durch das Durcheinander kaum Rat – aber er wollte doch sein Dorf schützen und fuhr die Ladung in Richtung Merkers, wo er an den Hämbacher Teich gedacht hatte. Hier wurde auch ein Teil abgeladen. Er fuhr die Waggons nach Leimbach zurück. Hier schalteten sich die Feuerwerker von der Munitionsfabrik Wühle ein. Gemeinsam mit Bürgern und flämischen Fremdarbeitern wurden die Granaten auf der Wiese unterhalb des Bahngleisses entleert. Das ausgeschüttete Pulver wurde ohne Gefahr entzündet und verzischte. Anschließend nahm Feuerwerkerhauptmann Benkus und seine Leute dem Leimbacher Volkssturm die Panzerfäuste ab. Sie wurden sofort entschärft, damit beim Einmarsch der Amerikaner von Fanatikern, die es leider noch in letzter Minute zur Genüge gab, kein Unheil angerichtet werden konnte. Auch die Werrabrücke nach Unterrohn wurde noch von einem Sprengkommando des Nazimilitärs gesprengt, was nicht verhindert werden konnte. Immerhin hatte die Sprengung seitens des Leimbacher Volkssturmchefs Hauptmann a. D. Blaufuß verzögert werden können, bis der Munitionszug ›entschärft‹ war.

Gegen Abend des 3. April 1945 rückten die Amerikaner von Vacha kommend nach Hämbach vor. Beherzte Leimbacher Bürger hängten an Häusern, Ortsein- und ausgängen weiße Bettücher auf, denn ein Aufklärungsflugzeug kreiste wiederholt über unseren Ort. In der Nacht ließ ein durch Leimbach kommender SS-Offizier die weißen Tücher wieder entfernen. Daraufhin beschossen die Amerikaner Leimbach. Etwa 60 Granateinschläge wurden gezählt. 3 Menschen, [1 Deutscher und 2 ausländische Fremdarbeiter] kamen dabei ums Leben. Während des Beschusses hißten einige mutige Bürger [u.a. Herbert Berger, Werner Ludolf, Hermann Körber, Kaspar Göpfert] weiße Fahnen. Zur gleichen Zeit fuhr Bürgermeister Fritz Fischer mit einem Fahrrad, eine weiße Fahne in der Hand haltend, den Amerikanern entgegen. Der Beschuß wurde eingestellt. Die amerikanischen Soldaten setzten Fritz Fischer auf einen Panzer und rückten wenig später in Leimbach ein. Die Amerikaner wurden im Laufe des Tages von einigen belgischen Zwangsarbeitern unterrichtet, daß vor einiger Zeit ein belgischer Arbeiter vom Stellvertreter des Ortsgendarmen Krämer erschossen wurde, weil er einen Hasen gefangen hatte. Sie gaben dem Bürgermeister Fritz Fischer dafür die Schuld. Zwei amerikanische Soldaten fuhren in der Nacht vom 4. zum 5. April zur Wohnung des Bürgermeisters in der damaligen ›Alten Schulstraße‹ [heute Dorfstraße] und verletzten Fritz Fischer durch mehrere Pistolenschüsse schwer. Amerikanische Ärzte behandelten ihn zunächst und brachten ihn ins Vachaer Krankenhaus. Hier verstarb Fritz Fischer am 7. April.[68]«

Lehesten: *Hölle im Schieferberg*

Der Oertelsbruch bei Lehesten bot ideale Voraussetzung für eine militärische Nutzung. Es wurde ein unterirdisches Rüstungswerk in den Berg getrieben, in dem die Triebsätze der V2 Raketen auf ihre Funktionstüchtigkeit überprüft wurden. 1943 entstand im ›fröhlichen Tal‹ das Lager ›Laura‹, ein Außenlager des KZs Buchenwald. Die Häftlinge mußten unter menschenunwürdigen Bedingungen arbeiten und leben. Zusammengepfercht waren sie in einer Scheune untergebracht. In der Nacht zum 13. April 1945 wurde das Lager von der SS geräumt. Auf dem Marsch wurde der Häftlingszug noch einmal geteilt. Eine Kolonne trieb man zum Bahnhof in Lichtentanne, die andere zum Bahnhof Wurzbach. Dort standen bereits Waggons zum Abtransport in das KZ Dachau bereit. Kurz darauf besetzten die Amerikaner das Tal. Neben einigen verängstigten Anwohnern und dort verbliebenen kranken Häftlingen, trafen sie auch auf den ehemaligen Lagerkommandanten, der sich bereitwillig festnehmen ließ. Sowohl die Amerikaner als auch die ihnen nachfolgenden Sowjets schenkten den hier vorgefundenen Fertigungs- und Versuchsanlagen große Beachtung. Letztere demontieren die Versuchsanlage und bauten sie mit Hilfe deutscher Hilfskräfte in den folgenden Jahren in der Nähe von Moskau wieder auf. 1956 wurde zur Erinnerung an dieses dunkle Kapitel deutscher Geschichte ein erster Gedenkstein aufgestellt. 1979 entstand in der ehemaligen Häftlingsunterkunft eine Gedenkstätte.[69]

Liebengrün: *Der Rat der Alten*

Über das Kriegsende in Liebengrün und Liebschütz heißt es in der Liebengrüner Ortschronik:»Anfang April 1945 wurde es für viele Liebengrüner Einwohner zur Gewißheit, daß sich die Front unaufhaltsam unserer Heimat näherte. Vieles deutete auf den Ernst der Lage hin. US-amerikanische Jagdbomber griffen Ziele auf Eisenbahnlinien und Straßen an. So genannte ›Ostarbeiter‹ mußten an einem Sonntag unter Aufsicht Schützenlöcher an der Straße zwischen Liebengrün und dem ›Streitwald‹ ausheben. Dr. Feldmann aus Remptendorf hatte seinen PKW mit einer großen Rot-Kreuz-Fahne nachgerüstet und fuhr so zu Patientenbesuchen. Das kleine Lager französischer Kriegsgefangener in der Liebschützer ›Alten Schule‹ wurde entsprechend der Genfer Konventionen geräumt. Zwischenzeitlich war die Feldgendarmerie im Dorf präsent. Sämtliche Wehrmachtsangehörige, die mit ihren Fahrzeugen in Richtung Remptendorf fuhren, wurden an der Kurve vor dem Anwesen Hermann Linke kontrolliert bzw. nach ihren Marschbefehlen befragt. So sollte verhindert werden, daß sich die Soldaten unerlaubt von der Front entfernten. Unter dem Druck der sich anbahnenden Ereignisse nutzten die Bauern die günstige Witterung und versuchten, unter erschwerten Bedingungen die Frühjahrsbestellung abzuschließen.

Am späten Vormittag des 12. April zogen unter der Bewachung von Angehörigen der SS-Verfügungstruppen etwa 2.000 Häftlinge des KZ Buchenwald in Marschblöcken durch das Dorf. Es war ein schauriger Anblick. Die Häftlinge abgemagert, tagelang ohne Verpflegung und Hygiene. Sie litten Hunger und Durst. Hinzu kam eine kaum zu beschreibende Brutalität der Wachmannschaft.

In der darauffolgenden Nacht zogen noch einmal viele fremde Männer durch den Ort. Sie waren als ehemalige Angehörige der italienischen Badoglio-Truppen in Kriegsgefangenschaft geraten und zur Arbeit in einen Rüstungsbetrieb nahe Kahla gebracht worden. Aus politischen Gründen wurde ihnen der Zivilarbeiterstatus zuerkannt. Trotzdem begleiteten sie deutsche Wachsoldaten. Das verspätete Tagesziel ihres Fußmarsches war der ›Streitwald‹.

Vom 12. zum 13. April war in Liebengrün eine bespannte Einheit Marineartillerie einquartiert. Während der Vormittagsstunden des 13. April fuhren die Soldaten mit ihren Wagen weiter in Richtung Ziegenrück. Alles schien noch ordnungsgemäß zu verlaufen. Lediglich das Mitfahren einiger Frauen in Zivil deutete auf die Flucht vor der nahenden Front hin. In Liebengrün war es zur damaligen Zeit üblich, daß gemeindeamtliche Mitteilungen durch den Gemeindediener lautstark ausgerufen wurden. Vor dem Verlesen des Textes läutete er mittels Handglocke und machte somit die Bürger auf die Bekanntgabe aufmerksam. Kurz nach dem Wegzug der letzten deutschen Militäreinheit gab Karl Fröhlich – so der Name des Gemeindedieners – bekannt, daß sich alle noch im Ort befindlichen Wehrmachtsangehörigen und Volkssturmmänner auf dem Marktplatz einzufinden haben. Militärischer Befehl sei, das Gebiet links der Saale zu räumen. Geplant war eine Verteidigungslinie jenseits des Flusses. Auf dem Platz vor dem Rathaus fanden sich keine wehrfähigen Männer ein. Wer auch? Die Wehrmacht war planmäßig abgezogen und die Männer und Jungs der Volkssturmaufgebote einige Tage zuvor. Somit war Liebengrün militärisches Niemandsland. Durch die Sprengung der Saalebrücken am Freitag, dem 13. April nachmittags, waren die Amtsbezirke Liebschütz und Drognitz verwaltungsmäßig vom Landratsamt in Ranis abgeschnitten. Der Bürgermeister und der Ortspolizist hatten sich von der Öffentlichkeit zurückgezogen und übten de facto keine Amtshandlungen mehr aus. Ein nahezu gesetzloser Zustand war eingetreten. Wie schon Tage zuvor, waren aus der Ferne Detonationen und Schüsse zu hören. Der Kriegslärm kam hörbar näher. Am späten Nachmittag sahen Einwohner schwarze Rauchwolken aus dem Ort Lothra aufquellen, die bis zum Flurteil ›Bühl‹ zogen. In Liebengrün hieß es ›Ganz Lothra brennt‹. Wie sich später herausstellte, war dort ein Gehöft in Brand geschossen worden. An diesem Tag erreichten US-amerikanische Streitkräfte die Linie Thimmendorf, Lückenmühle, Weisbach, Neuenbeuthen, Drognitz und Altenbeuthen.

Zwischen Liebengrün und den amerikanischen Truppen waren nur noch wenige Kilometer Luftlinie. Niemand wußte, wann die Amerikaner einrücken bzw. wie Liebengrün die nächsten Stunden überstehen würde. Gegen 20:00 Uhr trat unerwartet Stille ein. Keine Schüsse waren mehr zu hören. Die Ruhe wirkte nahezu gespenstisch. Für die ›Amis‹ war der Tag abgeschlossen. Sie hatten ›Feierabend‹.

Mit eintretender Dämmerung inspizierte der Amtsvorsteher, zugleich Kompanieführer der Volkssturmkompanie Liebschütz/Liebengrün, in Begleitung seines Adjutanten beide Dörfer. Es war vermutlich seine letzte Amtshandlung. Später wurde erzählt, daß er an diesem Abend die Auffassung vertrat, die Straßenbrücke an der Ottermühle zu sprengen, um den Vormarsch der Amerikaner aufzuhalten. Glücklicherweise siegte die Vernunft.

In der Geschichte hat es sich schon wiederholt bestätigt, daß bei komplizierten politischen Veränderungen oftmals bewußte und zugleich engagierte Bürger Mut zu positivem Handeln gefunden haben. So war es auch an diesem Aprilabend in Liebengrün. Ob rein zufällig oder abgesprochen, wir wissen es nicht, trafen sich auf dem Marktplatz unmittelbar an der alten Linde fünf oder sechs ältere Männer. An die genaue Personenzahl kann ich mich nicht mehr erinnern. Unter anderem waren dabei: Otto Enterlein, Heinrich Jahn, Karl Fröhlich und Bruno Pampel. Neugierig stand ich in ihrer Nähe und lauschte über das, was die Männer sprachen. Sie führten ein sehr ernsthaftes Gespräch. Die Lage des im militärischen Niemandsland liegenden Dorfes war kompliziert. Die nahe Zukunft kaum kalkulierbar. Ein Kernpunkt des Gespräches war auch die Frage: Richten wir uns auf Verteidigung ein oder nicht? Möglicherweise waren noch Kräfte im Dorf, die sich berufen fühlten, dies zu tun. Otto Enterlein sagte dazu: ›Für mich ist die Sache klar. Mein Sohn ist im Krieg geblieben. Ihr müßt selbst wissen, was zu tun ist!‹. Die anderen Gesprächspartner reagierten mit kurzem Schweigen. Allen war bewußt, im Interesse des Heimatdorfes überlegt zu handeln. So genannte Kurzschlußreaktionen einzelner wären von Nachteil gewesen und hätten eventuell noch Opfer gefordert. Nicht abzuschätzen war das Verhalten der Frauen und Männer aus Polen, der Ukraine und Rußland, die in Liebengrün in landwirtschaftlichen Betrieben arbeiteten. Diese Menschen wurden unter Zwang nach Deutschland gebracht. Werden sie Disziplin wahren? Dies galt gleichfalls für die vielen Italiener die im ›Streitwald‹ lagerten. Die Wachmannschaften waren geflüchtet und hatten sie somit ihrem Schicksal überlassen. Es war anzunehmen, daß die Verpflegung aufgebraucht war. Im Dorf wurden Plünderungen befürchtet. Was war nun aus der Sicht der Liebengrüner Bürger zu tun, um eventuellen Gefahren vorzubeugen? Für die wenigen Männer, die sich am Rand des Marktplatzes Gedanken um die nahe Zukunft machten, war es nicht leicht, die richtigen Entscheidungen zu treffen. Schließlich wurde der Vorschlag diskutiert, daß sich in der Nacht einige bewaffnete Männer am östlichen Ortsrand aufstellen und bei nahenden Plünderern Schreckschüsse abgeben sollten. Ob dies durchgeführt wurde, weiß ich nicht. Karl Fröhlich kam auf mich zu und sagte väterlich: ›Karli, geh heim. Für sowas bist du noch zu jung!‹ In meinen Augen war er so etwas wie eine Respektsperson. Ohne zu zögern folgte ich seinem Rat. Nach einer verhältnismäßig ruhigen Nacht rückten am Sonnabend, dem 14. April vormittags gegen 10:00 Uhr Einheiten der US-Army kampflos in Liebengrün ein. Allen voran ein Räumpanzer. Ihm folgten mit aufgesessener Infanterie drei weitere Panzer. Dahinter Jeeps und LKWs. Osteuropäische Arbeitskräfte liefen der Panzerspitze jubelnd entgegen und begleiteten die Fahrzeuge bis zur Ortsmitte. Für sie war es die Stunde der Befreiung. Der Ortspolizist ergab sich mit erhobenen Händen. Der Militärkonvoi kam aus dem Raum Drognitz–Altenbeuthen. Ein beherzter Liebschützer Bürger fuhr den Amerikanern mit dem Fahrrad entgegen und zeigte im Ottergrund die weiße Fahne. Ein Zeichen der Kapitulation für Liebschütz. Die US-Soldaten akzeptierten.[70]« Und doch war der Krieg hier noch nicht zu Ende. Nach dem Einmarsch der US-Armee beschoß nämlich deutsche Artillerie, wohl von Stellungen jenseits der Saale aus, das Dorf und richtete einige Schäden an. Anders die Lage im Zwillingsdorf Liebengrün. Hier war keine weiße Fahne zu sehen und die Amerikaner verhielten sich dementsprechend vorsichtig.[71] »Einer der Panzer schwenkte auf den Marktplatz ein und verblieb in Wartestellung. Alle anderen Fahrzeuge fuhren weiter in Richtung ›Streitwald‹. Dies war ein militärischer Trick. Die US-Soldaten hielten außerhalb von Liebengrün und beobachteten den Ort. Nachdem sie sicher waren, daß gegen die Panzerbesatzung kein Widerstand geleistet wurde, fuhren sie zurück. Neugierige Dorfbewohner gingen auf die Straßen und den Anger, um die moderne amerikanische Militärtechnik zu bestaunen.

Plötzlich fiel ein Schuß. Es war die Warnung der Besatzungsmacht. Die Leute liefen ängstlich in ihre Häuser zurück. Soldaten begannen mit Hausdurchsuchungen: Im Rathaus wurden sie fündig. Dort waren in der Vereinsstube in je einem Schrank die Karabiner des Kyffhäuserbundes und die KK-Gewehre der SA deponiert. Für die Besatzungssoldaten war es einfach, die Waffen zu vernichten. Sie warfen diese aus den Fenstern und ein Panzer fuhr darüber. Danach verblieb nur noch Schrott, den einzelne Bürger mehr oder weniger fatal in den Rathausbrunnen warfen. Wenige Tage später nach dem Einrücken der US-Streitkräfte trafen tödliche Schüsse einen versprengten Soldaten der Waffen-SS im Flurteil Röschental. Seine Beisetzung erfolgte auf dem Friedhof unter großer Anteilnahme der Liebengrüner Einwohner. Für viele war es eine ungewisse Zeit. Sie waren in Gedanken bei ihren Familienangehörigen, die noch nicht aus dem Krieg heimgekehrt waren. Mit der Besetzung unserer Heimat durch die Amerikaner endete die Gesetzgebung des Deutschen Reiches. Ab diesem Tag galten die Gesetze und Anordnungen der US-Militärregierung in Deutschland. Eine Vielzahl dieser wurde mittels plakatartigen Anschlägen bekannt gemacht. Für die beiden Dörfer Liebschütz und Liebengrün wurde in Liebschütz, im Haus Gebhardt, eine Ortskommandantur eingerichtet. Die Familie Gebhardt mußte für einige Wochen ihre Wohnung räumen und bei Nachbarn unterkommen.[72]«

Meiningen: *Zivilisten auf dem ersten Panzer als Schutzschild?*

Zu Ostern waren die amerikanischen Truppen bis zur Werra vorgedrungen und standen vor Meiningen. Der NS-Kreisleiter flüchtete, während der Landrat des Kreises mit seiner Familie Selbstmord beging. Dagegen entpflichtete der Kommandant einer lokalen OKW-Dienststelle die ihm unterstellten Wehrmachtsangehörigen schriftlich. Ferner sorgte ein Offizier der Offiziersbewerberschule dafür, daß die Fahnenjunker vor dem Anrücken der US-Armee in Richtung Ostheim v.d. Rhön abrücken konnten. Dort seien die Soldaten von ihren Vorgesetzten am 8. April entlassen worden.[73]

Drei Meininger Bürger gingen den anrückenden US-Truppen mit einer weißen Fahne entgegen und wurden dabei beschossen. Zwei von ihnen waren bereits gestorben, bevor der Bürgermeister die Stadt übergeben hatte. Davor waren in den Außenbezirken Einwohner, die den Amerikanern mit weißer Fahne entgegengegangen waren, gezwungen, diesen den Weg in die Innenstadt zu weisen, wobei sie auf dem Führungspanzer als lebende Schutzschilde mitfahren mußten.

Mengersgereuth-Hämmern: *Alles in angstvoller Erwartung*

»Am 19. Januar 1945 stürzte ein Flugzeug ab. Die vier Besatzungs-
mitglieder sind auf unserem Friedhof beerdigt. Zwischen 1941 und
1945 sind in der Gemeinde vier Bomben gefallen, die letzte im Frühjahr 1945 an der Oberschaar. Sie richteten keinen Schaden an, aber
sie erinnerten im wahrsten Sinne des Wortes schlagartig an die Nähe
des Krieges. In der Nacht, als Schweinfurt bombardiert wurde – es
war eine glockenklare Nacht –, haben die Älteren im Ort wenig
geschlafen. Man hörte das ferne Donnergrollen der explodierenden
Bomben und sah am südwestlichen Horizont den langen vibrierenden
Feuerschein die ganze Nacht hindurch. Fast täglich richteten sich die
Blicke der besorgten Dorfbewohner gen Himmel. Riesige Bomber-
pulks zogen in großer Höhe in Richtung Nordosten. Ortschronist
Fuchs erinnert sich: ›Am 14. Februar ist Sonneberg und Umgebung
mit Bomben belegt worden. In Sonneberg, Oberlind und Köppelsdorf
gab es 29 Tote und viele Verwundete. Mehrere Hauser sind abge-
brannt und viele beschädigt.‹ Fuchs schreibt weiter: ›Seit dem 1.
April ist das Land Thüringen Frontgebiet. Wir müssen in den nächsten Tagen mit dem Feind rechnen. Alles ist in Aufruhr. Keine Arbeit
geht. Das bißchen Hab und Gut wird versteckt oder vergraben, um
es vor den Amerikanern zu schützen. Die Männer müssen alle im
Wald arbeiten, um Holz für den Bau von Panzersperren zu fällen.
Andere müssen Bäume über die Waldwege fallen lassen, um den
feindlichen Vormarsch zu erschweren:

Es herrschte Endzeitstimmung. In westlicher Richtung konnte man
jetzt ein dumpfes Grollen, wie das Wetterleuchten eines Gewitters
beobachten, das Nacht für Nacht näher kam. Alle Akten der
Gemeindeverwaltung wurden durch Angehörige des Jungvolks auf
Leiterwagen geladen und zur Verbrennung in die Heizung der Firma
Gebr. Drückner [später: ›Volksbau‹] gebracht. Das ›letzte Aufgebot‹
wurde zum Volkssturm verpflichtet. Auf dem Mengersgereuther
Bahnhofsplatz leisteten sie unter Trommelwirbel den gleichen Eid wie
reguläre Soldaten. Am Sonntag, dem 8. April, kam ein brennender,
viermotoriger amerikanischer Bomber dicht über dem Mühlberg
geflogen. Er stürzte hinter dem Bahnhof Effelder ab und brannte aus.
Vier Mann Besatzung sprangen zwischen Schichtshohn und Effelder
ab: einer starb, da sich sein Fallschirm nicht öffnete, drei wurden von
Volkssturmangehörigen aus Effelder nach Sonneberg gebracht.‹
Am Dienstag, dem 10. April, einem herrlichen Frühlingstag, etwa
14:00 Uhr wurde Panzeralarm gegeben; ein fünf Minuten dauernder,
auf- und abschwellender Heulton der Sirenen. Aus Baumstämmen,
Gehwegplatten oder Pflastersteinen wurden Panzersperren errichtet,

so in Forschengereuth bei Baumeister Kühn und zwischen der Gastwirtschaft Jacob [Mühlkarlschorsch] und der gegenüberliegenden Scheune, auf der Brücke in Schwarzwald, in Mengersgereuth am Anfang der Kohlgasse bei dem inzwischen abgebrochenen Haus Hausdörfer, in Hämmern am Beginn der Hämmerer Ortsstraße und in der Steinacher Straße.

Seil dem 10. April war das Luftwaffenbekleidungsamt Sonneberg mit seinem Außenlager zur Räumung freigegeben und von der Bevölkerung regelrecht gestürmt worden. Lederjacken und -hosen, Lammfelljacken und Fliegerstiefel, Fallschirmjäger- und Gebirgsjägerschuhe, Wolle und vieles andere flog bündelweise aus den Fenstern des Woolworthgebäudes, sogar große Stoffballen waren darunter. Man konnte mitnehmen, was man schleppen konnte. Viele hatten Fahrräder und Handwagen bepackt. Von den Jagdbombern, die über dem Bahnhof ihre Kreise zogen, ließ man sich dabei nicht stören.

Am 11. April gegen 6 Uhr weckte eine mächtige Detonation viele Bewohner unseres Ortes. Zunächst glaubte man, eine Bombe wäre explodiert. Dann stellte sich aber heraus, daß ein Bogen der ›Scherfenteichbrücke‹ in Bettelhecken gesprengt worden war. Der Brücke in Mengersgereuth-Hämmern war dasselbe Schicksal zugedacht. Der Bahnhofsvorsteher Martin Vogel konnte aber das Sprengkommando zum Abzug überreden. Aus Furcht vor Bomben und Artilleriebeschuß verbrachten die meisten Einwohner des Ortes die Nacht zum 12. April in den Kellern, deren Fenster durch Sandsäcke geschützt waren. Wertvoll erscheinende Dinge, wohl das Allernotwendigste, hatte man mitgenommen. Die Forschengereuther nahmen den Weg über die ›Alte Poststraße‹ zum Teufelsgraben, einer Einbuchtung am Südhang des Forschengereuther Berges. Selbst die Alten und Kranken wurden auf Leiterwagen, die man vorher mit Matratzen belegt hatte, mitgenommen. Doch schon am nächsten Tag kehrten die Menschen wieder in ihre Häuser zurück. Zeitzeugen berichten übereinstimmend über die letzten beiden Kriegstage – den 11. und 12. April 1945 – in Mengersgereuth-Hämmern folgendes:

Amerikanische Einheiten standen in Rauenstein und waren schon bis auf die Höhe von Rabenäußig vorgedrungen. Von hier aus feuerte die Artillerie die ganze Nacht hindurch in Richtung Sonneberg.

Ein mit einigen Soldaten in der Nacht durchziehender deutscher Offizier riet dazu, die Panzersperren zu öffnen, um unsinnige Zerstörungen der Häuser zu vermeiden. Es sollten sich daran möglichst nur Frauen beteiligen, da man gegen Männer ansonsten hart vorgehen würde, denn standrechtliche Erschießungen waren zu Kriegsende an der Tagesordnung. Im Laufe der Nacht wurden die Panzersperren weitgehend geöffnet. So konnten am Donnerstag, dem 12.

April 1945 die Amerikaner ohne Widerstand in den Ort einfahren. Bei ihren ersten Auftauchen hängte man weiße Tücher aus den Fenstern. Als einer der letzten hat an diesem Tag der Bürger Alfred Amberg ›geflaggt‹. Alfred, ein Forschengereuther Urgestein, hörte nicht gleich auf seine Frau Alma, als sie sagte: ›Häng fei endlich das Bettuch naus, die deschießn uns sünst!‹. Erst als ein Panzer an der Gastwirtschaft ›Weißer Schwan‹ vorbei, den Denkmalsweg hochrasselte, soll er – so erzählen die Alten – sein ›Tüchla‹ übers Fensterbrett gehangen und im reinen Hochdeutsch ausgerufen haben: ›Ihr Kerle, daß ihr auch schon da seid!‹. Dieter Baumann aus Forschengereuth, Jahrgang 1935, kann sich noch genau erinnern, daß ein Panzer von der Panzersperre am Wohnhaus von Fritz Kühn einfach rechts abbog, über die Wiese zur Alten Poststraße walzte und mit einem kräftigen Ruck vor seinem Elternhaus [Alte Poststraße 3] zum Stehen kam. Die Treppe am Haus war den Panzerketten nicht gewachsen. Der Krieg war zu Ende – ›Amerika‹ war in Forschengereuth.

Die ersten Begegnungen mit den hell- und dunkelhäutigen Soldaten aus einer fernen Welt blieb deutlich in Erinnerung:
›Die amerikanischen Infanteristen sprangen von den Panzern und kamen vorsichtig, mit schußbereiter Waffe sichernd, an den Zäunen und Häuserwänden entlang‹, weiß Dr. Horst Müller zu berichten. Als sie sich überzeugt hatten, daß keine Gefahr bestand, nahmen einige die Stahlhelme ab und forderten frische Eier. Ihre Konserven, ihre Schokolade und Kekse mochten sie anscheinend nicht mehr.

Der Kommandeur der besetzenden Einheit der US-Army hatte angeordnet, daß alle Männer von Mengersgereuth-Hämmern um 12:00 Uhr anzutreten haben. Sie erhielten dann den Auftrag, alle noch vorhandenen Panzersperren und die Sperren auf den Waldwegen bis 18:00 Uhr zu räumen, ansonsten würde der Ort unter Beschuß genommen. Der Anordnung der amerikanischen Besatzungsmacht kam man umgehend nach.

Am frühen Nachmittag folgten Anordnungen durch Anschläge und durch Ausklingeln. Sie beinhalteten, daß sich Wehrmachtsangehörige sofort zu melden hatten, daß Schuß- und Stichwaffen sowie Ferngläser und Fotoapparate abzuliefern sind. Der Aufenthalt auf Straßen oder Plätzen wurde bis auf wenige Stunden am Tag verboten. Bei Zuwiderhandlung drohte Strafe nach dem Kriegsrecht.

Amerikanische Soldaten gingen von Haus zu Haus, suchten nach versteckten Wehrmachtssoldaten, nach Waffen und anderen wertvollen Gegenständen. Sie verhielten sich jedoch anständig gegenüber der Bevölkerung, so daß die Menschen wieder aus ihren Kellern krochen und sich die Häuser wieder belebten.

Auf den Striemwiesen – zwischen Bahnhofsweg und Schwarzwälder

Straße, auf den Wiesen gegenüber der Heinrich-Schaumberger-Schule – zwischen Bahnlinie und der heutigen Straße am Mühlberg – ebenso wie auf den Hofwiesen brachten die Amerikaner Minenwerfer und Geschütze in Stellung. Beginnend am Abend, feuerten sie die ganze Nacht hindurch in Richtung Osten. Schon in den Morgenstunden des 13. April verließen die Amerikaner mit Mannschaft und Gerät unseren Ort. In den folgenden Wochen rollte auf der R 89 [Reichsstraße 89] Tag und Nacht ein nicht enden wollender Strom von Nachschubfahrzeugen in Richtung Kronach und Saalfeld.

Die Amerikaner setzten kurzerhand für wenige Tage Albin Röder aus Mengersgereuth als ersten Nachkriegsbürgermeister ein, der am 15. Mai 1945 von Albin Sieder [SPD] abgelöst wurde.[74]«

Merkers: *Das Gold der Deutschen Reichsbank hier eingelagert*

Kurz vor Kriegsende wurde der Inhalt eines großen Munitionszuges zwischen Merkers und Dorndorf von der Bevölkerung in die Werra gekippt. Ein Amerikaner, der kurz darauf an dieser Stelle mit Handgranaten fischen wollte, löste eine Kettenexplosion aus, welche ihn zerriß. Die Panzersperren aus Bahngleisen vor dem Ort wurden in der Nacht heimlich durchschweißt. Merkers sollte nicht in Gefahr geraten. Die erste Welle der amerikanischen Kampftruppen warfen Unmengen von Lebensmitteln weg, welche die Jugendlichen zwar bargen, später aber von den nachrückenden Truppen wieder abgenommen bekamen. Sie wurden später verbrannt. In der Grube ›Kaiserroda‹ bei Merkers war das Gold der Berliner Reichsbank zusammen mit italienischem Gold und einer großen Menge druckfrischer Reichsbanknoten eingelagert. Als die Amerikaner den Schatz hoben, wurde der Betriebsführer der Grube mit 15 anderen Männern solange eingesperrt, bis alles vorbei war. Dabei mußten sie einen Stollen durch das Salz sprengen, weil die Amerikaner die Panzertüren nicht knacken konnten. Für den Abtransport des Goldes wurde eine Ausgangssperre verhängt. Ein Bauer hielt sich nicht daran und die GIs zerschlugen ihm die Speichen seines Wagens.[75]

Mühlhausen: *Bedeutende Kämpfe gab es nicht mehr*

Die amerikanischen Kampfverbände stießen über Bickenriede, Lengefeld, Dörna und Hollenbach Richtung Mühlhausen vor. In Bickenriede am Ortsausgang nach Dörna kam es zu einem kurzen Gefecht.

Ein Leutnant wollte mit einer kleinen Gruppe Soldaten das Dorf verteidigen, mußte aber im Kugelhagel der Amerikaner schleunigst den Rückzug antreten. Dabei konnte das unübersichtliche Gelände im Bereich des Landgrabens genutzt werden. Mehrere Gebäude brannten durch den US-Beschuß nieder, darunter auch das Wohnhaus der Familie Hindermann am Turmberg [Dörnaer Warte]. Auch Frau Saul war in den Kugelhagel geraten und tödlich getroffen.

Die Amerikaner besetzten Ammern und den gesamten Westrand von Mühlhausen, ohne auf Widerstand zu stoßen.«Zur gleichen Zeit ging eine andere Einheit der beiden zusammenwirkenden Divisionen von Biwak Heyerode über den Hainich von Süden her gegen Mühlhausen vor. Bei Oberdorla wurden sie durch den Widerstand deutscher Truppen kurz aufgehalten, erreichten aber gegen Abend auch die Südseite und Teile der Ostseite der Stadt. Gegen 18 Uhr sprengten die Mühlhäuser Verteidiger noch die Wagenstedter- sowie die Eisenbahnbrücke. Um 18:30 Uhr feuerten die amerikanischen Panzer vom Stadtberg aus nach der nördlich der Stadt gelegenen General-Fuchs-Kaserne. Am 5. April wurde Mühlhausen endgültig von den Amerikanern besetzt. Bedeutende Kämpfe gab es nicht mehr. Danach wandte sich der Hauptteil der Truppen gegen Bad Langensalza. In Butzbach-Niederweisel liegen 3 in Mühlhausen gefallene Soldaten begraben.[76]«

Mupperg: *Bürger fordern Entfernung der Panzersperren*

Auch in Mupperg errichtete man Panzersperren und hob Schützenlöcher aus. Die meisten Bürger besonders die Frauen forderten die Entfernung der Sperren. Am 12. April 1945 kam es zur Beschießung des Ortes vom Kemmater Berg aus, wobei es zur Zerstörung einiger Gebäude kam. Trotz Verbots wurden weiße Laken vom Kirchturm herausgehängt. Am gleichen Tag besetzen die Amerikaner den Ort. Menschen kamen nicht zu Schaden.[77]

Neuhaus: *Erst schien es, als würde die Stadt verschont werden*

»In der Nacht vom 11. zum 12. April 1945 wurde die Stadt Neuhaus am Rennweg von amerikanischen Truppen beschossen, die mit ihrer Artillerie in Scheibe-Alsbach Stellung bezogen hatten. Die Nazigrößen von Neuhaus hatten das Ultimatum der Amerikaner, die Stadt bis 18 Uhr zu übergeben, nicht eingehalten, wohl auch unter Druck der NSDAP-Führung der Kreisstadt Sonneberg. Schon Tage vorher hatte man Panzersperren in der Nähe der Ebermannsmühle, in der Talmulde aus Richtung Steinheid und an der Straße Neuhaus-Steinheid errichtet. Damit glaubte man die amerikanischen Truppen aufhalten zu können. Über den Beschuß vom 11./12. April ist unter anderem in der Neuhäuser Kirchenchronik einiges festgehalten. Der damalige Pfarrer Hans Schmidt hat wohl diese Aufzeichnungen niedergeschrieben: ›An den Südhängen des Thüringer Waldes leisten unsere

Truppen dem vordrängenden Feind energisch Widerstand. Bei Eisfeld sind erbitterte Kämpfe im Gange. Unsere Truppe setzt sich planmäßig nach Osten ab – so lautete der Heeresbericht der Deutschen Wehrmacht am 10. April 1945.‹ Eine begreifliche Unruhe kam über die Einwohner von Neuhaus, und die Frage lag auf den Lippen: Wird unsere Stadt von der Brandfackel des Krieges verschont bleiben oder nicht? Auf allen Straßen standen schon Gruppen von Menschen. Die Arbeit war vergessen. Man sprach nur noch von dem, was der nächste Tag wohl bringen werde. Der Donner der Kanonen rückte immer näher. Feindliche Flugzeugstaffeln überflogen in großer Höhe unseren Ort. Am 11. April, es war ein schöner Frühlingstag, ließ die Unruhe etwas nach. Einige Neuhäuser wollten aus genauer Quelle wissen, daß der Thüringer Wald von den Amerikanern nicht als Kampfbasis benutzt werden würde, daß diese vielmehr mit ihrer Streitmacht nach Coburg marschierten. Die Mehrzahl der Einwohner aber richtete sich in eigenen oder fremden Kellern Bunker ein, brachte dorthin Lebensmittel und Kleidungsstücke, und versorgte sich vor allen Dingen mit Geld. Es wußte ja keiner, wie lange die Tage des Unglücks dauern würden! Am selben Tag, es war schon Mittag geworden, kreiste auch ein Feindflieger über Neuhaus. Es ging das Gerücht um, er hätte Flugblätter abgeworfen, auf denen stand, die Stadt solle sich ergeben und keinen Widerstand mehr leisten! Der Abwurf dieser Zettel wurde später bestritten.

Als in den Nachmittagsstunden der Geschützdonner noch näher rückte, verließ der letzte Troß der deutschen Wehrmacht den Ort und zog in Richtung Saalfeld. Dieser Abzug der Wehrmacht machte die Einwohner von Neuhaus wieder froh, wußten sie doch nun, daß die Stadt beim Herannahen des Feindes nicht mehr verteidigt würde von den deutschen Soldaten. Am Spätnachmittag kamen noch vereinzelt weitere Wehrmachtsangehörige vom Westen her durch unsere Stadt und erzählten, daß der Amerikaner etwa in einer Stunde in Neuhaus sei. Aber es kam anders: Um 18 Uhr orgelte die erste Granate, aus Richtung Scheibe kommend, über den Ort und schlug in das ›Gründle‹ ein. Über Neuhaus selbst kreiste jetzt ein feindlicher Artilleriebeobachtungsflieger und leitete bis zum Anbruch der Dunkelheit den Beschuß. Bis 19 Uhr waren verschiedene Granaten in den Ort gelegt worden. Und nachdem man sich anscheinend auf das Stadtzentrum, den strategisch wichtigen Straßenkreuzungspunkt am ›Grünen Baum‹, eingeschossen hatte, wurde der Ort mit Brand- und Schwefelgranaten heftig beschossen. Nunmehr gingen das Rathaus, das Lehrerhaus, das Haus des Einwohners Robert Schmidt in Flammen auf. Beim Schuß auf das Rathaus wurde der stellvertretende Bürgermeister schwer verletzt, und der Wassermeister-Gehilfe

Albin Rosenbaum wurde durch Granatsplitter getötet.

Die genannten Gebäude brannten sofort lichterloh, so daß an ein Retten von Mobiliar oder Akten gar nicht mehr zu denken war. Jetzt schlugen die Granaten auch in kürzeren Abständen ein, auch in der Sonneberger und in der Schwarzburger Straße. Allein 27 Granaten trafen das repräsentative und bekannte Haus von Neuhaus, das Gasthaus und Hotel ›Zum Grünen Baum‹. Das Haus, der große Saal, die Kegelbahn, alles war im Nu vernichtet. Um 24 Uhr war die schaurige Brandfackel des Krieges angezündet im höchstgelegenen Ort des Thüringer Waldes. Es brannten alle Häuser auf der rechten Seite der Schwarzburger Straße bis zum Bäcker ›Wiegand‹ und auf der linken Seite die Häuser bis zum Cafe ›Oberland‹ und in der Sonneberger Straße rechts die Häuser von Kuno Fichtmüller bis Wanderer und links die Häuser von Robert Schmidt und Rosa Fricke. Wie ein Wunder geschah es, daß inmitten der auflodernden Brände das Haus, das am leichtesten gebaut war, dessen Innenraum nur mit Holz verkleidet ist, dennoch unzerstört blieb – unser Gotteshaus. Obwohl sich sofort aufopfernde Männer fanden, die sogleich zur Stelle waren, um zu retten, was zu retten war, so konnte doch nicht viel Hab und Gut in Sicherheit gebracht werden. Aber es ist diesen wackeren Männern zu verdanken, daß wenigstens das Haus ›Oberland‹ und das Geschäftshaus der Firma ›C. G. Greiner und Söhne‹ nicht auch ein Opfer der Flammen wurden. Viel Trauriges und Schmerzliches ist aber noch zu berichten von dem, was während des Beschusses geschah: Eine Sprenggranate schlug in das Haus des Schlossermeisters Hans Hellmich ein und tötete einen großen Teil der Bewohner. Bei den sofort einsetzenden Bergungsarbeiten wurden die Großmutter, zwei Töchter und vier Enkel tot geborgen, während zwei kleine Enkel noch lebend aufgefunden wurden.

Der Schlossermeister selbst, als Arbeitsurlauber im Telefunkenwerk tätig, nahm als erster an den Bergungsarbeiten teil. Als dann die Amerikaner in unsere Stadt einzogen, wurde er mit noch anderen Leidensgefährten verhaftet und nach Kreuznach verschleppt, so daß er an dem Begräbnis seiner Angehörigen, er hatte auch zwei Töchter unter den Opfern, nicht teilnehmen konnte. Das ist der Krieg! In den Morgenstunden des 12. April 1945 rückten dann die Amerikaner mit zehn schweren Panzern und rund 100 Mann in Neuhaus ein.[78]«

Neunhofen: *Kernforschung im Mühlengrund der Orla*

»Der unweit von Neunhofen gelegene Mühlengrund birgt noch manche Geheimnisse. So war von 1943 bis 1945 in der dortigen Harrasmühle eine der wichtigsten kernphysikalischen Forschungsabteilungen des ›Dritten Reiches‹ beherbergt gewesen. Nachdem aufgrund zahlreicher Bombenangriffe die bisherige Forschungsstätte in Berlin-Dahlem für die Wissenschaftler zu gefährlich geworden war, wurden sie nach Thüringen evakuiert und bezogen in der ehemaligen Ausflugsgaststätte im Mühlengrund im Obergeschoß einen Saal und einige andere Räume. Das Eisenbahngelände um den Tunnel war weitläufig mit grüner und brauner Tarnfarbe bespritzt worden, damit die feindliche Luftaufklärung das Institut nicht finden sollte. Den Erkenntnissen des Neustädter Heimatforschers Walter Hoffmann zufolge, bestand der von dem Kernphysiker Otto Hahn geleitete Stab aus 33 Personen. Die Ehefrauen zweier Wissenschaftler betreuten als Ärztinnen die Bewohner der Umgebung. So betrieb eine Frau Dr. Rottgard eine Praxis im Kupferhammer. Die Rottgards waren, nachdem ihre Unterkunft im Mühlengrund durch eine Luftmine zerstört worden war, bei der Familie Theo Oswald in Lausnitz untergebracht. Eine heute noch lebende Bewohnerin des Mühlengrundes hatte in ihren jungen Jahren Kinder von Forschern betreut. Ein aus Berlin stammender ›Hausmeister‹ des Instituts hat später nach Neunhofen geheiratet. Hoffmann vermutet, man habe in der Mühle einen Teilchenbeschleuniger zur Produktion von angereichertem Uran entwickeln wollen. Über angeblich tief unter Thüringer Bergen von den Nazis installierte Teilchenbeschleuniger, die u.a. auch ›freie Energie‹ geliefert haben sollen, wird viel gemunkelt. Der Sage nach sollen noch jetzt zwei von ihnen im Walpersberg bei Kahla, sowie im Jonastal bei Stadtilm ruhen. Was damals im Umfeld der Harrasmühle tatsächlich getrieben wurde ist noch immer rätselhaft. Noch heute soll dort eine erhöhte radioaktive Strahlung gemessen werden können. Bei geheimen Unternehmungen dieser Tragweite war es freilich nur eine Frage der Zeit, bis die Alliierten Wind davon bekamen. So seien schon im August 1944 Fremde im Mühlengrund aufgetaucht, die die Einheimischen nach scheinbar belanglosen Dingen fragten, in Wahrheit aber die genaue Position des Forschungslabors zu erkunden suchten. Sie scheinen dabei erfolgreich gewesen zu sein, denn am Abend des 5. Dezembers 1944 erschien, von der Luftraumüberwachungsstation auf der Kleinaer Höhe unbemerkt, über dem Orlatal ein einzelnes Flugzeug, daß seine Runden zog, als ob es etwas suchen würde. Gegen 22:00 Uhr setzte es schließlich eine schwere Luftmine ab. Sie verfehlte ihr Ziel um 200 Meter und landete im Krobitzholz. Die Explosion aber war so gewaltig, daß in Lausnitz und in Neunhofen vereinzelt Dächer abgedeckt wurden und noch in Neustadt/Orla einige Schaufenster zu Bruch gingen. Indem die Mine oberhalb des hinter dem Gebäude ansteigenden Hanges explodierte und die Druckwelle über den Talgrund hinwegrollte, waren an dem Ziel selbst kaum Schäden entstanden. Als am 15. April 1945 das Orlatal schließlich von der US-Armee besetzt wurde, dauerte es nicht lange bis Angehörige einer Technologiespürtruppe vor die Harras-mühle gefahren kamen. Die deutschen Forscher sollen den Ameri-kanern ihre Apparaturen übergeben und mit ihnen gekommen sein. Als im Juli 1945 schließlich ›Spezialisten‹ der Sowjetarmee im Mühlengrund erschienen, konnten sie lediglich noch zwei große Stahlschränke mit Elektronikteilen bergen.[79] Über die Weiterführung des Projektes unter amerikanischer Obhut muß in diesem Rahmen kein weiteres Wort verloren zu werden. Es klingt beinahe wie eine Prophezeiung, daß ausgerechnet gegenüber dem Totenstein, von dem aus der sagenhafte Riese Tod einst zu mitternächtlicher Stunde über die Orla schritt, Jahrhunderte später wichtige Vorbereitungen für den Bau der ersten Atombombe getroffen werden sollten.[80]«

Neustadt am Rennsteig: *Unter schweren Beschuß*

Kurz vor Ostern wurde Neustadt zum Frontgebiet. Im Ort hatte sich SS festgesetzt. Die US-Truppen befanden sich 2 km südlich und westlich der Stadt. Die SS drohte damit, jeden zu erschießen, der eine weiße Fahne hisse. So geriet der Ort unter schweren Artillerie-beschuß. Beinahe jedes Haus wurde beschädigt und der Turm einer Kirche stürzte auf die Straße. Schließlich brachten beherzte Bürger, darunter die Gemeindeschwester Frieda, an gut sichtbaren Stellen weiße Tücher an. Daraufhin rückten die Amerikaner aus Richtung Dreiherrenstein in den Ort ein. Die SS feuerte noch blindwütig aus Christ´s Hotel, worauf das Haus mit einer Panzergranaten zerstört wurde.[81]

Neudietendorf: *70 Gebäude wurden zerstört*

Die Thüringer Gauzeitung veröffentlichte am 1. April 1945 den Auf-ruf: ›Je näher der Feind, desto unbeugsamer unsere Haltung!‹. Da stand der Feind längst in Thüringen. In Neudietendorf war Wehr-macht stationiert. Dennoch hißten einige beherzte Männer, darunter der NSDAP-Ortsgruppenleiter und Gutsinspektor, auf dem Turm der Johanneskirche die weiße Fahne. Verzweifelte Versuche die Ameri-kaner zwischen Apfelstädt und Neudietendorf aufzuhalten, kosteten einigen deutschen Soldaten das Leben und führten zum Beschuß des Ortes. 70 Gebäude wurden zerstört oder beschädigt, darunter einige große Scheunen in Kornhochheim. Das Bahnhofsgebäude wurde am 11. April 1945 durch Brandgranaten getroffen und später abgetragen. Nach der Einnahme des Ortes durch amerikanische Truppen diente das Erdmuthe-Dorotheen-Haus als Soldatenunterkunft und das Postgebäude als Kommandantur.[82]

Niederroßla: *SS verschanzte sich hinter der Friedhofsmauer*

Der 11. April 1945 bedeutete das Kriegsende für Niederroßla. An diesem Tag rückten amerikanische Panzer aus Richtung Buttelstädt an. Fünf SS-Männer hatten sich auf ihrem Rückzug hinter der Niederroßlaer Friedhofsmauer verschanzt und boten Gegenwehr. Daraufhin beschossen die Amerikaner das Dorf. Das Freigut Ermisch, das Haus Hugo Heider sowie mehrere Teerfässer bei Dachdecker Fuchs gingen in Flammen auf. Bruno Kalkoff und einige andere Männer gingen den amerikanischen Panzern mit einer weißen Fahne entgegen, um den Ort kampflos zu übergeben. Sie verhinderten damit weitere Zerstörungen. Einen Tag später wurde auch die Stadt Apolda in Niederroßla kampflos an die amerikanischen Truppen übergeben.[83]

Nordhausen: *›Und Tausend Jahre lag sie so am Hang und wuchs. ... Da kam ein Tag, wie Tage des Gerichts, und sie zerbrach.‹*

»In Nordhausen hielten sich am 1. März 1945 neben den 42.207 Einheimischen insgesamt 23.467 Ortsfremde auf, unter denen sich 5.059 Evakuierte und 6.082 ausländische Arbeitskräfte befanden.[84]«
Am 3. April um 16 Uhr erfolgte der erste Bombengroßangriff auf Stadt und Flur Nordhausen. Die ganze Gegend wurde mit leichten, wie schweren Bomben abgestreut.
Am 4. April 1945 erfolgte ein weiterer verheerender Bombenangriff auf die Stadt, diesmal mit 5-Zentner Sprengbomben und Phosphorbomben. Die gesamte Altstadt, außer dem Gebiet um das Altentor herum, wurde dabei komplett eingeebnet. Die westliche Vorstadt wurde schwer mitgenommen. Durch Funkenflug entstanden große Flächenbrände. Der Hauptangriff dauerte nur 25 Minuten, jedoch setzen Einzelflieger das Bombardement noch Stunden fort.
Die Bomber der RAF [Royal Airforce] warfen Brandbomben, Phosphorbehälter und 1.000-kilo Sprengbomben über der Stadt ab. Der innere Bereich wurde fast vollständig zerstört. Das Feuer fraß sich immer weiter vor und am Abend war die Stadt ein Flammenmeer. Insgesamt wurden über 9.000 Einwohner und Gefangene getötet, das waren 14 Prozent der Gesamtbevölkerung. Von 13.000 Wohnhäusern wurden 11.700 zerstört. Bis 1996 wurden 238 Blindgänger gefunden und entschärft. Über die Ursachen der Bombardierung

einer solchen Stadt unmittelbar vor dem Einmarsch der Amerikaner ist viel spekuliert worden. Nach der allgemeinen Auffassung habe der Angriff im Grunde den Kasernen gegolten, sei aber dann auf die ganze Stadt ausgeweitet worden. Einer inzwischen nicht von der Hand zuweisenden Theorie zufolge, hätte der Angriff ursprünglich der Stadt Gotha gegolten, doch wären die bereits anfliegenden Bomber nach dem Hissen der weiße Fahne über dem dortigen Schloß und dem Rathaus abgedreht und hätten in Nordhausen ein Ausweichziel gefunden. Die US-Besetzung der Stadt vollzog sich folgendermaßen: Der Volkssturm rüstete zur Verteidigung. Man verfügte über 4 MGs sowie einige hundert primitive Karabiner des Modells 88, welche schon vor dem Ersten Weltkrieg ›veraltet‹ waren. Es wurden zwei Verteidigungslinien befestigt. Am 8. April soll ein SS-Kommando noch zwei Schauspielerinnen wegen defätistischen Äußerungen erschossen haben. Am Abend des 10. April begannen die Amerikaner mit der Besetzung der Stadt. Zunächst wurde Großwerther besetzt. Der Gruppe war befohlen, mit einem Schwenk über Steinbrücken–Sundhausen die Stadt vom Süden her angreifen. Eine zweite Gruppe stand bei Hesserode und hatte den Auftrag, über den Höhlungsbügel von Südwesten her in das Weichbild der Stadt und nach Salza vorzustoßen. Das Gros der Staffel B allerdings sollte auf der Reichsstraße 80 zum Zentrum vordringen. Im Morgengrauen des 11. April begann der Einmarsch. Er erfolgte ohne Widerstand und war gegen Nachmittag abgeschlossen. Über der Stadt lag noch immer das Leichentuch des Bombardements. Nordhausen wurde von der Stadtverwaltung offiziell übergeben, doch die Amerikaner waren wegen der vielen toten KZ-Häftlinge in der Boelcke-Kaserne sehr verbittert. Sie drohten damit die Stadtväter zu erschießen, bis ihnen ein ehemaliger polnischer Häftling den genauen Sachverhalt vermittelte.

Die etwa 700 überlebenden Häftlinge wurden medizinisch versorgt, aufgegriffene Nordhäuser Bürger dazu gezwungen, als Leichenträger zu fungieren. Unter dem Eindruck des vorgefundenen Konzentrationslagers Mittelbau-Dora gaben die US-Behörden die Stadt 8 Tage lang zur Plünderung frei. Die Nordhäuser Bürger erhielten Lebensmittel-Strafrationen unter dem durchschnittlichen Niveau.

Am 13. April bestattete man die 1.278 Opfer aus der Kaserne. In den ehemaligen Häftlingsbaracken wurden nun ehemalige Nazis und verdächtige Personen interniert. Am 15. April wurde die alte Stadtverwaltung offiziell entlassen und Otto Flagmeyer zum neuen Bürgermeister ernannt. Einige ehemalige Häftlinge genasen nicht mehr.

Jeden Tag fuhr ein Leichenwagen nach dem Mittelbau. Am 20. April glich die Stadt nach wie vor einem Trümmermeer, die männliche Bevölkerung war zur Entrümpelung befohlen. Inzwischen versuchte der ehemalige Fähnleinführer des Jungvolkes im Ort etwa 100 Jungen für die Werwolforganisation zu werben. Doch die Sache flog auf. Die Verantwortlichen sollen laut Bekanntmachung streng bestraft worden sein. Am 26. April mußten alle Gewerbetreibenden ihren Gewerbeschein neu beantragen sowie einen Nachweis über ihre politische Betätigung zur NS-Zeit erbringen. Anfang Mai wurde das Archiv des Stadtrates, darunter viele alte Handschriften, von plündernden Polen vernichtet. Am 2. Mai mußten die Köpfe aller auf Befehl der Amerikaner getöteten Brieftauben von den Besitzern im Bürgermeisteramt vorgelegt werden. Um diese Zeit erging ein Aufruf wider das Plündern, der auch in polnischer Sprache verbreitet wurde. Ab dem 12. Mai traten Fälle von Typhus – einer früher ›Kriegspest‹ genannten Form von Nervenfieber – auf, die rasch zunahmen. Am 13. Mai erhielten alle über 12 Jahre alten Personen Registrierscheine mit Fingerabdruck. Im Stadtgebiet wurden Mitte Mai 27.000 Ausländer noch registriert. Viele ehemaligen Häftlinge und Zwangsarbeiter waren schon in die Heimat abgereist. Am 24. Mai betonte der Stadtrat die dringliche Notwendigkeit eines Nachrichtenblattes. Am nächsten Tag ordnete der Bürgermeister die Umbenennung aller NS-Straßennamen an.[85]

Oberbösa: *556 durchziehende amerikanische Panzer gezählt*

»Am 11. April erlitt die Gemeinde Oberbösa das gleiche Schicksal wie Westgreußen Nach Beschuß der amerikanischen Flugzeuge griffen Jabos mit Bomben und Bordwaffen den Ort an. Zum Glück waren hier keine Toten zu beklagen, aber mehrere Gehöfte waren schwer beschädigt und brannten. Nach den Berichten der Einwohner handelte es sich wahrscheinlich um die deutsche Einheit, die am Abend zuvor in Westgreußen den Angriff verursacht hatte.
Oberbösaer Einwohner zählten 556 durchziehende amerikanische Panzer.[86]«

Oberweid: *Umsiedler verloren auch noch das allerletzte Gepäck*

»1944 stürzte ein englischer Bomber in der Nähe ab. Zwei Soldaten überlebten, fünf waren tot. Die Parteileute verweigerten dem Pfarrer eine christliche Bestattung auf dem hiesigen Friedhof. Sie wurden von den Gemeindearbeitern einfach beigesetzt. Als am 1. April 1945 die weiße Fahne auf dem Kirchturm wehte, war für Oberweid der Krieg zu Ende. Der Ort blieb von Zerstörung verschont. Nach den Krieg und der Besetzung durch Amerikaner und Belgier, sowie später durch Sowjets, brachte die allgemeine Unsicherheit und Ratlosigkeit der Menschen eine stärkere Besinnung auf ihren Gott und ihre Kirche.[87]«

Dramatisch hatten sich die letzten Kriegstage in der Karwoche 1945 gestaltet. Am Montag [26. März] war ein Flüchtlingstransport aus dem Osten des Reiches mit etwa 60 Frauen und Kinder gekommen. Die erschöpften Menschen befanden sich schon seit Wochen auf der Flucht vor den angreifenden Sowjets. Mit der Bahn brachte man sie nach Tann und verteilte sie von dort auf die umliegenden Dörfer. Die Armen besaßen nur noch das, was sie auf dem Leibe trugen. Ihr weniges – angeblich in einem Extrawaggon befördertes – Gepäck kam in Tann nicht an. In Dermbach, so glaubte man, soll der Gepäckwagen fehlgeleitet worden sein.

Private Telefongespräche konnte man in diesen Tagen nicht einfach führen. Erst mit dem Feldtelefon einer Pioniereinheit, die am 27. März im Dorf eingerückt war, erfuhr man, daß die Gepäckstücke der Flüchtlinge auf dem Güterboden des Dermbacher Bahnhofs lägen. Fast unmöglich war es, in diesen Tagen nach Dermbach zu kommen. Tagfahrten waren wegen der Tieffflieger unmöglich, doch stellten hilfsbereite Militärs einen großen LKW zur Verfügung, mit dem man das Gepäck in Dermbach holen wollte.

»In der Nacht vom 27. auf den 28. März wurde die Fahrt gewagt.

In Richtung Vacha und Bad Salzungen waren ausgebreitete Feuerscheine zu sehen, die von beschossenen Munitionszügen und brennenden Bahnanlagen stammten. In Dermbach angekommen, machte sich herbe Enttäuschung breit. Der diensttuende Beamte zeigte kopfschüttelnd zum unbeleuchteten Güterboden hin.

Im kurz aufblitzenden Schein einer Taschenlampe, konnte man erkennen, daß das Flüchtlingsgut über zwei Meter hoch wirr und unübersichtlich aufgestapelt lag. Koffer, Körbe, Betten, Bündel, Säcke, Kartons und Kisten füllten den Raum bis zum Eingang. Hier lagerte die letzte Habe vieler heimatlos Gewordener – die alle in verschiedenen Orten der Rhön untergebracht waren – aufgetürmt. Das Richtige daraus zu finden war unmöglich, zumal wegen der Luftangriffe keine Licht eingeschaltet werden durfte. Das Auto mußte unverrichteter Dinge wieder zurückfahren. Als die Flüchtlinge eine Woche später mit Pferdefuhrwerken nach Dermbach gebracht wurden, fanden sie nur noch klägliche Reste vor. Denn in der allgemeinen Verwirrung war der Bahnhof geplündert worden.[88]«

Die letzten Märztage waren von schnell wechselnden kriegerischen Ereignissen geprägt: »Am Dienstag, dem 27. März, rückte eine Kraftfahrabteilung mit schwerer Artillerie ein. Glücklicherweise war für die Geschütze keinerlei Munition mehr vorhanden, denn wenn man auf die Idee gekommen wäre, die Geschütze in Stellung zu bringen und abzufeuern, hätten sich die Amerikaner sicherlich bitter auf Kosten des Dorfes gerächt. Es war dann auch eine gewisse Erleichterung im

Dorf zu spüren, als die Truppen am Gründonnerstag über den Weidberg weiterzogen. Der beängstigende Geschützdonner schwoll von Tag zu Tag an. Die Zahl der Aufklärungsflugzeuge steigerte sich. Die Front kam immer näher. Am 28. März war Frankfurt/Main eingenommen worden und die Amerikaner näherten sich Fulda. Oberweid glich einem Heerlager. Die Nächte waren erfüllt vom unaufhörlichen Lärm der Motoren flüchtender Fahrzeuge und dem Geratter durchziehender Troßgeschirre. In den engen Straßen herrschten zum Teil chaotische Zustände. Vorübereilende Flüchtlinge fragten gelegentlich nach dem Ortsnamen, um sich ein wenig zu orientieren. Nur das Gerassel des rollenden Kriegsgerätes, das gelegentlich von Flüchen unterbrochen wurde, war zu hören. Bis zum Tagesanbruch rollte der unheimliche, gespenstische Zug vorüber, ungeordnet, trostlos und jeder Hoffnung bar. Jeder wußte, das ist das Ende.[88]«

Die Gemeindeschwester war Tag und Nacht auf den Beinen. Viele Flüchtende bedurften medizinischer Versorgung. »In der Nacht zum Karfreitag waren erneut schwere Geschütze ins Dorf gerollt und die Höfe und Scheunen standen voller Wagen und Geräte eines Fuhrparkes. Tagsüber zogen Erkundungs- und Tiefflieger durch das Tal und niemand traute sich auf die Straße. Im Dorf verschanzten sich Hitlerjugendführer, die ihre Jungen, die man ihnen anvertraut hatte, einfach in Hanau zurückgelassen hatten.

Volkssturmleute, Wehrwolfabteilungen und Angehörige aller möglichen Waffengattungen hasteten durch das Dorf, um sich vor den herannahenden amerikanischen Truppen in Sicherheit zu bringen. In dieser Nacht, gegen 3 Uhr morgens flüchtete auch die Führerschaft des Arbeitsdienstlagers, das kurz darauf von durchziehendem Kriegsvolk, aber auch von Zivilpersonen aus der näheren Umgebung geplündert wurde. Das Dorf lebte in angstvoller Erwartung: ›Werden die Amerikaner in unser stilles Tal eindringen, oder werden sie die gute Heerstraße durch das Ulstertal für ihren Vormarsch benutzen?‹

Die Frauen tätigten die vorösterlichen Lebensmitteleinkäufe früher als sonst. Die Besorgnis wuchs von Stunde zu Stunde. Auffallend ruhig war die Nacht zum Ostersonntag. Gegen Abend hatte es noch einmal eine dramatische Stunde gegeben. In der oberen Schule sollten an den Oberweider Volkssturm Gewehre ausgegeben werden, damit Widerstand geleistet werden konnte. Doch die Mehrzahl der Männer lehnte ab, so daß durch diese Besonnenheit in Oberweid kein einziger Schuß fiel.[88]« Im Morgengrauen des ersten Ostertages zog die Artillerieeinheit nach Kaltenwestheim, wo sie wenige Stunden später vom Feind zusammengeschossen wurde. Dabei wurde dem Dorf schwerer Schaden zugefügt, etwa 80 Prozent der Bausubstanz zerstört. 15 Menschen, darunter 3 Zivilisten kamen ums Leben. 151

Rinder, 84 Schweine, 239 Schafe und zahlreiche weitere Tiere gingen verloren. 68 Häuser waren zerschossen oder niedergebrannt, weite Teile der Landwirtschaftstechnik, so 21 Dreschmaschinen, 128 landwirtschaftliche Wagen, 61 Mähmaschinen, 79 Pflüge u.a. vernichtet. Was für Oberweid großes Glück war für Kaltenwestheim ein entsetzliches Fiasko geworden.[89]

Der 1. April war in Oberweid ein strahlender sonniger Ostertag. »Aus westlicher Richtung hörte man heftige Detonationen. Des Krieges grausige Walze näherte sich. Dennoch blieb die Bevölkerung ruhig. Noch immer hoffte man, die Kriegsfurie würde den Ort meiden. Am frühen Morgen dieses Ostertages wurde der alte Dr. Dippach erschossen. Sein Motorrad lag am Straßenrand, er selbst hatte sich bis zum Weidbach geschleppt, wo man ihn unter einer Weidenhocke mit zerschossenem Unterkiefer fand. Indessen war der Ostergottesdienst gut besucht. Erschreckt von Maschinengewehrfeuer und Geschützdonner beendete Pfarrer Streitberger die Predigt vorzeitig.

Nach einem gemeinsam gesprochenen Gebet gingen die Kirchgänger im Schutze der Hausmauern einzeln nach Hause. Schnell wurden noch Wäsche, Kleider, Betten, Lebensmittel und Schriftstücke zusammengepackt, soweit dies nicht schon vorher geschehen war. Noch ehe das Mittagsmahl aufgetragen wurde, waren die Amerikaner im Dorf. Es wurde nicht geschossen, denn überall hingen weiße Tücher aus den Fenstern. Verwundete deutsche Soldaten, die in der Ziegler'schen Wirtschaft von Schwester Anna so gut es ging versorgt worden waren, wurden von amerikanischen Krankenwagen in ein Lazarett gefahren. Über dieses faire Verhalten war die Bevölkerung sehr angetan. Im Laufe der Ostertage wurden viele Soldaten aufgegriffen, die sich in den umliegenden Wäldern versteckt hatten. Unter ihnen befanden sich auch viele, die medizinische Hilfe brauchten. Die Sammelstelle aller Verwundeten und Gefangenen waren die Arbeitssäle der Schnitzerei der Gebrüder Dörsch. Dort durften Kranke und Verwundete von deutschen Sanitätssoldaten und der Gemeindeschwester versorgt werden. Verbandsmaterial, Medikamente und Instrumente stellte ein amerikanischer Militärarzt zur Verfügung.

Da die Gefangenen ständig wechselten und der Zustrom am zweiten Ostertag noch größer wurde, die Amerikaner jedoch keine Verpflegung ausgaben, griff die Bevölkerung zur Selbsthilfe. Im Dorf wurden Lebensmittel gesammelt und der Stab der amerikanischen Truppen, der sich im Wohnhaus von August Dörsch einquartiert hatte, gab die Erlaubnis, im Waschkessel dieses Hauses für die Gefangenen zu kochen.[90]« Nach einigen Tagen transportierte man die Gefangenen ab. Wegzehrung ward ihnen mitgegeben. In der Ortsflur wurden zwei Tote gefunden, die man auf dem Friedhof beisetzte. Erst nach Wochen sollten sich die Verhältnisse im Dorf ›normalisieren‹. Dabei ging es den Einwohnern noch relativ gut. Durch die kleinen Landwirtschaften und Kleintierhaltungen, die fast von jeder Familie betrieben wurden, mußte keiner wirkliche Not leiden.

Plothen: ›Bitte, wenn möglich, ein bissle mehr geben!‹

»Nach der Besetzung Polens durch die Deutsche Wehrmacht kamen 10 Kriegsgefangene in unser Dorf und mußten auf größeren Bauernwirtschaften oder auf Höfen, von denen die Männer an der Front waren, arbeiten. Auch weibliche Arbeitskräfte fand man darunter.

Untergebracht waren sie alle bei ihren Arbeitgebern. Laut Kriegsverordnung hatten sie nicht die gleichen Rechte, und es war ihnen verboten, mit Deutschen gemeinsam an einem Tisch zu sitzen und das Mittagessen einzunehmen. In Plothen ist nicht ein einziger Fall bekannt, wo es so eine Schikane gab. Man war stets bemüht, ein harmonisches Verhältnis herzustellen. Bei manchen konnte man schon von einem begrenzten Familienanschluß sprechen. Das hatte aber auch seine Tücken in den Beziehungen untereinander, denn ein Verhältnis von Ausländern zu deutschen Mädels oder umgekehrt wurde hart bestraft. Zehn französische Gefangene lagerten auf dem Saal in Dreba. Täglich wurden sie von einem Posten nach Plothen begleitet und abend wieder zurückgebracht. Es entwickelte sich ein solches Vertrauensverhältnis, so daß sie den Weg mitunter auch alleine zurücklegten oder bei schlechtem Wetter in Plothen übernachteten. Es wird erzählt, daß sie gegen Kriegsende aus dreijähriger friedlicher Gefangenschaft auf ihrem Heimweg nach Frankreich in Bayern vor Kampfhandlungen unter einer Autobahnbrücke Schutz suchten und dabei zum großen Teil ums Leben kamen.

Ein 17jähriges Mädchen aus Rußland kam nach Plothen. Sie hatte sich freiwillig zur Arbeit nach Deutschland gemeldet, weil ihr Vater von den Bolschewiki nach Sibirien in ein Arbeitslager verschleppt worden war. Als sie erfuhr, daß der Russe an der Oder steht, brachte sie sich ein Fahrrad in Ordnung und fuhr in Richtung Frankreich. Jahre später kam die Nachricht, daß es ihr gut gehe und sie heil in Paris bei ihrem Onkel angekommen sei.

Am Waldrand Richtung Dreba befand sich ein kleines Lager für englische Kriegsgefangene. Ihre Aufgabe bestand darin, Teichentlandungen durchzuführen. Da aber niemand für sie zuständig war, blieb es bei der Arbeitstherapie. Beim Näherrücken der Front kamen viele Fremdarbeiter aus dem ehemaligen Flugzeugwerk bei Kahla nach Plothen. Ein Teil von ihnen war kurzzeitig auf den Scheunen untergebracht und die Verpflegung übernahmen die Besitzer. Bei Arno

Pohl waren es 22 Mann. Das Ende des Krieges kam rasch: Die Verbände der US-Army rollten aus dem südwestlichen Thüringen auf die Oberland-Region zu. Sie legten bei ihrem Vormarsch ca. 30 km am Tag zurück. Am 8. April fielen Bomben auf die Städte Hermsdorf, Triptis und Schleiz. Jagdbomber patrouilierten auf der Autobahn [A9]. Am 13. April erreichten Panzerspitzen den westlichen Teil des damaligen Landkreises Schleiz. Plothen war zu diesem Zeitpunkt noch von einer deutschen Pioniereinheit besetzt, die noch in der Nacht zum 12. April abzog. Zuvor errichteten sie zwischen dem Moosteich und dem Alten Teich eine Panzersperre aus abgesägten Bäumen, die aber keinerlei Bedeutung hatte. Einzelne versprengte deutsche Soldaten und Hitlerjungen befanden sich noch in den Scheunen und Gehöften und die Besitzer redeten auf sie ein, das Grundstück zu verlassen. Angst machte sich im Dorfe breit. Man wußte nicht, wie die Amerikaner reagieren würden.

Am 15. April hörte man aus Richtung Knau Kettengeräusche von Fahrzeugen der heranrückenden US Armee. Zwischen der Straße und dem Plothenbach spallierten zwei Panzerkeile und links vom Moos kommend über den Stöckert und Göhrings Garten ein Dritter. Der Hauptkonvoi blieb auf der Ortsstraße. Am Ortseingang sahen sie eine weiße Fahne und so erkundigten sie sich ob alles ›ok‹ sei. Mit den Panzerfahrzeugen vornweg setzte sich die Kolonne wieder in Bewegung. Das Führungsfahrzeug verpaßte die kleine Rechtskurve bei Richters und fuhr in den Graben. Ohne Rücksicht auf die daneben stehende Scheune zu nehmen, wühlte sich der Panzer wieder auf die Straße und brachte das Gebäude zum Einsturz. Für die Zeit der Straßenblockierung war Vormarschstopp. Jetzt konnte man sehen, daß auf den Gefechtsfahrzeugen auch deutsche Gefangene saßen.

Als die Spitze des Kampfverbandes im Mitteldorf bei der Leichenbrücke ankam, hämmerten die MGs los. Angeblich sah man Uniformierte im oberen Dorf. Bei Leithigers flogen Geschosse durch Bohlenwand, Kommode und Stubentür. Im Haus von Richard Görler standen die Enkelkinder vorm Fenster und schauten neugierig, was sich auf der Straße abspielte. Kurzzeitig verließen sie das Fenster und das war ihr Glück, denn in diesem Moment waren die Fenster das Ziel der amerikanischen Schützen. Albin Müller und seine Frau saßen in der Stube im alten Pfarrhaus. Eine MG-Garbe durchsiebte die Wand des Schlafzimmers und die Kugeln blieben im Kleiderschrank stecken. Den weitaus größeren Schaden gab es bei Albin Engelhardts Haus Nr. 23, heute das Gehöft von Edgar Schröder. Eine Panzergranate zerstörte das ganze Wohnhaus und es brannte bis auf die Grundmauern nieder. Plothen entging knapp einer Katastrophe.

Am Nachmittag kam ein zweiter Konvoi mit Panzersicherung aus

Richtung Volkmannsdorf. Zwei Tage später sammelte man alle Soldaten ein, die vor dem Einmarsch heimgekehrt waren und brachte sie ins Internierungslager nach Bad Kreuznach. Von Oefners bis zur Schule hatten sich die Kampfgruppen einquartiert. Die betroffenen Bauern mußten ihre Wohnungen räumen, durften aber ihr Vieh auf dem Hof weiter füttern. Eine zweite Einheit lagerte im Oberdorf beim Moosanger. Nach dem Einmarsch der Amerikaner gehörten die Gefangenen zu den Siegern und manche ließen das auch spüren. Andere nahmen ihre Bauersleute vor Plünderern in Schutz. Es war nicht leicht, die vielen Gefangenen zu versorgen und den Einwohnern wurde einiges abverlangt. Eines Tages brachten die Amis noch 102 Serben ins ehemalige Arbeitsdienstlager an den Hausteich und der kommandierende Militärgouverneur von Plothen, Leutnant der Infanterie James M. Loury, erteilte folgende Weisung: ›Die Ausländer, von Poland und Jugoslavia, müssen so viele Essen haben jeden Tag: 500 gr. Brot, 75 gr. Butter, 600 gr. Kartoffeln, 100 gr. Fleisch, 1 Ei zweimal jede Woche und Bereitstellung von 60 liters Milch für Arbeitsdienstlager. Wann Sie sehr können zu diesen Leiten geben. Es ist viel besser. Bitte, wenn möglich, ein bissle mehr geben.‹

Außer den Serben lagerten noch 300 französische Gefangene, 200 Polen, Griechen und Angehörige andere Nationalitäten im Ort. Es war eine schwere Aufgabe, alle zu versorgen, doch Not macht erfinderisch. Die Gastwirtin Olga Semmler brachte es fertig, mit Hilfe anderer Frauen längere Zeit dreimal am Tag Essen zu kochen. Auch der Bürgermeister Arno Pohl war sehr zufrieden, daß alles so gut über die Bühne ging. Einige Tage nach der Besetzung rief man alle Gefangenen und Fremdarbeiter zusammen und brachte sie mit Pferdefuhrwerken an die bayerische Grenze. Dort nahm man nur die Westlichen in Empfang. Für die anderen ging die Fahrt ins entgegengesetzte Weimar. Von hier gingen die Transporte in die jeweiligen östlichen Heimatländer. Heute nach über 50 Jahren treffen vereinzelt Anfragen nach einer Arbeitsbescheinigung für die in Plothen geleistete Arbeitszeit ein, damit sie in ihren Ländern die Rente berechnet bekommen. Am 28. Juni 1945 zogen die Amerikaner aus dem Ort.[91]«

Pößneck: *Durch Kleinstaaterei einige Mißverständnisse*

Bereits am 3. April, als über den Rundfunk bekannt wurde, daß Meiningen und Eisenach in schweren Kämpfen ständen und klar wurde, daß die Front unausweichlich heranrücke, war in Pößneck Vollalarm gegeben worden. Die meisten Menschen blieben die ganze Nacht in den Luftschutzkellern. Am Sonntag, dem 8. April, herrschten frühlingshafte Temperaturen bis zu 20 Grad Celsius. Gegen 8 Uhr morgens näherte sich ein großes Bombergeschwader. Die Stadt wurde überflogen, doch als die Flieger um 9:35 Uhr von ihrem Einsatz weiter östlich zurückkehrten, lösten sich 6 Flugzeuge aus dem Verband und griffen den Bereich der Oberschule an. Kaum hatten sich die Menschen in die Luftschutzkeller geflüchtet, schon hörten sie Maschinengewehrfeuer und Detonationen. In der Saalfelder Straße durchschlug ein Bombensplitter eine 40 cm dicke Hauswand.

Der zweite Angriff galt dem Fabrikviertel nordöstlich der Altstadt. Die Fertigungshallen und Bürogebäude der Firma Grimm & Co, der Färberei Charbentier, der Möbelfabrik Telz wurden vollkommen zerstört, drei weitere Firmen schwer getroffen. Die in Brand gesetzten Holz- und Textillager schufen ein unübersehbares Flammenmeer, dem das Wolllager der Firma Horn und eine Sägemühle weitere Nahrung gab. Zudem legte ein Volltreffer ein Haus in der Neustädter Straße in Schutt und Asche. Infolge starker Splitterwirkung wurden auch die umliegenden Häuser stark beschädigt. Auch der Ortsteil Jüdewein und der Bereich des Unteren Bahnhofs waren von dem Angriff in Mitleidenschaft gezogen worden. Ein Mann, der sich noch auf der Straße befand, wurde von einer Bombe regelrecht zerrissen. Von den Jüdeweiner Bauern kamen Meldungen über Viehschäden aller Art. Aufgrund der großen Zerstörung gingen die Räumungsarbeiten kaum voran, so daß eine Volkssturmeinheit aus Neustadt/Orla angefordert werden mußte. Und doch war dieser Angriff nur ein Vorspiel von dem, was am darauffolgenden Tag, dem 9. April, kommen sollte. Die Morgenstunden waren sehr diesig, während ab der Mittagsstunde herrlichster Sonnenschein herrschte. Bereits gegen halb acht Uhr war Vollalarm gegeben worden. Die Menschen zogen sich in die Keller zurück oder flohen in Richtung Heide oder Hainberge. Kaum hatte gegen Mittag das aufklarende Wetter Sicht geschaffen, begann der Angriff. Zunächst nahm man die Fabrikgebäude an der heutigen Thälmannstraße und am Viehmarkt wieder ins Visier.

Der darauffolgende Angriff abends gegen halb sieben jedoch sollte zum schlimmsten für Pößneck werden. Als er vorüber war, gab es von der Breiten Straße bis zum Kino keine ganze Fassade, kein Fenster und kein Dach mehr. Schlimmer war die Lage im Gebiet des heutigen Busbahnhofes in der Nähe des Glockenturms, wo fast 20 große Wohnhäuser zerstört und beschädigt da lagen.

Am 12. April drangen zahlreiche Schreckensbotschaften aus den Städten der Umgebung aus dem Pößnecker Fernschreiber.

In Neustadt/Orla hatten Brandbomben die Schule, in der ein Lazarett untergebracht war, vollkommen zerstört. Im Westteil der Stadt brannten mehrere Häuser. Der Triptiser Markt war von Sprengbomben getroffen worden. Tote und Verletzte seien noch nicht festzustellen, alle Kräfte im Einsatz. Niederpöllnitz hatte einen Angriff auf die Bahnanlagen, Münchenbernsdorf auf das Tanklager zu verkraften. In Weida richteten die Bomben nur geringfügige Schäden an, dafür rissen die Schreckensmeldungen aus Gera nicht ab, welches unter andauernden Luftangriffen zu leiden hatte.

An diesem Tag hatte der Pößnecker Volkssturm Befehl erhalten, am Stadtrand Schützenlöcher und Panzergräben auszuheben sowie in Öpitz einen Panzergraben anzulegen. Zuvor hatte man bei einer Musterung feststellen müssen, daß von den 120 Pößnecker Volkssturmleuten keine 60 angetreten waren. Als am Abend des Tages bekannt wurde, daß die Amerikaner Weimar eingenommen hatten, nahmen Angst und Unruhe weiter zu. Der darauffolgende Tag verlief relativ ruhig, doch am 14. April früh morgens wurden die Pößnecker Bürger von Artilleriefeuer geweckt. Von der Hohen Straße südlich von Ranis herunter sowie vom Hummelshainer Forst aus, hatten sich die Amerikaner der Stadt genähert und Warnschüsse abgegeben.

Die Verantwortlichen vor Ort reagierten angemessen. Gegen 6:00 Uhr erging der Befehl den Volkssturm aufzulösen. Die letzten Wehrmachtssoldaten versuchten die Stadt zu verlassen, doch es war zu spät und sie gerieten in amerikanische Gefangenschaft. Im Postamt rasselte der Fernschreiber wie wild. In den Telefonen dagegen regte sich kein Laut mehr. Alle Wege und Stege in die Stadt waren von den Amerikanern besetzt, alle Verbindungen abgeschnitten. Inzwischen hatte die nördliche Panzerspitze Langenorla durchquert und wandte sich in Kleindembach auf der Hummelshainer Straße in Richtung Neustadt/Orla. Ranis und Krölpa waren besetzt, eine Artillerieeinheit bei Wernburg in Stellung gegangen. Man begnügte sich damit die Stadt einzuschließen. Der Angriff unterblieb, Totenstille folgte.

Erst am nächsten Tag, dem 15. April, hieß es überall in der Stadt: ›Der Ami kommt!‹. Aus den Fenstern sahen die Einwohner dem Einmarsch zu, viele von ihnen gingen sogar hinaus auf die Straße. Erstaunt betrachteten sie die farbigen Amerikaner. Es waren die ersten, die sie zu Gesicht bekamen. Man war von ihren Erscheinen eher angenehm überrascht. Mit den älteren Einwohner kamen sie ins Gespräch, an die Kinder verteilten sie Süßigkeiten und fuhren sie im offenen Jeep spazieren. Derweil kam es an verschiedenen Orten der Stadt zu Plünderungen. Auf dem Oberen Bahnhof wurden sämtliche noch erhalten gebliebenen Waggons ausgeräubert. In verschiedenen Firmen kam es zu nächtlichen Einbrüchen. Die Pößnecker wandten sich an den amerikanischen Stadtkommandanten. Nach gemeinsamer Beratung erfolgte die Aufstellung von Ersatzpolizisten, während amerikanische Streifen sich auf besonders gefährdete Objekte konzentrierten. Die US-Mannschaften hatten ihre Zelte auf den Öpitzer

Wiesen aufgeschlagen. Die Offizieren waren vorallem in den Villen am Altenburgring an der Raniser Straße sowie am Posthirsch untergebracht. Derweil hatten SS-Einheiten, die in den Wäldern südlich von Wernburg versteckt lagen, mit einem Tigerpanzer einen Wahnsinnsangriff auf das von den Amerikanern besetzte Dorf Peuschen unternommen. Eine wilde Schießerei mit den Amerikanern entbrannte, führte zu Toten und Verwundeten. Der zerschossene Panzer blockierte noch eine zeitlang die dortige Dorfstraße.

Infolge der ›Kleinstaaterei‹ in der Orlasenke gab es in der Verwaltung der Umgebung einige Mißverständnisse. Der amerikanische Stadtkommandant hatte den Bürgermeister der Stadt Pößneck, die eigentlich zum thüringischen Kreis Saalfeld gehörte, zugleich mit der Landratswürde für die umliegenden Ortschaften betraut, die aber Teil des preußischen Kreises Ziegenrück-Ranis waren. Er konnte nicht verstehen, daß das Umfeld Pößnecks zu einem anderen Land gehörte.

Als nach dem Abzug der Amerikaner am 2. und 3. Juli die ersten Soldaten der Roten Armee in Pößneck erschienen, verbreitete sich neue Angst. Mit drei Fahnenträgern an der Spitze zog eine singende und grölende Kolonne in die Stadt ein. Pferde zogen Banjewagen, an denen das vierte Rad teilweise durch einen schleifenden Holzknüppel ersetzt war. Diesmal hatte sich die Bevölkerung verängstigt hinter den Fenstern versteckt und kaum jemand wagte sich auf die Straße. Im Postamt und im Hotel Posthirsch wurde Quartier gemacht und eine Kommandantur eingerichtet. Verschiedene Anekdoten haben sich über diese Zeit erhalten. In einem Fall sollen Sowjetsoldaten einen Wasserschaden verursacht haben, weil sie glaubten, wenn sie einen Wasserhahn abschraubten und mit nach Hause nähmen, könnten sie dort ebenfalls Fließendwasser haben. In anderen Fällen wurden Arbeiter schikaniert, weil man sie mit Fabrikbesitzern verwechselte. Die Soldaten konnten sich nicht vorstellen, daß die Mehrzahl der Deutschen Arbeiterschaft in gut ausgestatteten Wohnungen mit eigenen Wohnzimmer-, Küchen- und Schlafzimmermöbeln lebte. Ein Offizier, auf diese Problematik angesprochen, erzählte dann auch, dieser Krieg sei nicht allein gegen den Hitlerfaschismus, sondern auch zur Befreiuung des deutschen Proletariats geführt worden, das wie die stalinistische Propaganda mit Erfolg verbreitet hatte, nicht einmal in Hütten, sondern in Erdhöhlen dahinvegetieren würde.[92]

Rippershausen: *Zum Mittagessen klingelte es an der Tür*

»Anfang April an einem Sonntag war es soweit. Wir saßen beim Mittagessen, jeder hatte ein Kotelett auf dem Teller, als es klingelte. Ein Mädel ging öffnen. ... Herein kam ein baumlanger amerikanischer Offizier. Vor Schreck verging uns das Weiteressen. Unsere Oma hatte die wenigste Angst, ging hinaus und verhandelte mit ihm. Sie sprach ziemlich gut Englisch, dank der Haustöchter, die sie im Pfarrhaus gehabt hatte. Also der Soldat wollte gleich für die Offiziere bei uns Quartier machen. Sogar eine Frau brachten sie mit. ... Oma Meyer lachte hinterher, weil sie ihn gefragt hatte, ob das bei ihnen so Sitte sei. ... In Nordheim unserem Nachbardorf, wo der andere Gutsbetrieb lag, den Vati mit verwaltete, hatten die Amerikaner SS aufgespürt und es gab eine ziemlich heftige Schießerei. Viele Nordheimer Bewohner kamen herüber, um die Nacht bei uns zu verbringen. Wir sind alle nicht in die Betten gekommen, dauerndes Geknalle schallte durch die Nacht. Inzwischen war auf dem Kirchturm von Berkach eine weiße Fahne gehißt worden und wir mußten dies auf unserm Haus tun. In Nordheim hatte man zwei Bauern erschossen, die sich auf den Straßen befanden. Unser Opa Meyer mußte sie beerdigen, da sonst kein einheimischer Pfarrer zu erreichen war. ... Ein höherer amerikanischer Offizier fragte unsere Polen aus, wie der ›Chef Meyer‹ gewesen sei. Da wir uns immer gut mit den Polen verstanden hatten, sagten diese immer: ›Chef gut‹. Andere Chefs nahmen sie oft mit. Mein Bruder Hans hatte Pech, ein Pole hatte ihn angeschwärzt. So holten sie ihn aus dem Bett – Er lag mit Gesichtsrose danieder –, brachten ihn in ein Gefangenenlager auf offener Wiese, banden ihn an einen Baum und wollten ihn erschießen. So konnten sie auch sein ... Erst nach Wochen kam er sehr erschöpft zu Fuß nach Hause.[93]«

Saalfeld: *Führerloser Volkssturm verflüchtigt sich*

Weil die Straßen bei Tag vor den Tieffliegern nicht sicher waren, fanden die meisten zivilen und militärischen Bewegungen nachts statt. In Saalfeld machte sich die nahende Front noch auf eine andere Weise bemerkbar. In den Läden wurden den Einwohnern sowohl Süßwaren aus der nahen Schokoladenfabrik, als auch graugrüne Wehrmachtswäsche verkauft. Alles ohne Marken und Bezugsscheine. Am 9. April griffen etwa 100 feindliche Flugzeuge Ziele am Bahnhof an. Auch Wohngebiete wurden getroffen. Etwa 30 Häuser wurden zerstört, 60 Menschen starben. Während der Aufräumarbeiten am 11. April wurde die Saalebrücke gesprengt. NS-Eliten, wie der Bürgermeister und der Stadtkommandant, verließen die Stadt.

Die Panzersperren an den Ausfallstraßen wurden aufgelassen.

Der Volkssturm verflüchtigte sich, weil keine Führung da war. Viele Saalfelder zogen sich, wie einst im Dreißigjährigen Krieg, in die angrenzenden Wälder und Berglöcher zurück.

Am Vormittag des 13. April, einem Freitag, hörte man Panzermotoren und Artilleriefeuer. Am Mittag verbreitete sich das Gerücht vom Einzug der Amerikaner. Einige Flüchtlinge sondierten die Lage in der Stadt. An verschiedenen Straßenecken machten die Amerikaner Kontrollen und ließen sich den mitgeführten Hausrat der Passanten zeigen. In einem Jeep fuhren die amerikanischen Offiziere vor dem Rathaus vor. Ein biederer Handwerksmeister, der als Feuerwehrhauptmann nach der Flucht der Bonzen die Geschicke der Stadt in seine Hand genommen hatte, wollte die neuen Stadtherren gebührend begrüßen. Irgendwo hatte er von dem Brauch gelesen, den Besetzern einer Stadt den Rathausschlüssel zu übergeben. So stand er mit einem großen Torschlüssel in der Hand unschlüssig da. Das er die Ankömmlinge nach der bisherigen Gewohnheit mit ›Heil Hitler‹ begrüßte, nahmen ihn die Amerikaner nicht krumm. Sie beließen die Stadtverwaltung in seiner Hand. Die Kommandantur der Amerikaner befand sich im Hotel ›Roter Hirsch‹. Inzwischen hatte sich ein Beigeordnetenrat aus Antifaschisten gebildet. In der Stadt wurden nur wenige Häuser besetzt. Ein Bäuerlein, daß sein Anwesen hatte räumen müssen, befürchtete, daß seine einzige Kuh verhungern würde. Die Amerikaner ließen ihn trotz einiger Anläufe nicht in den Stall. Als die Soldaten dann abgezogen waren, stellte er verwundert fest, daß die Futterraufe der Kuh mit Kekspaketen vollgestopft war. Andere Wohnungen hatten sie verschlossen und die Schlüssel in elnem Sandkasten versteckt, so daß die Bewohner tagelang nicht hineinkamen, bis die Schlüssel wiedergefunden waren.

Gewaltsame Übergriffe gab es dagegen in Saalfeld nicht. Weil sich nur wenige Kreisbeamte wieder zum Dienst meldeten, ruhte die Hauptlast der Arbeit auf dem Saalfelder Amtmann Morgenweck, dem Oberinspektor Linsbach und dem Obersekretär Weschenfelder.

Als erstes mußte die Wasser-, Gas- und Stromversorgung wieder hergestellt werden. Besonders schwer war die Versorgung der Bevölkerung mit Lebensmitteln. Eine erste Recherche in privaten Kleinlagern, Kartoffelmieten sowie bei den örtlichen Bauern fiel mager aus. Es war gut, daß der örtliche Großhandel intakt und mit amerikanischer Hilfe tätig war, die Benzin für ein paar alte Fahrzeuge, sowie Mehl und Zucker spendierten. In den ersten Wochen mußte sich der Handel auf Ressourcen im Landkreis beschränken, später mit Inkrafttreten der Regierung Brill konnte auch landesweit eingekauft werden. Die Amerikaner befahlen mehr Vieh als bisher zu schlachten.

Dies verbesserte zwar die Fleischversorgung, brachte aber die Milchversorgung zum Erliegen. Im großen und ganzen bestand ein einziges Durcheinander. Die Lebensmittelkarten machten die Versorgung nicht sicherer. Die Karten mußten jede Woche neu an der Kartenstelle abgeholt werden. Die Amerikaner hatten das bisherige System untersagt, weil die meisten Verteiler bei der NSDAP waren und eine neue Verteilerorganisation ließ sich nur schwer wieder aufbauen. Für die Bauern war das bisher vom Reichsnährstand zugewiesene Saatgut ausgeblieben. Die Vorräte waren an die hungernde Bevölkerung ausgegeben worden. So griff man auf alte Bestände zurück, die weder qualitativ, noch quantitativ ausreichten.

Ein anderes Kapitel war die medizinische Versorgung. Den vielen Lazaretten und Krankenstationen fehlte es an Medikamenten und Verbandsstoff, so verfügte der Landrat Beschlagnahmungen in den drei Saalfelder Apotheken. Wenige Tage nach der Besetzung hatte sich auch ein falscher Arzt im Gesundheitsamt eingefunden. Dieser organisierte Verbandsstoff durch Beschlagnahme des Toilettenpapiers in Läden, Gaststätten und Privathäusern. Später wurden Zeitungen übereinandergestapelt und zu Binden zersägt. Schließlich wurde aus der Zellwollfabrik Schwarza graue Rohzellwolle besorgt und zwischen den Kreisen Rudolstadt und Saalfeld aufgeteilt. Der Kreiskasse ging bald das Geld aus. Die Banken waren geschlossen. Schließlich verfügte der amerikanische Ortskommandant die Auszahlung von 100.000 RM von der Stadtsparkasse und der Thüringer Staatsbank. Das Finanzamt bezog außer von den Händlern so gut wie keine Steuereinnahmen. Erst später wurden die Banken teilweise geöffnet und vergaben unter Aufsicht der Amerikaner Kredite an ausgewählte Betriebe, damit die Geschäfte wieder laufen konnten. Nebenbei vergaben sie einige Druckaufträge. Das Handwerk in Stadt und Kreis arbeitete auf Hochtouren. Es mußte viel repariert werden. Die Bezahlung wurde mehr und mehr über den Tauschhandel mit Waren und Dienstleistungen abgewickelt. Die Reichsmark trat immer mehr in den Hintergrund. Bis zur Wiederaufnahme der Zahlungen an Rentner und Wohlfahrtsempfänger übernahmen die Ortskassen die Vorstreckung kleiner Beträge.

Der Post- und Telefonverkehr funktionierte nach etwa 14 Tagen wieder. Am Saalfelder Bahnhof standen noch Waggons mit äußerst begehrten Waren. Sie wurden von den Saalfeldern mit viel Energie geplündert. Leider unterbrach die Sperrzeit das Fest. Besonders clever zeigten sich die Saalfelder Kinder. Sie besorgten sich lieber Unmengen an achtlos herumliegenden Behältnissen mit Orden und Abzeichen und tauschten sie später mit den GIs gegen Zigaretten und Schokolade. Das Leben normalisierte sich. Ende Mai liefen schon wieder Tanzveranstaltungen und es gab Hochzeiten. Das ohnehin spärliche Kulturleben Saalfelds begann erst wieder Ende Juni.[94]

Salza: *Er zeigte auf Haken, wo Menschen hingerichtet worden seien*

Gemäß den Erinnerungen von Hella Alert gestalteten sich die Apriltage 1945 in Salza folgendermaßen: »Ich wohnte damals in Salza, meine Eltern hatten eine Gärtnerei [Dienemann], und ich war damals fast 12 Jahre alt. Meine Freundin und ich besuchten jeden Dienstagnachmittag den Ballettunterricht im Bann [Jugendzentrum der Hitlerjugend an der Lesserstiege]. Als mich meine Freundin zu Hause abholen wollte, hörten wir schon den Fliegeralarm. Dann ging alles sehr schnell. Die Zeit reichte nicht einmal, um den kleinen Erdbunker aufzusuchen, den mein Vater draußen im Garten gebaut hatte. Wir flüchteten alle in unseren Keller.

Nach dem Angriff liefen wir durch die Straßen. An unserem Haus waren lediglich die Scheiben des Schaufensters zerborsten. Aber das Gemeindehaus hatte einen Volltreffer erhalten, weitere Häuser waren getroffen, auch eine Schulfreundin mit Mutter und Schwester war ums Leben gekommen. Insgesamt waren in Salza 12 bis 15 Opfer zu beklagen. Wir hatten alle große Angst vor einem weiteren Angriff. Am folgenden Tag, dem 4. April, flüchteten meine Mutter und ich, wie auch andere Leute aus der Nachbarschaft, ins Herreder Hölzchen. Wir nahmen nur etwas zu essen mit. Aus dem Wald heraus beobachteten wir den Angriff auf Nordhausen, wie die Häuser brannten, Mauern einstürzten und das ganze schreckliche Geschehen. Gegen Abend, als etwas Ruhe eingetreten war, liefen wir nach Hause. Da kamen uns viele Leute entgegen, vor allen Frauen und Kinder, viele schwer bepackt mit Handwagen, Kinderwagen.

Sie riefen um zu: ›Salza soll geräumt werden. Frauen und Kinder in den Kohnstein!‹ Wie ich dann erfuhr, ist vieles von Bürgermeister Hirt und seiner rechten Hand, Frau Korn, organisiert worden. Wir betraten unser Haus, beluden einen Handwagen mit Wolldecken, Federbetten, etwas Wäsche und Verpflegung und zogen zum Kohnstein.

In dieser Situation war uns unser Untermieter, ein Ingenieur aus Schönebeck, der im Mittelwerk arbeitete, eine große Hilfe. Ich weiß nicht mehr genau, ob er jetzt mitging oder uns am Eingang in Empfing nahm. Als wir den Stollen betraten – ich weiß nicht mehr, von welcher Seite aus –, sahen wir die vielen Menschen auf dem Betonfußboden liegen, auf Decken und Matratzen, dazwischen ihr Gepäck. Viele Frauen und Kinder waren darunter. In der Mitte führte ein Gang von etwa 2 m Breite hindurch. Herr Klein führte uns in einen Seitenstollen, der nach rechts abzweigte. Überall brannte elektrisches Licht, und wir bemerkten eine große Mengen an Maschinen, Werkzeug und ähnlichem Gerät. Wir durften uns in einer Art Ingenieurbude niederlassen, einem Holzverschlag, in dem 2 Betten standen, außerdem ein Spind, ein Tisch und zwei Stühle. Hier blieben wir vom 4. bis zum 12. oder 13. April. Ich kann mich auch erinnern, daß meine Mutter und Herr Klein am folgenden Tag in unser Haus nach Salza gingen und auf einem Tafelwagen Matratzen, Hausrat und anderes herbeischafften. Mittags wurde aus Kesseln Essen ausgegeben, auch Brot wurde verteilt. Mit Herrn Klein liefen wir durch die Stollen und an einer Stelle zeigte er uns Haken und sagte, daß dort Menschen hingerichtet worden seien.

Als wir nach Salza zurückkehrten, stellten wir fest, daß nicht alle Einwohner in die Kohnsteinstollen geflüchtet waren. Manche alten Leute waren zurückgeblieben, auch in unserem Haus. Wir sahen dann auch die ersten amerikanischen Soldaten. Als wir in den Kohnstein flüchteten, hatten wir den Vogelbauer mit dem Wellensittich in unser Schaufenster gestellt. Nach über 8 Tagen Abwesenheit trafen wir den Vogel gesund und munter an. Wie uns die alten Leute im Haus erzählten, haben ihn amerikanische Soldaten gefüttert.[95]«

Schleiz: *Um uns herum nur Stöhnen und Schreien*

Eine bedeutende Zäsur in der Geschichte der Stadt Schleiz war der Bombenangriff vom 8. April 1945. Schon Anfang Januar hatte die Schleizer Zeitung ihren Lesern folgende Hinweise gegeben:
»Bei Tag-Alarm ist auch auf dem Lande sofort der Schutzraum oder Deckungsgraben aufzusuchen. Auf alle Fälle ist sofort die Straße oder das Feld zu verlassen. Baumgruppen und Strauchwerk sind beim Tiefflug feindlicher Flieger zum Unterstellen besonders geeignet, um sich so aus der Sicht des Feindes zu entziehen. Bei unmittelbarer Gefahr sofort unter Ausnutzung jeder Vertiefung auf den Boden legen. Die Nähe von Eisenbahngelände ist zu meiden.« Auch waren der Beginn und das Ende der täglichen Verdunklungszeiten in der Zeitung vermerkt. Am 1. Februar beispielsweise galt diese in der Zeit von 17:03 bis 7:53 Uhr.[96] Um diese Zeit war das kleine Städtchen Schleiz für die Luftkriegsstrategen in den alliierten Kommandozentralen noch unbedeutend gewesen. »Zwar zogen tagtäglich silbern glänzende Bomberströme hoch am Himmel über die Stadt und es gab Alarm – die ›Todesvögel‹ hatten jedoch andere Ziele. ... Griffen die Flakbatterien rings um die Bleilochtalsperre in die Beschießung dieser Bomberströme mit ein, entbrannte unter den Jugendlichen der ›Seestadt‹ – also Nikolaistraße, Quergasse, Gratweg und Görkwitzer

Unterweg – nach Feuereinstellung oder am nächsten Morgen eine eifrige Suche nach Flaksplittern. Wer die meisten fand, war Tagessieger.[97]« WenigFreude hatte der Heinersdorfer Schüler Heinz Weiland [15], der Ende März 1945 zum Volkssturm nach Schleiz einberufen wurde. Dort waren zwischen 40 und 50 Jugendliche im großen Saal des Turnerheims einquartiert. Die Kräftigsten mußten mit dem Volkssturm Gräben ausheben. Die anderen hatten theoretische Ausbildung am Karabiner 98 und an der Panzerfaust. Am 4. April beauftragte man die Jungen, die Überreste eines Sturzkampfbombers zu sichern, der auf der freien Fläche am Ortsausgang von Schleiz nach Oettersdorf abgestürzt war, bis sie mit einem Wehrmachtstieflader abtransportiert wurden. Am 5. April wurden die Jungen aus dem Dienst entlassen und durften nach Hause gehen.[98] Zu dieser Zeit herrschte in Schleiz ein großes Durcheinander. Wehrmachtseinheiten und andere Kampfverbände aber auch Züge von Kriegsgefangenen kamen ununterbrochen durch die Stadt marschiert. Im Schloßpark stand eine Abteilung der Luftschutzpolizei mit 8 großen Wagen. Das Gerücht ging um, Schleiz solle zur ›Festung‹ erklärt werden.

Der 8. April wurde zu einem der dunkelsten Tage in der Stadtgeschichte. Der Zug aus Schönberg war gerade eingetroffen, als die Sirenen zu heulen begannen. Routiniert zogen sich die Menschen in die Luftschutzkeller zurück. Erika Köhler, eine Anwohnerin, die sich mit ihrer Mutter und ihrer kleinen Tochter ins Bahnhofshotel geflüchtet hatte, erinnert sich:»Die ersten Bomber warfen im Kirschkauer Wald und entlang des Wisentatales ihre bedrohliche Last ab. Eine Bombe fiel zwischen das Bahnhofshotel und das Haus des Landmaschinenhändlers und Schlossers Hermann Wetzel. Sie traf auch unser Haus. Wir waren z.T. verschüttet, da die Bombe in das Kellergebäude einschlug. Längere Zeit hörte ich fast nichts mehr. Um ins Freie zu gelangen, mußten wir uns aus den Trümmern buddeln, stets mit der Angst, dabei den letzten Stützpfeiler zu Fall zu bringen, was für uns den sicheren Tod bedeutet hätte. Die Flugzeuge entluden ihre todbringende Ladunge weiter in Richtung Kirchplatz. Ziel war die Stadtkirche und einige umliegende Häuser am Schulplatz, der Elisenstraße, Richtung Turnerheim, Schloß, Brunnengasse, wo es die ›große Erholung‹ traf, Neumarkt [Druckerei Giegling], weiter Richtung Oschitzer Straße. Dabei wurde das Hotel ›Zur Sonne‹ mit vielen Düsseldorfer Kindern [aus der Kinderlandverschickung] getroffen. Infolge der zerborstenen Wasserleitungen stand der Keller bald unter Wasser viele der Kinder – die sich wegen der über ihnen liegenden Trümmer nicht retten konnten – ertranken. In der Oschitzer Straße wurde das Amtsgericht, das Gefängnis und das Wisentahaus sowie die gegenüberliegenden Häuser bombardiert. Die letzte Bombe fiel kurz vor Oschitz auf dem Silberberg. Dieser Bombentrichter ist noch heute zu sehen. Beim Angriff aufs Bahnhofshotel, berichtet Erika Köhler weiter, war ich durch Splitter verletzt worden, so daß ich das Krankenhaus aufsuchen mußte. Aber so schnell ich die Tür geöffnet hatte, schloß ich sie wieder. Der gesamte Gang lag voller stöhnender und schreiender Menschen. Daraufhin flüchteten wir uns ins Birkenwäldchen. Von da aus konnten wir das gesamte Inferno dieses Angriffs weiter beobachten, die Schloßtürme fielen, die Stadt brannte.[99]« Manfred Eckstein weiß noch, wie er an diesem Tag trotz Fliegeralarms zusammen mit anderen Kindern draußen war und die in der Sonne glitzernden Bomber gezählt hatte. Dann sah er, wie am Ende des Verbands vier Flieger ausscherten und auf Schleiz zurückdrehten. Schnell zogen die Erwachsenen die Kinder von der Straße. Bald ertönte draußen ein Lärm, wie er ihn noch nie im Leben gehört hatte. Als wieder Ruhe herrschte, gingen die Kinder gegen den Willen der Erwachsenen neugierig nach oben. Überall sahen sie Trümmer, kaputte Dachziegel, zerbrochene Fensterscheiben und den Polizisten Sauerbrey, der mit einer Handsirene Entwarnung gab.»Das Schloß brannte und wir sahen die lodernd einstürzenden Turmhauben. In Richtung Schmiedestraße und Augasse durften wir nicht, dort waren Tote zu beklagen, deren Anblick man uns ersparen wollte. Noch Tage später sahen wir Herrn Tiersch zu, der in den Trümmern eines Nachbargebäudes unermüdlich und verzweifelt, aber vergeblich nach seinem Sohn suchte.[100]« Im Nachruf des Bürgermeisters erschienen 59 Namen von Bürgern, Volkssturmleuten, Wehrmachtssoldaten sowie 21 von Schülern aus dem Hotel ›Zur Sonne‹. Dazu kamen noch 20 Volksgenossen, deren Namen noch nicht festgestellt werden konnten. Warum man ausgerechnet die kleine Kreisstadt Schleiz kurz vor dem Kriegsende noch so heftig bombardierte, bleibt unklar. Höchstwahrscheinlich hatten die um das Schloß und das Turnerheim herum stationierten SS-, Wehrmachts- und Volkssturmverbände die Aufmerksamkeit der Flieger auf sich gezogen.

Kurz vor Kriegsende hatte der Stabschef der SA, Wilhelm Schepmann, in allen Zeitungen noch den Aufruf verkünden lassen:»SA-Männer! Es ist eine Ehre der SA, in schweren Tagen erst recht, in vorderster Front zu stehen. ... Der Feind steht tief im deutschen Vaterland. Wenn wir keinen Augenblick verzagen, sondern uns mit wilder Entschlossenheit und höchsten persönlichen Einsatz entgegenstemmen, wird er geworfen werden.[101]« Es waren jene Tage, als selbst die Kutschwerkslenker im Bayerischen Hof über Stunden mit der Erörterung der militärischen Lage befaßt waren.

Eine Anekdote aus dem benachbarten Oschitz erzählt, wie sich der dort stationierte Schleizer Volkssturm unter wunderlichen Umständen auflöste. Ein alter Mann [76] hatte am Abend des 14. April die erste Feindbewegung gesichtet und die Kunde davon ins Hauptquartier des Volkssturms nach dem Oschitzer Rittergut gebracht. Mit dabei hatte er auch zwei Flaschen Schnaps, die er sich aufgehoben hatte, um das Kriegsende gebührend feiern zu können. Zunächst waren die Volkssturmleute recht verdattert, weil für sie der Krieg ja noch nicht aus war. Man machte sich bereit, schulterte die Karabiner und wollte tatsächlich noch in den Krieg eintreten. Da quiekte es mehrmals und man entdeckte ein schwarzgehaltenes Schlachtschwein, worauf der Anführer Erlaubnis gab, das Tier noch zu schlachten, bevor die Amis kämen. Auf den Einwand hin, es könnte eine SS-Streife kommen und die Männer bestrafen, wollte man zumindest einen Meldeposten aufstellen, doch scheint der zunehmend steigende Alkoholpegel solches verhindert zu haben. Schnell sprach sich das Schlachtfest herum, bei dem auch die Oschitzer Frauen mithalfen. Die Feindsichtung nach Schleiz zu melden, darauf kam keiner. In Schutz der einbrechenden Dunkelheit wankten schließlich drei Männer ohne Waffen und ohne Volkssturmbinden, aber mit Fleisch und Wurst beladen nach Schleiz nach Hause.[102]

Am nächsten Morgen, dem 15. April, kamen die US-Panzerspitzen von Mönchgrün und Görkwitz her auf Schleiz zugerollt. »Obwohl die vordringenden Soldaten angewiesen waren, Kirchen, Krankenhäuser, Staudämme, Brücken und Trinkwasseranlagen nicht zu beschießen, schlug eine vereinzelte Panzergranate in die Leibung des hinteren nördlichen Fensters des Bergkirchenhauptschiffes ein.[103]«

Sodann richteten die Panzer ihre Geschütztürme auf den Nickelsplatz. Maschinengewehrgarben und Panzergranaten schlugen in der Nikolaigasse ein. »Vom Kleinbahnhof her löcherten die Geschoßgarben aus Panzern die Häuserfronten, während der Volltreffer einer Granate genau in das Schaufenster des damaligen Modehauses Schöps [zuletzt Schlecker] einschlug und zerfetzte Schaufensterpuppen um den Brunnen herum verteilte. Einige Volkssturmmänner – ebenfalls mit Maschinengewehren an der Ecke hinterm Bayerischen Hof postiert – erkannten die Nutzlosigkeit ihres Tuns und zogen sich dann wohl in ihre Schützengräben zurück, die sie am Buchhübel und am Baumannswäldle ausgehoben hatten. Jedenfalls war der Nickelsplatz alsbald von den Amis erobert und der Brunnen wurde mit Panzern und Jeeps eingekreist. Mit vorgehaltener Waffe wurden die verängstigten Einwohner aus den Kellern getrommelt, verschlossene Türen wurden todesmutig mit Bajonett und Gewehrkolben eingeschlagen. Unsere Mütter riefen:

›Nicht schießen, bitte nicht schießen!‹ Wir Jungen waren freilich schneller draußen, schlichen um die heißen Panzer herum und konnten auch hinaufklettern. ... Weniger spektakulär vollzog sich dann der Einzug sowjetischer Truppen. Irgendwann schoß es wieder in der Geraer Straße. Indes kam das Geschieße nicht aus Geschützrohren, sondern als Fehlzündungen aus verrosteten Auspuffrohren wunderlicher SIS-LKWs mit altmodischen Fahrerhäusern aus Holz und herabhängender Andrehkurbel. Winzige Panjewagen mit noch viel kleineren Pferdchen waren hoch mit Heu beladen.

Marschierende Soldaten sangen trotz ihres jämmerlichen Aussehens sehr eindrucksvoll und jeder Marschblock hatte einen Vorsänger und einen perfekten Mitpfeifer. Diesen eigenartigen Gesang habe ich bis heute noch im Gedächtnis.[104]«

Schmiedefeld: *Letzte Opfer der Münchner ›Feldherrenhalle‹*

Goldlauter, der Ort jenseits der Täler westlich von Schmiedefeld, war schon am 4. April durch amerikanische Einheiten beschossen worden. Zwei Kinder und zwei Erwachsene waren dabei ums Leben gekommen, im Unterdorf und in der Heidersbacher Straße [Brache] erheblicher Sachschaden entstanden.[105] Auch dem Einmarsch der amerikanischen Armee in Schmiedefeld ging am 6. und 7. April Artilleriebeschuß sowie ein Bombenangriff voraus. 3 Schmiedefelder Bürger fanden dabei den Tod, 10 Häuser wurden zerstört und brannten nieder. Schwer beschädigt wurde die Glashütte. Bei den Kämpfen um Schmiedefeld vom 6. bis 8. April kamen 23 Kriegsfreiwillige der Einheit ›11. Marschsturm der Fallschirmjäger der SS-Standarte Feldherrenhalle‹ ums Leben. Sie waren erst zwischen 15 und 23 Jahre alt. Bevor die ersten Einheiten der amerikanischen Armee von Suhl her in Schmiedefeld eindrangen, erschlugen Angehörige dieser Einheit 10 ukrainische Bürger im Gerstgrund. Am 8. April gegen 16 Uhr war der Ort vollständig in amerikanischer Hand. Bald darauf kehrte ein junger Kommunist aus der KZ-Haft in Buchenwald in seine Heimatgemeinde zurück. Unter dem frischen Eindruck des erlebten Grauens, besetzte er mit seiner Familie und einigen Anhängern das Gemeindebüro und versuchte von dort aus Beschlagnahmungen und Enteignungen bei ehemaligen NSDAP-Mitgliedern durchzusetzen, was im Ort auf einigen Unwillen stieß.

Die Amerikaner wurden herbeigerufen, um den Aktionen des kommunistischen Komitees in Schmiedefeld ein Ende zu machen, was auch geschah. Der Landrat wurde daraufhin beauftragt, einen anderen Bürgermeister einzusetzen.[106]

Siegmundsburg: *Wer erschoß unseren Sergeanten?*

»In den letzten Kriegstagen durchquerten viele Einheiten der deutschen Armee den Ort. Die letzte Einheit rastete am 10. April 1945 auf dem Anwesen von Albin Gotthardt und übernachtete auch in der folgenden Nacht im Ortsteil Oberland. Am nächsten Morgen des 11. April 1945 klärte der Zugführer in Richtung Dreistormstein Lage und Bewegungsgrad der Amerikaner. Nach seiner Rückkehr setzte man sich in Richtung Friedrichshöhe in Marsch. Dort wollte man die amerikanischen Truppen aufhalten, ein unsinniges Unternehmen. Die Einheit bezog an der Kreuzung zum Rambach- und Türkengrund Stellung und eröffnete bei der Annäherung der Amerikaner das Feuer. Nach kurzem Gefecht verließ der Zug fluchtartig das Kampfgebiet. 7 Soldaten blieben tot liegen. Der Anmarsch der Amerikaner am 10. April aus Richtung Eisfeld kam langsam voran. Der Saargrund war durch Panzersperren, gesprengte Brücken, verbaute Straßen und Scharfschützen versperrt. So nahm man den Waldweg durch den Sophienauer Grund über die Eisfelder Ausspanne nach Friedrichshöhe, wo man vom 10. zum 11. April auch rastete. Bei der Kontrolle der Posten bemerkte man den Tod eines Sergeanten. Zunächst glaubten die Amerikaner ein Einheimischer habe den Schuß abgegeben und holten am Morgen des 11. April alle noch vorhandenen Männer aus den Betten. Die wenigen alten Männer mußten sich aufstellen. Sie hatten Angst, erschossen zu werden. Dennoch haben die Amerikaner von der Vergeltung Abstand genommen. Später wurde bekannt, daß der Amerikaner von eigenen Aufklärungsgruppen erschossen worden war. Siegmundsburg wurde von Richtung Friedrichshöhe aus den ganzen Tag beschossen.

Der Beschuß wurde von einem Flugzeug aus der Luft dirigiert. Die Einwohner waren in die Keller oder in den nahen Wald geflüchtet. Die deutsche Granatwerferabteilung am Friedhof war ohne Gegenwehr geflüchtet. Nach einer Kampfpause zu Mittag wurde weitergefeuert, auf Siegmundsburg ebenso wie auf Limbach und Steinheid. Als die Amerikaner dann gegen 17:00 Uhr ins Dorf einmarschierten, sind sie in der Reihe rechts und links der Straße mit dem Gewehr in Anschlag gelaufen. Dabei waren sie so leise, daß man nicht einmal ihre Schritte hörte. Zuvor war von Hans Krümpel die weiße Fahne gehißt worden. Danach durchsuchten die GIs den Ort nach deutschen Soldaten und quartierten sich in der Schule, in den drei Gaststätten sowie in einigen Häusern ein. Am 13. April wurden die zuvor im Kampf gefallenen Soldaten von den Siegmundsburgern Männer unter der Leitung des neuen Bürgermeisters Fritz Roßbach beerdigt. Auf der Straße lagen etliche Soldbücher verstreut. Zwei

Tage später fand man auf dem Steig vom Wasserbehälter zum Kirchnersrott einen weiteren Toten. Der SS-Oberscharführer war vermutlich von den eigenen Männern erschlagen worden. Das Gros der Amerikaner zog nach zwei Tagen weiter. Nur eine kleine Besatzung wurde zurückgelassen. Als die Bewohner in ihre Häuser zurückkehrten, mußten sie feststellen, das viele Einrichtungsgegenstände verschwunden waren oder verstreut bzw. in anderen Häusern lagen. An manchen Stellen waren Schlachtstellen eingerichtet gewesen. Das eine oder andere Haus war innen vollkommen verwüstet. Bürgermeister Roßbach beschreibt seine Ernennung so: ›Der amerikanische Kommandant suchte im Ort den alten Bürgermeister. Da dieser nicht zu Hause war, ging der Kommandant auf mich zu, nahm mich mit in die Gemeinde und setzte mich als neuen Bürgermeister in Siegmundsburg ein.‹ Der neue Bürgermeister hatte neben der Bergung der Toten zunächst folgende Aufgaben: Er mußte die Versorgung der Einwohner gewährleisten. Dazu wurde eine Kuh vom Gastwirt, geschlachtet und an die Einwohner verkauft. Dann mußte er an allen Haussuchungen teilnehmen. Als vierte Aufgabe mußte die Normalisierung der Lebensumstände im Ort beschleunigt werden.[107]«

Sondershausen: *Eine Kampflinie aus Luftwaffenmusikschülern*

Am 8. April 1945, dem Sonntag nach Ostern, erfolgten schwere Bombenangriffe auf Sondershausen. Auslöser war der Versuch einer kleinen Einheit die Hainleite zu verteidigen. »Die Stadt wurde zu 47 Prozent zerstört. 181 Menschen fanden den Tod. In dieser Situation wurde zur Verteidigung Sondershausens das Graß mit Luftwaffenmusikschülern in eine Kampflinie verwandelt. Als man von hier amerikanische Tiefflieger beschoß, wurde die Stellung mit Bordkanonen und Bomben angegriffen. 17 junge Soldaten fanden den Tod. Einige amerikanische Panzer wurden auf dem Weg von Hohenebra–Bahnhof zur F 4 abgeschossen. Die toten deutschen Soldaten liegen auf dem Schernberger Friedhof begraben. In Schernberg kam es in Folge von Luftangriffen zu Bränden.[108]«

Sternberg: *›Guckt, bei uns brennt's scho!‹*

Über den amerikanischen Einmarsch in Sternberg schreibt Irmgard Silbersack:»Wochenlang vor dem Einmarsch der Amerikaner hörte man in unserer Gegend die Front und sah den Feuerschein der brennenden Städte. Am Spätnachmittag des Weißen Sonntags war es dann soweit. Etwa sechs bis acht Panzer rollten aus Obereßfeld kommend Richtung Sternberg. Am ›Birkig‹ stellten sie sich in einer Reihe auf. Dies kam uns nicht geheuer vor. Opa sagte: ›Kommt, wir gehen in den Keller!‹. Kaum hatten wir uns, das waren insgesamt 13 Personen, dort verborgen, hat es auch schon furchtbar gekracht. Nach einer weiteren Salve sagte Opa, der ins Freie spitzte, voller Entsetzen: ›Guckt, bei uns brennt's scho!‹. Offensichtlich war eine Panzergranate in die Scheune eingeschlagen. Im Nu breitete sich das Feuer auf die gesamte Scheune aus. Trotz der weiteren Beschießung durch die amerikanischen Panzer stürzten wir alle aus dem Keller. Opa ließ als erstes die drei Ackergäule springen, die zwischen den anrückenden Panzern hindurch in Richtung Zimmerau davongaloppierten. Die Schweine wurden als nächstes ebenso herausgetrieben wie die Gänse. Die Hühner flogen, nachdem die Stalltür geöffnet war, aus unerfindlichen Gründen mitten hinein in die Flammen. Soweit ich mich erinnern kann, haben die amerikanischen Panzer insgesamt acht Salven auf Sternberg abgefeuert. Nach einiger Zeit stellten wir fest, daß im Nachbaranwesen, bei den ›Leinawabersch‹, ebenfalls eine Scheune in Brand geschossen war. Nachdem sich das Feuer rasend schnell ausbreitete und drohte, ebenfalls unser erst 1930 errichtetes Wohnhaus in Brand zu setzen, rannte ich in Richtung Pfarrhaus, um Hilfe zu holen. Dort verbarg sich der Großteil der Ortsbevölkerung. Auch die ›Leinawabersch Anna‹ kam aus dem Hof herausgestürzt, um Hilfe zu holen. Als wir etwa in Höhe von Firnschilds Josef, er wohnte im Haus neben der Pfarrei, liefen, schlug unmittelbar neben uns eine Granate ein. Wie durch ein Wunder wurden wir nicht verletzt. Wir baten Pfarrer Pfaab, er möge doch Leute schicken, die uns Hilfe leisteten. Doch dieser entgegnete: ›Jetzt geht keiner raus!‹, da das Dorf weiterhin unter dem Kugelhagel der anrückenden Panzer lag. Jetzt rannten wir wieder nach Hause. Daheim begannen wIr damIt, das Wohnhaus auszuräumen, da die Windbretter Feuer gefangen hatten und die Fenster durch die Hitze bereits zersprungen waren. Wenig später kamen auch schon die amerikanischen Panzer die kleine Dorfstraße entlang gefahren. Als wir das sahen, haben wir trotz der Aufräumarbeiten noch schnell eine weiße Fahne zum Fenster hinausgehängt. Furchtbar schockiert waren wir nicht nur, weil es bei uns fürchterlich brannte, sondern auch durch die Tatsache, daß uns die Amerikaner beschossen. Durch das Hören von Schwarzsendern glaubten wir, die Amerikaner benähmen sich bei ihrem Einmarsch freundlich, wenn sich alle ruhig verhielten. Wir hatten uns doch ruhig verhalten und jetzt plötzlich das? Die Panzer rollten langsam an unserem Anwesen vorbei, ohne daß deren Insassen von dem Brand Notiz nahmen. Jetzt hatten wir wenigstens ein klein wenig die Angst verloren, daß wir auch noch erschossen würden. Den marschierenden Amerikanern gingen Bürgermeister Balthasar Albert und eine Frau Dr. N.N., die als Bombenflüchling oder ausgebombte Städterin in Sternberg lebte, mit der weißen Fahnen entgegen. Nachdem unser Dorf eingenommen war, stürzten die Leute aus dem Pfarrhaus und ihren Kellern, um Hilfe zu leisten. Neben unserer und der Scheune von Max Bühler brannte auch noch die im Außenbereich im Unterdorf liegende Scheune des Bürgermeisters ›Balzer‹, Balthasar Albert. Die Leute holten die Feuerwehrspritze aus dem Spritzenhaus. Zunächst löschten alle bei den ›Leinwabersch‹, bis sie feststellten, daß es auch bei uns brannte. Jetzt wurden von den Wasserstellen Eimerketten gebildet sowie das Löschwasser mit Butten herbeigeschafft. Mit einer Luftschutzspritze, die jeder Haushalt im Lauf des Krieges erhielt, wurde aus der hinter dem Anwesen liegenden ›Grum‹ das Wasser an die benachbarte Wohnhauswand gespritzt, um das Haus zu halten.

Die Hitze, die der Brand verursachte, war furchtbar. Wir mußten uns nasse Tücher um den Kopf binden, damit die Haare nicht Feuer fingen. Wir tranken während des Löschens das schmutzige Wasser aus der Grum, da wir glaubten, sonst verdursten zu müssen. Noch Wochen später hatten wir deshalb Angst krank zu werden. Erschwert wurde die Brandbekämpfung weiter durch die Tatsache, daß die Amerikaner ab 21:00 Uhr Ausgangssperre verhängten. Die Helfer mußten nach Hause, obwohl der Brand noch lange nicht gelöscht war. Nur die Nachbarn, der Firnschilds Josef und der Schmitts August, blieben bei uns, um auch während der Nacht zu helfen.

Bis fünf Uhr früh mußten wir das Wohnhaus naß halten, um ein Übergreifen des Feuers zu verhindern und das Wasser wurde langsam knapp. Schließlich blieb uns nichts anderes übrig, als die Jauche zu verwenden. Die Scheune brannte schließlich bis auf die Grundmauern nieder. Lediglich die Mauern des Pferde- und des Schweinestalls blieben stehen. In den nächsten Tagen haben wir dann mit Hilfe der Ortsbevölkerung, insbesondere des Gutspächters Alfred Morsch und seiner Leute, die Brandstelle aufgeräumt. Einige Heuvorräte waren nicht mit verbrannt. Diese legten wir auf eine nahe Wiese, um sie zu trocknen und später als Einstreu verwenden zu können. Doch fingen diese in der Nacht plötzlich zu brennen an und verbrannten vollends. Wir hatten somit nahezu sämtliche Erntevorrate verloren. In den folgenden Tagen und Nächten fuhren immer wieder Panzer durch unser Dorf und amerikanische Soldaten patrouillierten zu Fuß in und um Sternberg. Schließlich bot sich die Gelegenheit, einmal mit einem amerikanischen Dolmetscher zu sprechen. Wir fragten ihn, warum sie denn ausgerechnet unser Dorf beschossen hätten. Der Amerikaner entgegnete, auf dem Büchelberg über dem Dorf hätten sich noch deutsche Truppen aufgehalten. Dies sei den anrückenden Truppen durch die Tiefflieger, die ständig über

unsere Gegend kreisten, gemeldet worden. Wie stark die Beschießung Sternbergs gewesen sein muß, zeigt, daß wir allein bei uns im
Garten einen Handkorb voll Granatsplitter auflasen. Getroffen wurde
neben den drei Scheunen auch das Pfarrhaus, wo heute noch die
Einschüsse zu erkennen sind. Treffer erhielt auch die Schule neben
der Kirche. Dort waren im Dachgeschoß die Trommeln der Zentrifugen und die Butterfässer der Haushaltungen des Dorfes verwahrt.
Diese waren uns im Verlauf des Krieges abgenommen worden, damit
wir nicht heimlich Butter herstellen konnten. Sämtliche Zentrifugen
waren nach dem Panzerangriff unbrauchbar. Entschädigung für den
angerichteten Schaden bekamen wir von der Versicherung nicht.
Kriegsschäden waren nicht abgedeckt. Lediglich vom Staat bekamen
wir 1.000 Mark altes Geld, das bei der Währungsreform seinen Wert
verlor. Um die Scheunen wieder aufbauen zu können, stellte die
Gemeinde das für eine Panzersperre im ›Stäch‹ Richtung Zimmerau
bereitgestellte Holz zur Verfügung.

In dieser Zeit kam es immer wieder vor, daß versprengte deutsche
Soldaten, die sich auf dem Rückweg in ihre Heimat befanden, in
unser Dorf kamen. Sie wurden von der Dorfbevölkerung vor den
Nazis und nach dem Einmarsch der Amerikaner vor diesen versteckt
und verköstigt, bevor sie weiterzogen. Immer wieder kamen
Amerikaner auch in die Wohnhäuser, um diese nach versprengten
Soldaten zu durchsuchen. Ich erinnere mich an drei Soldaten, die
wiederholt ins Haus kamen und die Räume durchsuchten. Einmal
ließen sie eine Flasche Wein mitgehen, die sie in einem Schrank
gefunden hatten. Schließlich wurde ich wütend und drohte, daß ich
ihr Tun ihrem Kommandeur melden würde. Daraufhin wurden sie
nicht mehr gesehen. Ab und zu verirrten sich nach Sternberg russische Soldaten [aus der angrenzenden ›sowjetischen Besatzungszone‹]. Einmal kamen drei Russen in das Nachbarhaus, wo sie hinaus
geworfen wurden. Anschließend zogen sie zum Schloß, indem sich
das Hauptquartier der Amerikaner befand. Sie bespuckten am Schloß-
tor ein Schild der Amis. … Bevor die Amerikaner dann im November
das Dorf verließen, fand noch ein 14tägiges ›Abschiedsfest‹ statt.[109]«

Struth: *300 Tote und 500 Verwundete in der ›Schlacht‹*[110]

Sirenen kündigten das nahende Unheil an: Bereits in den letzten
März- und Apriltagen waren aufgelöste deutsche Truppenverbände
durch den Ort gezogen. In der Nacht zum ersten April hatten
Unbekannte überall in den Dörfern rote Plakate angebracht, auf
denen die Drohung zu lesen war, beim Heraushängen von weißen
Fahnen, sowie bei Verweigerung der Mithilfe zum Bau von Panzer-

sperren sofort alle männlichen Bewohner des Ortes zu erschießen. Am 3. April um 15:00 Uhr ertönte über die ganze Obereichsfelder Höhe, weithin hörbar, ein bis dahin noch von nie vernommenes Sirenensignal: Drei Minuten gleichbleibender Dauerton mit anschließendem an- und abschwellenden Heulton – Der Feind ist da! Alles war in heller Aufregung. Doch die Amerikaner verbrachten die Nacht noch in Eigenrieden und Heyerode. Am nächsten Tag wurde Struth von der US-Armee kampflos besetzt. Überall waren weiße Fahnen. Die Bewohner atmeten zunächst auf. Das Gros der Truppe zog weiter. Für die zurückbleibende Besatzung mußten einige Häuser geräumt werden.

Inzwischen hatte Oberst Worgitzki, dem am 5. April die Führung der deutschen Truppen in diesem Raum übertragen worden war, einen etwa 2.500 Mann starken Angriffsverband mit Panzern und Sturmgeschützen zusammengezogen. Am 6. April erreichten die Angriffsvorbereitungen im Raum Küllstedt–Wachstedt–Effelder ihren Höhepunkt. Im Vorfeld waren die auf der Straße Eschwege–Niederdünzebach–Aue–Völkershausen vorstoßenden Amerikaner mit Sturmgeschützen angegriffen worden. Ein gepanzertes Fahrzeug der Amerikaner wurde dabei vernichtet. Die Amerikaner schossen zurück, trafen mehrere Häuser sowie den Bahnhof Frieda. Auch von Küllstedt aus feuerte man auf die aufklärende Vorausabteilung der Amerikaner. Am 6. April frühmorgens wurde das große Bahnviadukt über das Gießetal zwischen Küllstedt und Büttstedt gesprengt. Über die Kampfstärke der vorgedrungenen US-Armee bestand bei der deutschen Führung keine Klarheit. Man unternahm einen Erkundungsvorstoß flankierend von Dingelstädt über Keula bis Ebeleben.

Dort bereitete sich die Bevölkerung gerade auf die Ankunft der Amerikaner vor. Der ganze Ort war weiß geflaggt. Begünstigt durch die trübe regnerische Witterung konnte erkannt werden, daß der Ort vom Gegner besetzt war. Der große Fahrzeugpark in der Flur westlich vom Dorfrand ließ eine amerikanische Infanterie-Einheit vermuten. Tatsächlich befand sich im Ort das 3. Bataillon des 261. US-Infanterieregiments. Der deutsche Stab plante mit einen Hauptangriff über Struth und der Zerschlagung der dortigen amerikanischen Einheiten am Abend des Tag Nazza zu erreichen. Man wollte damit eine Verbindung zwischen der 11. und der 7. Deutschen Armee schaffen. Der Angriff gegen Struth begann am 7. April 1945 gegen 2:30 Uhr. Der deutsche Überraschungsplan scheiterte jedoch an der Gefechtsbereitschaft und den Deckungsvorteil der Verteidiger. Von dem nördlichen Dorfende am Kalten Berg ausgehend, entwickelte sich ein nächtlicher Häuserkampf. Die Amerikaner zeigten sich der nicht unbedeutende Übermacht gewachsen. Der von Panzern angeführte und durch Infanterie unterstützte Hauptangriff westlich am Dorf vorbei in Richtung Eigenrieden begann um 5:00 Uhr. Zuvor war der Fahrzeugpark der Amerikaner beschossen worden. Ein zügiger Vorstoß kam dennoch nicht zustande. Die in Eigenrieden in günstiger Position stehende Artillerie der Amerikaner unterstützte erfolgreich ihre Leute. Nur unter großen Verlusten drangen die Deutschen in den Ort ein. Besonders hartnäckig wurde um das Sägewerk an der Straße nach Bickenriede gekämpft. Zwischen 6:00 und 8:00 Uhr tobte der Kampf in und um Struth mit großer Härte, Angriff wie Gegenangriff stagnierten. Die amerikanische Artillerie erkannte die Konzentrationen der Angreifer und belegte das Gebiet im Norden und Nordwesten des Dorfes mit ihrer vollen Feuerkraft. Der deutsche Panzerangriff brach zusammen und erreichte Eigenrieden nicht mehr. Die deutsche Infanterie kam an der nach Lengefeld/Stein führenden Straße nicht weiter.

Die Amerikaner hatten inzwischen Verstärkung erhalten und verfügten zudem über die bessere Deckung. So blieb für die deutschen Panzer und Sturmgeschütze nur der Rückzug. Der Angriff des 1. Bataillons des Regiments von Hirschfeld zum östlichen Flankenschutz begann um 5:00 Uhr, kam aber über Dörna nicht hinaus. 12 GIs behaupteten sich in einigen Randhäusern von Dörna buchstäblich bis zur letzten Patrone. Das war gegen 9:00 Uhr morgens.

Die Amerikaner gerieten in Gefangenschaft. Inzwischen war die von den bedrängten Amerikanern angeforderte Luftunterstützung eingetroffen. Die Jabos zerstörten die aufgefahrene deutsche Technik zu großen Teilen. Auch die benachbarten Wehrmachtsverbände mußten bei diesen Angriffen wegen fehlender Deckung schwere Verluste hinnehmen. Dies betraf besonders die Pioniere in der Büttstedter Flur, sowie die Fallschirmjäger am südlichen Dorfrand von Effelder. Aufgrund der guten Motorisierung konnten die Amerikaner aus einem Umfeld von 30 km Nachschub an Mensch und Material heranschaffen und so ihre Verluste innerhalb kürzester Zeit ausgleichen. So stieß ein Panzerregiment der 6. Division aus dem Raum Mühlhausen auf der Reichsstraße 247 über Ammern in die linke Flanke der deutschen Angreifer, ohne auf Widerstand zu stoßen. Auch Dingelstädt wurde vom 2. Regiment dieser Division überraschend von Mühlhausen aus in den frühen Morgenstunden kampflos eingenommen.

Die rückwärtigen Verbindungen der Kampfgruppe Worgitzki waren damit bedroht. Sofort wurde Kefferhausen besetzt und die heranrückende amerikanische Aufklärung beschossen. Darauf geriet der Ort selbst unter US-Beschuß, der erst eingestellt wurde, nachdem Einwohner die weiße Fahne gehißt hatten. Infolge der hinhaltenden Verteidigung von Kefferhausen wurde ein weiteres Abschneiden des deutschen Rückzugsweges in nordwestlicher Richtung verhindert, freilich unter großen Opfern. Nun wurde ein mit Panzern verstärktes Regiment der 76. US-Infanterie-Division aus dem Raum Eschwege/ Wanfried herangezogen und im Rücken der Kampfgruppe Worgitzki eingesetzt. Die verbliebenen deutschen Fahrzeuge zogen sich aus dem Einsatzgebiet Struth zurück. Eine Gruppe erreichte Küllstedt und zog über Wachstedt in Richtung Kreuzebra weiter, andere versuchten in die Wälder zu entkommen. Immerhin wurde trotz der gewaltigen Übermacht und der weit überlegenen Feuerkraft der Amerikaner deutscherseits in Bickenriede mit leichten Infanteriewaffen Widerstand geleistet, der Ort durch den Beschuß der Amerikaner beschädigt. Über Bickenriede besetzten die Amerikaner nun Büttstedt und Küllstedt.

In den Mittagsstunden des 7. April standen den Amerikanern in und um Struth mehr Truppen zur Verfügung als überhaupt eingesetzt werden konnten. So setzten 40 Panzer ihren Vormarsch in Richtung Wachstedt fort. Während sich von außen die Zange der zum Gegenangriff sich formierenden Amerikaner schloß, wurden die deutschen Truppen im Ort zu einer Zwei-Seiten-Verteidigung gezwungen. Im einem gnadenlosen Nahkampf wurde nun von den GIs Haus um Haus zurückerobert und angezündet. Nur einzelne Trupps konnten den Ring durchbrechen. Die Verbliebenen, die durch das Feuer auf engstem Räume zusammengedrängt waren, standen vor der Wahl: Tod oder Gefangenschaft. In kleinen Haufen ging man in Gefangenschaft. Die Verwundeten wurden sofort von den Amerikanern übernommen und abtransportiert. Die Bewohner des Ortes waren zu dieser Zeit alle auf der Flucht, wer nicht in die Wälder fliehen konnte, der verbarg sich im Landgraben. Inzwischen war die Bewegung der deutschen Verbände im Raum Küllstedt–Wachstedt–Flinsberg durch unablässige Tieffliegerangriffe massiv erschwert. Artilleriebeschuß belegte die deutschen Rückzugslinien. Viele Soldaten fanden Unterschlupf in den Waldgebieten westlich von Struth.[111]

Die amerikanische Luftaufklärung erkannte Truppenkonzentrationen im Bereich Großbartloff und Martinfeld. Die Martinfelder Lehrerin Margarete Döbel schrieb unter dem 7. April 1945 in ihr Tagebuch:

»Vom Fenster sehe ich, wie das Wagental von dorfeinwärts strömenden Militär lebendig ist. Pferde vor Fahrzeugen aller Art, ... eine lange, lange Kolonne schleppt sich müde vom Westerwald her. ... Den Weg nach Dingelstädt will der eine, die Richtung nach Leinefelde ... will der andere fahren. Sie sind ohne Waffen und entschlossen nicht mehr mitzumachen. Der Kampf um Struth, wo sie mit dem Amerikanern abwechselnd das Dorf nahmen und verloren, hätte sie zu diesem Entschluß gebracht. Es wäre zu furchtbar gewesen, was sie dort erlebt hätten.[112]« Am Nachmittag des 7. April wurde Effelder erneut, nun schon zum dritten Mal von den Amerikanern besetzt. Eine Artillerie-Batterie zwischen Struth und Effelder beschoß in den Abendstunden vermutete Ziele im Westerwald und um Großbartloff. Auch Kallmerode und Kreuzebra wurden beschossen.

Nach 19:00 Uhr erschienen 2 deutsche Jagdflugzeuge vom Typ FW und suchten nach Zielen. Auf der Reichsstraße 249 bei Wanfried trafen die Geschoßgarben ihrer Bordwaffen mehrere LKW´s mit deutschen Kriegsgefangenen. Es gab zahlreiche Verwundete, besonders unter den Gefangenen. In Anrode schossen sie die große obere Gutsscheune in Brand. In Mühlhausen schließlich starben durch ihre Bordwaffen und Splitterbomben mehr als 30 deutsche Zivilisten. Die Verluste der Amerikaner waren dabei nach eigenen Angaben ›belanglos‹. Am Abend des Tages standen die amerikanischen Kampftruppen an der Linie Eigenrode–Zella–Silberhausen–Dingelstädt–Kefferhausen–Wachstedt–Küllstedt–Effelder–Stein.

Infolge des unerwarteten Angriffs bei Struth gingen die Amerikaner von nun an mit einer gewissen Vorsicht heran. Ab dem 8. April stießen sie weiter ins südliche und westliche Eichsfeld vor: Eine Stoßrichtung führte über Flinsberg–Kalteneber, eine andere in den Süden Richtung Martinfeld und Ershausen. Danach besetzte man eine Reihe weiterer Dörfer bis nach Volkerode. Für das Oberkommando der Wehrmacht hingegen war mit der Niederlage vor Struth der Versuch gescheitert, eine Verbindung zwischen der 11. und der südlich davon gelegenen 7. Armee herzustellen. Da man nun im Harzvorfeld nichts mehr bewirken konnte, befahl Oberbefehlshaber Kesselring die Bildung der ›Festung Harz‹, wodurch der Krieg in diesem Gebiet um etwa 2 Wochen verlängert wurde.

Während die DDR-Geschichtsschreibung für die Katastrophe von Struth ›fanatische SS-Banditen‹ verantwortlich machte, ging der Ort In die amerikanische Kriegsliteratur und Geschichtsschreibung als Partisanendorf ein. Die Bevölkerung wäre den amerikanischen Besatzern in den Rücken gefallen. Mit dem Läuten der Kirchenglocken zur Hauptkampfzeit hätte man sich mit den deutschen Angreifern verständigen wollen. Einwohner hätten die Schwachstellen in der amerikanischen Verteidigung verraten. Doch dafür gibt es keine Beweise. Dagegen war es für die Amerikaner einfacher den Verlust des ungedeckten Fuhrparks Partisanen in die Schuhe zu schieben, zumal man infolge der Werwolfpropaganda der deutschen Seite verunsichert war. Inwieweit das Anzünden des Dorfes militärischen Zwängen oder der Rache der Amerikaner an den vermeintlichen Verrätern entsprungen ist, läßt sich heute nicht mehr ermitteln. Der Bürgermeister als Hauptverantwortlicher war nicht mehr auffindbar. An seiner Statt wurde der Unterbürgermeister Albert Ruhland verhaftet und kurz darauf von amerikanischen Offizieren erschossen. Es ging das Gerücht, alle Einwohner sollten wegen Partisanentätigkeit erschossen werden. So verbrachten die meisten Struther die nächsten Tage in den Wäldern oder hatten im benachbarten Kloster Zella Zuflucht gefunden. Um Struth herum wurden über 300 tote Soldaten und Zivilisten, sowie etwa 500 verwundete deutsche Soldaten geborgen.

Aber auch in der Besatzungszeit gab es Todesfälle: Zwei Jugendliche aus Lutters verunglückten beim Hantieren mit Fundmunition beim ›Keffer‹ zwischen Wachstedt und Flinsberg tödlich. Ihr Vater, der gemeinsam mit der Gemeindeschwestern die Leichen geborgen hatte, aber erst nach Einbruch der Dunkelheit in Lutters ankam, wurde von Ausländern, welche sich die Einhaltung der nächtlichen Sperrzeiten anmaßten, erschossen. Die Gemeindeschwester wurde dabei an der Hand verletzt und starb darauf an einer Blutvergiftung. Später kamen noch ein Wachstedter und ein Struther Schüler durch Fundmunition um.[113]

Sömmerda: *Vom Bonifatiusturm wehte die weiße Fahne*

Am 24. März 1945 wurde das KZ-Außenlager geräumt. Der Todesmarsch der vornehmlich jüdischen Frauen ging zunächst in Richtung Altenburg. Erst am 13. April konnten sie in der Nähe von Reinholdshain bei Glauchau von US-Truppen befreit werden.

Am 11. April kündigte ein Sirenenton die Nähe der Amerikaner an. Der zuvor aufgestellte Volkssturm war in der Nacht davor einfach nach Hause gegangen. Unterstützt durch Fliegerangriffe waren die Amerikaner bereits am 10. April bis zur Burg bei Schallenburg vorgerückt. In der Nacht zum 11. April meldeten sich die Amerikaner telefonisch im Gasthaus zur Börse und forderten die Kapitulation der Stadt. Gastwirt John versuchte die Stadtväter ausfindig zu machen. Die US-Armee näherte sich der Stadt im Süden auf der Linie Schallenburg–Rohrborn, im Westen über den Park sowie im Norden über die Lange Brücke. Aus dem Stadtbild hervorragende Gebäude wie Kirchtürme, wurden beschossen. Gegen 8:00 Uhr war die Stadt besetzt. SS-Verbände und Volkssturmführer hatten sich nach Kölleda abgesetzt. Vom Bonifatiusturm wehte die weiße Fahne. Pfarrer Breithaupt ging den Amerikanern in Richtung Tunzenhausen entgegen. Die Sprengung der Unstrutbrücke nach Weißensee zu war noch verhindert worden. Die US-Kommandantur wurde im heutigen Landratsamt aufgeschlagen. Die Fremdarbeiter blieben zunächst noch in den Lagern. Einige von ihnen wollten sich jedoch an den Deutschen rächen, schlossen sich in Gruppen zusammen und begannen zu plündern. Auch ehemalige Häftlinge aus Buchenwald waren beteiligt. Sie hatten die grünen Winkel, welche sie als ›Kriminelle‹ auswies, gegen die roten Winkel für politische Häftlinge getauscht. Die Stadt drohte im Chaos zu versinken, aber die Amerikaner duldeten die Plünderungen stillschweigend. Erst als ein Komitee der Freundschaft zwischen deutschen Antifaschisten und Vertrauensleuten unter den russischen Zwangsarbeitern gebildet war, besserten sich die Zustände. Es gab Kleidersammlungen für ehemalige Zwangsarbeiter. Es dauerte lange, bis alle in die Heimat zurückkehren konnten.[114]

›**Thierbach** ist unser Stützpunkt und wird gehalten!‹

Am 15. April 1945 war die US-Armee gleich einer wilden Jagd über weite Teile Südostthüringens hinweggerollt. Gegen Nachmittag erreicht sie die Grenze nach Sachsen. Die Bewohner des Dorfes Thierbach – wenige Kilometer dahinter – haben die nicht unberechtigte Hoffnung vom Krieg verschont zu bleiben. Sowohl eine Nachrichteneinheit, als auch eine SS-Truppe, die im Ort gelegen hatten, waren bereits abgezogen. Nun wartet man nur auf den Abzug des Trosses eines Infanteriebataillons und eines Bataillonsstabes. Doch es kommt anders. Das kleine Dorf wird zur Festung erklärt. Im Steinbruch geht eine Batterie Haubitzen in Stellung und beschießt gegen Nachmittag das nahegelegene thüringische Dorf Lössau. Da nähert sich ein PKW dem Ort und hält vor dem Bataillonskommandanten. Dem Divisionsgeneral darin bedeutet der Major, daß es besser wäre sich nach Pausa zurückzuziehen, doch dieser entgegnet: ›Thierbach ist unser Stützpunkt und Thierbach wird gehalten!‹. Der PKW wendet und fährt zurück. Für den Ort brechen schwere Stunden an. Gegen 18:00 Uhr fühlen einige amerikanische Panzerspähwagen von Langenbuch aus in den Ort hinein. Zwei Stunden später rollen auf den Straßen von Lössau und Langenbuch sowie auf den dazwischenliegenden Feldern Panzer heran. Blind schießen sie in das Dorf. Man erwidert mit einer Panzerfaust, worauf die Gefährte zurückrollen, die aufgesessene Infanterie abspringt und in zwei Bauernhöfen in Stellung geht. Gegen viertel vor neun ist der Ortsausgang fest in amerikanischer Hand. Gegen Mitternacht verläßt der Bataillonsstab endlich das Dorf, läßt aber einen Oberleutnant mit einem Kommando zurück. Die Amerikaner haben inzwischen Abendbrot gemacht. Erst am nächsten Morgen soll es weiter gehen. Am 16. April gegen 4:00 Uhr machen sich die Amerikaner wieder gefechtsklar. Zwei Stunden später stößt ein erster Panzerwagen ins Dorf vor, wird aber sogleich beschossen. Er weicht zurück. Ein Amerikaner bleibt schwerverwundet liegen. Der US-Kommandeur schickt einen Unterhändler, um den Bürgermeister zur Übergabe des Ortes zu bewegen. Der will die Entscheidung nicht ohne den Oberleutnant treffen. Dieser lehnt das Ansinnen jedoch ab. Als Antwort darauf schießen die Amerikaner das Dorf in Brand. Gegen 8:00 Uhr rollt das Gros der amerikanischen Panzer bereits Richtung Ranspach. Der Schußwechsel mit den wenigen in Thierbach verbliebenen deutschen Soldaten interessiert sie nicht mehr. Ungeachtet der Gefahr versuchen die Bauern zu retten, was zu retten ist, während die einen fliehen, ziehen andere die Feuerlöschpumpe aus dem Gerätehaus und beginnen zu löschen. Da rollen schon die Panzer die Dorfstraße entlang. Während die ersten beiden nach rechts und links ausweichen, überrollt ein dritter die Spritze. Grinsend schaut die Besatzung den verzweifelten Menschen beim Löschen zu. Man wirft ihnen einige Zigaretten hin. Zuletzt wird die Kirche getroffen. Keiner kann sich um das brennende Gebäude kümmern. Gegen 9:00 Uhr werden am Dorfeingang die Gefangenen gesammelt. Auch die MG-Bedienung hatte sich ergeben. Man führt sie in Richtung Roter Hübel. Unterwegs wird einer von ihnen erschossen. Am Abend bietet das Dorf einen trostlosen Anblick. Das halbe Dorf ist eingeäschert, 19 Gehöfte sind vollständig, 11 zum Teil zerstört. Schulscheune und Kirche liegen in Trümmern. Vier Menschenleben hat der Kampf um Thierbach gekostet. Von den im Vorfeld zum Militär eingezogenen Dorfbewohnern ruhen 34 irgendwo fern ihrer Heimat in fremder Erde.[115]

Volkenroda: *Zurückgebliebene Zwangsarbeiter suchten Rache*

Als die Front näher rückte, kam es in Körner und Volkenroda zu einigen Übergriffen von Fremdarbeitern. Der überwiegende Teil von ihnen verhielt sich jedoch diszipliniert. Am 4. April 1945 rückten die Amerikaner, von Saalfeld, kommend in Körner ein. Eine kleine Besatzung blieb im Ort, während die Kampftruppen in Richtung Schlotheim–Sondershausen weiterzogen. Die französischen Gefangenen fuhren sofort nach Hause, die polnischen Fremdarbeiter folgten.
Erst als am 1. Juli 1945 die Rote Armee das Gebiet übernahm, machten einige hiergebliebene Polen mobil und versuchten sich an einigen Bauern zu rächen. Die allseits beliebte Gutspächterfamilie Güsewell blieb dagegen verschont.[116]

Udestedt: *Nur wenigen Häftlingen gelang die Flucht*

Am 2. April gegen Abend kam ein von Langensalza kommender Häftlingszug von 2.000 Personen in den Ort. Die SS-Wachen unterhielten sich in einem südosteuropäischen Dialekt. Die Häftlinge konnten vor Schwäche nicht mehr weiter marschieren und übernachteten in der Kirche. Mittels vorhandener Decken gelang einigen die Flucht durch das Turmfenster. Zwei weitere hatten sich im Turm versteckt, wurden am nächsten Tag aber entdeckt und nach dem Appell von den erbosten SS-Leuten erschossen. Zunächst sollten die beiden aus dem Turmfenster gestürzt werden, was der Bürgermeister und der Kirchendiener verhindern konnten. Die Toten wurden schnell auf einem Acker hinter dem Dorf verscharrt, dann setzte der Zug seinen Weg nach Buchenwald fort. Nach der Befreiung des KZ Buchenwald wurden die Leichen wieder ausgegraben und formell auf dem Friedhof beigesetzt. Ihr Grab kennzeichnet heute ein Gedenkstein.[117]

Weida: ›Gott, laß nur nicht unsre Osterburg zerstört werden!‹

»Als die Fronten immer näher rückten, von Westen die Amis, von Osten der Russe, kamen oft flüchtende Menschen durch unsere Stadt. Einmal ein langer, langer Treck, lauter Planwagen, von Pferden gezogen, die Wagen behängt mit Töpfen und Eimern, was halt so unterwegs gebraucht wird. Sie zogen 3 Tage lang durch. Wir wußten nicht woher sie kamen. Die Frauen und Männer, die die Zügel führten, hatten leidvolle, finstere Gesichter. Wir wagten nicht zu fragen. Es hatte ja damals auch jeder mit sich selbst zu tun. ... An einem Apriltag 1945 war ich früh wie immer zum Bahnhof und nach Wünschendorf zur Flugmotorenreparatur gefahren. Wir arbeiteten weiter, wenn auch hoffnungslos. Da hieß es im Lautsprecher, die Amis sind bereits in Eisenberg einmarschiert. Unsere Meister wußten nicht wie weiter. Die gefangenen Russenfrauen wurden zurück ins Lager geführt. Man hatte uns ja immer weismachen wollen, das seien Untermenschen, die man verachten solle. Aber als ich diese Frauen sah, wußte ich, daß es Menschen waren wie wir, liebe, intelligente und weniger intelligente, aber leidende Menschen, willige und weniger willige. Wir erfuhren von manchen Grausamkeiten der deutschen Soldaten. Krieg verroht die Menschen, auch die ›Herrenmenschen‹, sie machten keine Ausnahme. Wir sollten nicht mit den Gefangenen sprechen, aber selbst ihr Aufseher und unsere Meister waren freundlich zu ihnen und drückten beide Augen zu, wenn wir mit ihnen Worte wechselten. ...
Die folgenden Tage waren furchtbar aufregend. Mein Vater mußte Tag und Nacht Wache schieben in seinem Betrieb. Mein Bruder, ein körperbehinderter junger Mann mit geschientem Bein und Stock, ging mit dem sieben Jahre alten Jungen unserer Flüchtlinge auf einem Feldweg außen um die Stadt herum, um dem Vater Essen zu bringen. Sie mußten sich immer wieder in den Graben werfen, weil

sie von den Tieffliegern beschossen – dem Herrn sei Dank – aber nicht getroffen wurden. Jedoch die Sirenen heulten den ganzen Tag fast immerzu. Einmal als ›grad‹ Entwarnung gegeben war, brummte es wieder und krachte gleich darauf. Als wir schnell zum Keller liefen, wackelte unser Haus wie Sülze. Eine Reihe kleiner Bomben war ganz in der Nähe gestreut worden. Wie wir bald erfuhren, auf einen abgestellten Güterzug voller Pferde. Die armen Tiere waren fast alle tot, zerrissen. Die Frauen von Weida eilten, sich Pferdefleisch zu holen und schleppten nach Hause, was zwischen den Flugpausen zu holen war. Bald danach wurde unser Osterburgturm beschossen. Ich weinte vor Zorn: Unsere schöne alte Osterburg. Ich betete: ›Gott, laß sie nicht so zerstört werden.‹. Aber da wurde schon die weiße Flagge raus gehängt, und die amerikanischen Panzer konnten in die Stadt einfahren. Da und dort warfen noch paar Jungs vom Landsturm Handgranaten unter einen Panzer, aber den kitzelte das nur wenig. Die Jungs, drei 16jährige, wurden mitgenommen. Ich habe nichts wieder von ihnen gehört. Die nächste Nacht verbrachten wir im Keller. Wir hatten Betten runter geschafft und uns dort einquartiert. Ein Granatwerfer schoß vom Berg alle paar Minuten in die Stadt. Mal da, mal dort hin. Es waren deutsche Soldaten, die meinten, noch etwas retten zu können. Am Morgen mußten sich alle Männer melden. ... Manche wurden mitgenommen. Schon am Mittag kam eine kleine amerikanische Gruppe: ›In einer Stunde muß das Haus geräumt sein!‹. Was gleich bei dieser Besichtigung verschwunden war: ein Fotoakt-Werk, mein Bruder war Fotograf, und das Buch Hitlers, ›Mein Kampf‹. ... Unser Haus und das umliegende waren zur Unterkunft für das Fliegerpersonal ausersehen. Flugplatz war ein zwei Minuten entferntes Feld. Nach 3 Wochen wurde dieser Feldflugplatz wieder abgelöst. Wir konnten wieder zurück in unser Haus. Es war nichts kaputt, nur ein bißchen verändert und halt dreckig von den Soldatenstiefeln.[118]«

Weimar: *In Buchenwald sahen sie nur die Spitze des Eisberges*

Am 12. April 1945, unmittelbar nachdem die NS-Gauleitung um Fritz Sauckel geflohen war, wurde die Stadt kampflos an die Truppen der III. US-Armee unter General Patton übergeben. Am folgenden Tag besetzten amerikanische Truppen das KZ-Buchenwald, wo 21.000 Häftlinge die Flucht ihrer Bewacher zur ›Selbstbefreiung‹ genutzt hatten. Auf die Realität der Konzentrationslager waren die Soldaten nicht vorbereitet. Bereits am 5. April hatten sie mit dem Außenlager S III bei Ohrdruf erstmals ein [in letzter Minute] evakuiertes Lager befreit. »Doch sahen sie auch dort nur die Spitze des Eisberges, da die SS sich um die Beseitigung der Spuren bemüht hatte. KZ-Häftlinge waren aus den rund 60 Lagern im Land noch nach Bergen-Belsen oder Dachau verlegt worden, allein aus Buchenwald 30.000 und aus Mittelbau Dora ca. 17.000. Die ›Todesmärsche‹ kosteten noch zahlreichen Häftlingen das Leben. Bitterer Zorn über die Zustände im KZ Buchenwald ließen General Patton anordnen, daß mindestens 1.000 Weimarer Bürger das Lager persönlich in Augenschein zu nehmen hatten, so wie sie die Lager SIII und Nordhausen der Weltöffentlichkeit vorgeführt hatten, indem auf Vorschlag Eisenhowers Gruppen von Parlamentariern und Journalisten eingeflogen und Filmdokumentationen für Wochenschauen gedreht wurden.[119] «

Am 15. April setzten die US-Behörden den ehemaligen Bürgermeister Erich Kloos zum kommissarischen Oberbürgermeister der Stadt Weimar ein. Am 19. April hielten die ehemaligen Häftlinge in Buchenwald eine Totenfeier zu Ehren der Opfer ab und leisteten den bekannten ›Buchenwaldschwur‹. An diesem Tag befahlen die US-Behörden die Unterstellung der im Stadt- und Landkreis befindlichen Reichs-, Landes- und Kommunalbehörden unter dem Weimarer Oberbürgermeister. Am 21. April erhielt der ehemalige Rüstungsbetrieb ›Gustloff-Werke‹ die Genehmigung zur Durchführung von Reparaturarbeiten für die Bevölkerung. Am 1. Mai wurde im Lager Buchenwald eine Maifeier abgehalten. Als neuer Oberbürgermeister von Weimar wurde Dr. Fritz Behr ernannt, ein neuer Stadtrat wurde berufen. Am 10. Mai besuchten etwa 300 Kinder und Jugendliche aus dem ehemaligen KZ die Stadt. An diesem Tag kamen auch die Särge von Goethe und Schiller, welche zuvor von den Nationalsozialisten ›gerettet‹ worden waren, aus einem Jenaer Bunker wieder in die Goethe-Schiller-Gruft zurück.[120]

Weira: Odysee *eines deutschen Soldaten vor und nach dem Ende*

Die nachfolgenden Passagen entstammen dem Buch ›Lebenswege‹ von Harry Blöthner und schildern Alltagserinnerungen aus den Jahren 1941-1948 aus der Sicht eines deutschen Soldaten: »Als am 22. Juni 1941 der Krieg mit Rußland begann, senkten fast alle die Köpfe, als hätten sie Ahnung, daß alles schief gehen würde. Ein SA-Mann aus unserem Betrieb war auch Soldat geworden. Er kam nach Rußland und bewachte ein Gefangenenlager. Dort gab es einen Ausbruchsversuch, den er fotografierte. Die Bilder mit den russischen Soldaten, die tot im Stacheldraht hingen, stellte er am Schwarzen Brett im Betrieb aus. Da waren besonders die Frauen sehr böse. ... Trist sah es im ›Dritten Reich‹ mit Vergnügungen für junge Leute aus. Tanzveranstaltungen wurden Anfang 1941 verboten. Das Jugendschutzgesetz duldete Jugendliche unter 18 Jahren nach 9 Uhr abends nicht mehr auf der Straße. Man konnte also nicht einmal ins Kino gehen. Einmal – es war im November 1941 – war ich mit meinen Schulkameraden in Oberoppurg zu einem einfachen Konzert. Da kam die Polizei und schrieb unsere Namen auf. ... Alsbald bekamen wir die Aufforderung, uns im Pößnecker Amtsgericht samstags bis sonntags zum Wochenendkarzer einzufinden. ... So waren die Zeiten damals. Meine drei Schulkameraden, die mit mir in Arrest saßen, sind alle in Rußland geblieben mit nicht einmal 19 Jahren. Als ich ein viertel Jahr später mit 17½ Jahren eingezogen wurde, mußte ich beinahe jede Nacht Wache schieben und da war ich auch noch keine 18 Jahre alt. Auch im Dorf durften Jugendliche unter 18 abends nicht draußen sein. Einige Parteigenossen machten sich einen Sport daraus, uns aufzulauern und heimzujagen, freilich mit dem Paragraph so und so und mancher unschönen Drohung. Am Denkmal vom 1870/71er Krieg gegenüber dem Landdienstlager, wo die zum Landjahr und damit zur Arbeit bei den Bauern verpflichteten 15 und 16jährigen Mädchen aus der Stadt wohnten, hatten wir uns eine Bank gebaut. Zweimal wurde die Bank abgerissen. Doch wir bauten wir sie jedesmal wieder auf. Manchmal sangen wir abends dort Heimatlieder. Auch das wurde verboten, weil sich einige Frauen beschwert hatten: ›Unsere Männer sind im Felde und hier wird gesungen!‹ Dabei waren einige von ihnen als Wachsoldaten in den Nachbardörfern eingeteilt. ... Ende Januar 1942 mußte ich meine Gesellenprüfung vorfristig machen, da ich Anfang Februar zum Reichsarbeitsdienst eingezogen werden sollte. ... Zwei Tage vor unserer Abreise machten meine Schulkameraden Heinz Ludwig (Haus.-Nr. 28), Heini Valentin (Haus-Nr. 35) und ich noch allerhand Unfug. Einigen Genossen der Nazipartei schmierten wir die Türklinken vom Tor mit Holzteer schwarz. Im Haus Nr. 9 war auch der Kindergarten und die Post untergebracht. Die Kindergärtnerin Lisa hatte sich ihre Pelzjacke schwarz geschmiert, die Kinder ihre Hände, die Postkunden Hände und Briefe. Die Parteileute drohten damit, unsere Abteilung deswegen zu benachrichtigen. Allein daraus wurde nichts. Wir fuhren über Gera, Erfurt, Frankfurt, Karlsruhe nach Forchheim fort aus der Heimat. Dort begann die Ausbildung mit viel Drill und Gebrüll auf dem Kasernenhof. Eines Tages, es war Anfang April 1942, mußten wir zur Nachbarabteilung marschieren und uns dort auf dem großen Exerzierplatz aufstellen. Dann kamen drei große Limousinen mit SS-Offizieren aus Stuttgart angefahren. Sie hielten große Reden über Führer, Volk und Vaterland und suchten Freiwillige für die Waffen-SS. Als sie aber riefen: ›Freiwillige vortreten!‹, kam von über 500 Arbeitsdienstleuten ein einziger aus dem Glied. Immer wieder sollten ›Freiwillige vortreten‹. Als sich aber niemand weiteres meldete, hieß es: ›Alle Arbeitsmänner über 1,68 m links raus treten!‹. Da war der erste Zug vollständig und ein großer Teil vom zweiten. Im dritten und vierten Zug waren die kleineren Jungen. Nachdem etwa 150 Mann ausgesucht worden waren, sollten ihre Personalien aufgeschrieben werden. Aus dem Speisesaal nebenan mußten für die SS-Offiziere Stühle und Tische geholt werden. Zehn bis zwölf ausgesuchte Arbeitsmänner, darunter auch mein Schulkamerad Heini Valentin, rannten in den Speisesaal, stürmten die Toiletten und verschwanden durch die Fenster. Nun wurden noch einmal Arbeitsmänner, diesmal aber unter Aufsicht der Zugführer losgeschickt und es begann die Aufnahme der Personalien, auch der Heimatadresse. Am Ende mußten wir unterschreiben und waren so zu ›Freiwilligen‹ der Waffen-SS geworden und das mit 17½ Jahren. Ein Arbeitsmann aus Zeulenroda, Herbert Machts, verweigerte die Unterschrift. Sein Vater war Kommunist gewesen. Er wurde nicht genommen. … Nach knapp 5 Monaten kamen die ›Freiwilligen‹ der Waffen SS zur weiteren Ausbildung in die jeweiligen Kasernen sowie die anderen zu den Abteilungen, zu denen sie im Vorfeld gemustert worden waren. Einige mußten zu den Panzern, andere zu den Pionieren, zu den Fliegern oder zur Marine. Der überwiegende Teil unserer Einheit, jedoch wurde in Wehrmachtsuniformen gesteckt und kam zu Infanterieeinheiten, die bald danach in der Schlacht von Stalingrad zum Einsatz kommen sollten. Von keinem von ihnen habe ich je wieder ein Lebenszeichen gehört. So wurde die Jugend verheizt in diesem dreimal verfluchten Krieg. Viele dieser Jungen waren noch nicht einmal 18 Jahre alt gewesen. Nach meiner Ausbildung in der SS-Flak Kaserne Aroldsen kam Mitte November 1942 der Befehl zum Abtransport zur Kampfdivision, wohin wußten wir nicht. Im Personenwagen der Eisenbahn ging es über den Rhein nach Holland, Belgien, Frankreich, an Paris vorbei, wo wir den Eifelturm sahen, bis nach Südfrankreich. Hier lag die SS-Panzerdivision ›Totenkopf‹, eine hochgerüstete 19.000 Mann starke, mit 350 Panzern und unzähligen Fahrzeugen bestückte Eliteeinheit, welche zuvor in Rußland, im Kessel von Demjansk, 1941/42 fast vollständig aufgerieben worden war, zur Neuaufstellung. Im Januar 1943 – in Südfrankreich herrschten zu dieser Zeit Temperaturen von 15-18°C hörten wir im Radio von den schweren Kämpfen in Stalingrad. Als wir dann in den ersten Februartagen den Befehl erhielten, alle Gefechtswagen mit Kalkfarbe weiß zu spritzen, wußten wir, was zu erwarten war. Am nächsten Morgen wurde die ganze Division ›Totenkopf‹ auf Eisenbahnwaggons verladen und ging in Richtung Osten. …

Wie oben erwähnt, konnte ich erst im Januar 1944 in Urlaub gehen. Zusammen mit Eugen Rehm ging es zunächst per Anhalter nach

Kowel, wo die Entlausung war. Von dort ging der Urlaub los – 21 Tage. Über Lublin, Prag, Nürnberg kamen wir nach Deutschland. Zu Hause freute sich die Familie. In anderen Häusern herrschte dagegen Trauer. Einige meiner Schulkameraden waren schon gefallen. Ich war zur Hochzeit eingeladen bei Fritz Maak und Luzie Luding aus Grobengereuth. In meinem Neustädter Betrieb machte ich einen Besuch. Der Meister W. T. aus Neunhofen – er war Mitglied der Nazipartei – fragte mich Dinge wie: ›Na, wieviele Russen hast du schon erschossen?‹ oder ›Wann ist Endsieg?‹. Ich war erschüttert über soviel Dummheit, womit die Leute in der Heimat verkohlt wurden. Auch die kriegsgefangenen Polen und Franzosen fragten mich, wann der Krieg zu Ende sei. Der Pole Jozef von unserem Nachbarn, E. M., welcher zwei Jahre älter als ich war und von dem ich vor meiner Einziehung in die Armee ein wenig polnisch gelernt hatte, hatte ein schweres Los. Aus Wollust ließen ihn die Polizisten aus Neustadt verprügeln. Es hieß, er arbeite nicht genug. Dabei waren seine Hände voller Hornhaut und rissig. Die Nachbarin M. M. kam zu uns und sagte, ich sollte den Jozef verprügeln, er würde ›net spuren‹. Ich ging auch mit zum Nachbarn und sagte Jozef auf Russisch, der Krieg dauere noch ein Jahr und er solle durchhalten. Er bedankte sich bei mir auf Polnisch. Die M.s verstanden es nicht. Nach dem Krieg gaben sie ihm eine Armbanduhr, damit er Frieden geben sollte. ... Die paar Urlaubstage gingen vorbei. Ich ging öfter Skifahren, denn es lag viel Schnee. Da ich für die Skier keine richtigen Schuhe hatte, war auf den beiden Fußristen die Haut verletzt. Es war nach meiner Ankunft bei der Kompanie nicht verheilt. Das sollte mir beinahe zum Verhängnis werden. Kaum war ich bei der Kompanie zurück, begannen die Strapazen des große Rückzugs. Der Russe war uns auf den Fersen und wir mußten sehen, wie wir rückwärts Boden gewinnen, nicht gerade vorteilhaft für meine unverheilten Füße, die sich entzündeten und zu eitern begannen. ... Die Rote Armee hatte beinahe ausschließlich amerikanisches Kriegsmaterial: Sherman-Panzer, Studebaker LKWs mit Dreiachsenantrieb und doppelten Seilspill und nichtzuletzt Panzerabwehrgeschütze mit Munition, die auch die Tiger-Panzer verschossen. Nach einigen Tagen war der deutsche Gegenangriff beendet. Von der Beute erhielt unsere Kompanie 2 Studebaker und 3 Dodge-LKW. Sie waren noch fast neu. Die Befreiung von Budapest gelang unterdess nicht. Nach einigen Tagen war der deutsche Angriff am Donauknie festgefahren.

Im neuen Jahr 1945 wurde von Stuhlweißenburg aus versucht, nach Budapest zu kommen. Große Verluste an Menschen und Material waren zu beklagen. Im Februar 1945 lag ich in Vesprem am Plattensee einige Tage im Lazarett. Bei einem Motorradsturz hatte ich mir auf dem rechten Knie einen Bluterguß zugezogen. Dort befanden sich die großen Schloßanlagen vom Fürsten Esterhazy, welche nun vom Militär genutzt wurden. Von der Terrasse aus sah ich, wie Nachersatz für die SS-Divisionen ankam. Es waren 16 bis 17jährige Jungen, die marschierten und mit hellen Stimmen Kampflieder sangen.

Eine deutsche Krankenschwester, die neben mir stand, sagte zu mir: ›Jetzt singen sie noch und wissen nicht, was ihnen bevorsteht!‹.

Das schrecklichste Kriegserlebnis mit den Jungen hatte ich 14 Tage später. Von meiner Kompanie war ich mit einen Auftrag in Frontnähe geschickt worden. In der Nacht schob ich Wache. Es hatte geschneit. Da kamen die Jungen in Schützenreihe lautlos anmarschiert.

Sie hatten dunkle Anoraks an und mußten ohne Artillerievorbereitung einen Angriff beginnen. Es dauerte nicht lange, als ein gewaltiges Maschinengewehrfeuer und andere Schußwaffen losgingen. Die Schreie der Jungen nach ihrer Mutter werde ich nie vergessen. Am übernächsten Tag wurden die Russen mit Panzern und Artillerie aus ihren Stellungen vertrieben. Da sahen wir alle Jungen kilometerweit in Schützenketten tot auf dem Schneefeld liegen. Man kommandierte mich ab zu ihrer Bergung. Ein Oberscharführer vom Regiment sammelte die Soldbücher in eine Munitionskiste, brach die untere Hälfte der Erkennungsmarke ab und legte sie dazu. Mit drei anderen Kameraden luden wir die Jungen auf LKWs. Mund und Augen hatten sie meist noch offen und noch keinen Bartwuchs. Uns war es schwer ums Herz und wir betäubten uns mit Alkohol. Auf drei LKWs luden wir die Soldaten wie Holz auf, denn sie waren steif gefroren.

Es waren noch andere Kolonnen dabei, die dieses Grauen mitmachen mußten. Wohin sie gefahren wurden, haben wir nie erfahren, sicher in ein Massengrab. So war der Heldentod für Führer, Volk und Vaterland. Bis heute verfolgt mich in der Nacht im Traum dieses furchtbare Kriegsgeschehen. Dabei habe ich nur einen kleinen Teil vom Krieg aufgeschrieben, den ich mit 20 Jahren erlebt habe.

Am nächsten Tag, es war Ende Februar 1945, stand ich am Abend Wache in einem Dorf. Da hörte ich von weitem lauten Motorenlärm. Ich traute meinen Augen kaum, als zahlreiche Panzer vom Typ ›Königstiger‹ in Richtung Front rollten. Sie kamen aus Österreich, wo sie gebaut worden waren, mit der Eisenbahn. Mit über 6 m Länge und fast 5 m Breite, wog so ein Panzer 84 Tonnen. Nachdem man an der Bahnlinie viele Hindernisse an Höhe und Breite beseitigt hatte, wurde mit diesen Panzern der letzte Vorwärtsangriff auf das eingeschlossene Budapest gefahren. In drei Tagen kämpfte sich die Armee von Stuhlweißenburg über Varalota nach Budapest vor. Unsere 12 Schützenpanzer mit der 2 cm Flak begleiteten die Königstiger. Ich mußte mit der BMW R75 hinterherfahren, um ausgefallene Fahrzeuge zu reparieren. Einmal stand ich neben einem Königstiger, der eine überlange 8,8 cm Kanone hatte und hörte den Kommandanten zum Richtschützen rufen: ›Objekt 3.300 Meter!‹, der Schuß krachte und bei einem Sherman Panzer flog der Turm in die Luft. Gleich darauf gab es von der anderen Seite Artillerie- und Granatwerferfeuer, so daß ich mich in sichere Gefilde zurückziehen mußte. Die Königstiger drangen bis nach Budafok, einem Vorort von Budapest vor, doch es war umsonst. Einen Tag vorher hatte sich die Besatzung von Budapest kapituliert. Ein darauffolgender Flankenangriff der Roten Armee zwischen Budapest und Varpalota machte einen schnellen Rückzug erforderlich. Dabei blieben fast alle Königstiger wegen Spritmangel liegen. Später auf dem Rückzug jedenfalls sah ich keinen von ihnen mehr. Überall waren die Militärdepots noch voller Waffen, Munition und Verpflegung. An einem Ort beluden wir einen ganzen LKW voller Frontkämpferschokolade, einen anderen mit 3.000 Flaschen Kirschlikör. Auf der Ladefläche meines Bergekettenfahrzeugs war ein 150 l Faß mit echtem Gin festgezurrt. Unser Tankwart Günter Seelbach hatte in Varpalota, wo noch eine Großtankstelle war, fünfzig 200 l Fässer vollgemacht, zusammen mit seinem Helfer Nikolai, einem Ukrainer, der auch einen Studebaker fuhr. Bei einem Fliegerangriff kam Nikolai jedoch ums Leben. Günter Seelbach schaffte ihn auf einen Friedhof und ein Pfarrer begrub ihn. Auch ich mußte zwei gefallene Kameraden auf meinem Bergekettenfahrzeug mitnehmen. Günter Hasenkämper aus Gelsenkirchen – er hatte bei Schalke 04 Fußball gespielt – und Hermann Sträußnik, einen Bergbauern aus der Steiermark, die direkt an der Ungarngrenze liegt. Hermann hatte auch eine BMW R 75 gefahren. An einem Kirchhof wurden beide abgeladen. Zeit, dem Begräbnis beizuwohnen, gab es nicht. Es gab kein Halten mehr auf diesem Rückzug. In Papa war eine Zigarrenfabrik, wo ich einen Wäschebeutel voll Zigarren mitnehmen konnte. Südlich vom Neusiedler See Sopron ging es über die Grenze nach Österreich. Viele Militärfahrzeuge, Pferdewagen, Flüchtlinge zu Fuß oder mit Handwagen versperrten die Straßen. Niemals werde ich das Bild vergessen, wie eine Frau auf einem Panzer saß und ihr Kind stillte. An der Grenze Österreichs nach Ungarn waren tiefe Panzergräben ausgehoben. Dahinter lagen Volkssturmmänner mit Stutzen und Gamsbarthüten, daneben Jungpimpfe von 13 bis 15 Jahren in Uniform zur Verteidigung bereit. Als wir vorbeikamen, riefen wir ihnen zu: ›Geht heim, vergrabt eure Wertsachen und versteckt eure Frauen. Ihr haltet die Russen nicht auf!‹ Da riefen sie: ›Wenn das unser Ortsgruppenleiter hört, läßt er uns erschießen!‹ Wir nahmen bei ihnen Quartier, sie sprachen untereinander eine slawische Sprache und wir verstanden es, was sie verwunderte. Am nächsten

Morgen war der Naziführer verschwunden und der Russe in Anmarsch. Das Kriegsende erlebte ich folgendermaßen: In den letzten Märztagen 1945 wurde ich vom Schirrmeister losgeschickt, um Benzin für unsere Schützenpanzer zu organisieren. Diesmal fuhr ich die BMW solo, den Seitenwagen hatte ein Granatwerfer zertrümmert.

Es ging alles drunter und drüber. Auf dem Flugplatz von Wiener Neustadt sollte noch Benzin vorrätig sein. Ich war nahe am Flugplatz, als amerikanische Bomber anflogen und ihre Bomben abluden. Dabei bekam ich einen Bombensplitter in den rechten Oberarm und bin mit der BMW in einen Bombentrichter gefahren. Da habe ich mir auch noch das rechte Handgelenk gebrochen. Ein ungarischer Sanitäter verband mit seinem Verbandspäckchen die Wunde, welche sehr blutete. Ich ließ Stahlhelm, Gewehr, Patronentasche und Motorrad liegen, suchte die Schreibstube der Kompanie und wollte meine Papiere abholen. Jedoch war so ein Chaos, daß nichts mehr ging.

Auf dem Gepäckwagen fand ich meinen Wäschebeutel mit der Schokolade und den Zigarren. Mein Arm schmerzte und ich fuhr per Anhalter ins Lazarett nach Weißenbach a.d. Tristing. Hier wurde der Splitter entfernt und die Hand und der Arm eingegipst. Bereits am nächsten Tag wurde das Lazarett geräumt, weil die Front näher kam und das Artilleriefeuer gut zu hören war. Die Schwerverwundeten wurden mit Sankas abtransportiert. Die Leichtverwundeten, welche Laufen konnten, bekamen ein Schild um den Hals gehängt und mußten sehen, wie sie rückwärts Boden gewannen. Per Anhalter fuhr ich Richtung Westen über St. Pölten an die Donau bei Krems.

Mit einem Holzvergaser-LKW, der einen Geschäftsmann aus Wien gehörte, bin ich etliche Kilometer gefahren. Der Fahrer war ein kriegsgefangener Franzose. Er und ich waren uns einig, daß der Krieg ›finit‹ sei. Das war am 31. März 1945, Ostersonnabend. Es blühten die Kirschen an der schönen blauen Donau. Aber welch ein Inferno auf den Straßen. Flüchtlinge aus Ungarn und Österreich per Holzgasautos, Pferdegespannen und mit Handwagen, Ungarisches Militär, hauptsächlich mit Pferdegespannen, deutsche Soldaten mit Fahrzeugen aller Art rangen um jeden Zentimeter Raum. Dazwischen noch Volkssturmmänner, die von Männern in NSDAP-Uniformen befehligt wurden, weiterhin große Kolonnen von KZ-Häftlingen, die Richtung Westen getrieben wurden. Welch ein Grauen, der Krieg kam nach Deutschland, von wo aus er angefangen wurde, zurück. Ich hatte vorher noch keine KZ-Häftlinge gesehen und war erschüttert über die verhungerten und ausgemergelten Gestalten. An jeder Straßenkreuzung stand die Feldgendamerie, um Soldaten zu kontrollieren, welche sich auf den Heimweg gemacht hatten. Meist wurden die Soldaten in Kampfgruppen erfaßt und alsbald an die Front gebracht.

Bei erwiesener Desertation wurden sie wegen Feigheit vor dem Feind sofort standrechtlich erschossen. Einmal habe ich dieses bei Ybbs gesehen an der Donau. Das Grauen war noch nicht zu Ende. Es war kurz nach meinem Ausfall, als die Division ›Totenkopf‹ die amerikanische Frontlinie erreichte. Sie wollte sich dort in Gefangenschaft begeben, doch der örtliche US-Kommandant lehnte die Entgegennahme der Kapitulation ab. Als Divisionskommandant Becker zum Stab der Roten Armee fuhr, um dort eine ehrenvolle Kapitulation zu erwirken, wurde er auf der Stelle verhaftet. In der Folge wurde die Division fast zur Gänze an die Russen ausgeliefert. Die meisten der Männer verkamen in sibirischen Blei- und Asbestbergwerken. Von keinem habe ich nach dem Krieg je wieder irgendetwas gehört.

Von Krems aus sollte ein Rotes-Kreuz-Lazarettschiff nach Regensburg fahren. Nach einem Tag Wartezeit kam keines. So machte ich mich weiter per Anhalter auf den Weg nach Linz, über Melk, Ybbs, Amstätten und Enns. Am 5. oder 6. April bin ich in Linz am Bahnhof angekommen. Nun habe ich versucht ins Heimatlazarett nach Neustadt/ Orla zu kommen. Im Warteraum im Linzer Bahnhof habe ich unter einem Tisch geschlafen. Alles war brechend voll von Soldaten und Flüchtlingen. Über Nürnberg und Bayreuth war die Eisenbahnstrecke nicht mehr befahrbar. Über Regensburg, Weiden, Hof, Plauen ging die Heimreise. Unterwegs gab es Tieffliegerbeschuß.

Am Morgen des 8. April kam ich in Plauen an. Ein paar Tage zuvor war auf Plauen ein Luftangriff der Amerikaner verübt worden. Man erzählte, daß der Feuersturm den Nachthimmel mit einer solchen Röte überzogen habe, daß diese noch 50 Kilometer weit zu sehen gewesen sei. Selbst bei meiner Ankunft brannte es noch überall in den Ruinen, doch die Eisenbahn fuhr wieder. Nach einer Woche hatte ich das Glück, wieder eine warme Suppe [Wehrmachtssuppe – geschroteter Roggen] zu bekommen. Das DRK hatte auf dem Bahnhof eine Suppenküche. Für die Schüssel mußte man als Pfand das Soldbuch hinterlassen. Als ich meine Suppe erstanden hatte, kam der Zug nach Weida über Mehlteuer. Das Soldbuch konnte ich nicht wieder einlösen, weil ich sonst den Zug verpaßt hätte. Ungewiß war, ob noch einer fahren würde. Mein Soldbuch war ich los, als einziges Dokument hatte ich die Überweisung zur Fahrt mit dem Lazarettschiff auf der Donau. In Weida angekommen, kam nachmittags der Zug in Richtung Saalfeld, mit dem ich bis Neunhofen kam. Verdreckt, verlaust, halb verhungert, mein rechter Arm war geschwollen, daß man die Finger kaum noch sehen konnte, machte ich mich die letzten zwei Kilometer auf den Weg nach meinem Heimatort Weira. Der Zug aber fuhr an diesem Tag nicht mehr weiter nach Saalfeld, auch nicht an den nächsten. ... Zu Hause freute sich die Familie über meine Heimkehr, doch schon am nächsten Morgen, dem 9. April 1945, lief ich nach Neustadt ins Lazarett. Es war ein schöner Sonnentag, mit einem Himmel voller amerikanischer Flugzeuge. Am Steinbruch des Buchnußberges übte der Volkssturm Heimatverteidigung. Sie lagen fast alle unter der Brücke des Gamsenbaches und hatten große Angst, wegen der Jabos, Leithlings und Moskitos, die in der Luft über ihnen schwirrten. Der Kommandeur des Volkssturms schrie mich an, sofort in Deckung zu gehen, doch ging ich ruhig meiner Wege. Im Lazarett in der Bürgerschule, dem heutigen Gymnasium, kam ich gegen acht Uhr an. Im Laufe des Vormittags sollte ich behandelt werden. Doch es kam anders. Es gab Fliegeralarm und alle mußten in den Keller.

Gegen zehn Uhr ertönte lautes Flugzeuggedröhn, das Pfeifen der Bomben und die Explosion derselben, ein Inferno: Das Lazarett war mit Brandbomben getroffen worden und brannte lichterloh. Ich rannte noch in den ersten Stock, um in der Nordost-Ecke der Schule meine Habseligkeiten im Wäschebeutel zu retten. Überall im Stadtteil brannte es. Also mußte ich wieder auf den Heimweg nach Weira. Es ging über den alten Stadtweg nach Meilitz. Unterwegs traf ich Richard Emmrich aus Meilitz, der mit seinem Kuhgespann in einem Hohlweg Schutz vor den Fliegern suchte. Neustadt war nicht mehr zu sehen; es brannte im Osten und Westen. Wohlbehalten kam ich nach Mittag wieder daheim an. Am 10. April wurde das Lazarett in die Turnhalle neben der Goetheschule (damals: Hitlerjugendheim) verlegt. Man behandelte meine Verletzungen sehr gut. Die Binden von den Verbänden wurden alle wieder gewaschen. Die Verwundeten, die zwei Hände frei hatten, mußten dieselben wickeln zur Wiederverwendung. Die amerikanische Armee war nicht mehr weit. In Lausnitz bei Neustadt hangte die Rittergutsbesitzerin selbst eine weiße Fahne in den Kirchturm. Darauf sollte sie vom Werwolf erschossen werden und konnte nur durch den engagierten Einsatz eines Polen gerettet werden. Kurze Zeit später am 15. April 1945 war Geschützdonner zu hören. Um Mitternacht wurde Neustadt mit Artilleriefeuer belegt. Die Ehrlichsmühle brannte ab. Vielleicht auch als Folge der Sprengung der Orlabrücke an dieser Stelle. Auch im Gebiet des Bahnhofes gab es viele Artillerieeinschläge. Die gesamte Lazarettbelegschaft hatte Angst, konnten wir doch in keinen Keller. Die Sirenen in der Stadt heulten ganz tief. Feindalarm. Am Morgen gingen wir in der Lazarettkleidung nach draußen. Gegen 8 Uhr kamen amerikanische Soldaten aus Richtung Börthen mit Panzern an unserem Lazarett vorbei, welches mit einer großen Rotkreuzfahne gekennzeichnet war.

Die GIs schickten die Verwundeten energisch ins Lazarett zurück. Den ganzen Tag rollte die amerikanische Armee durch die Stadt. Sie kamen aus Richtung Hummelshain und zogen weiter Richtung

Schleiz, da die Straßenbrücke über die Orla an der Ehrlichsmühle gesprengt war. Auch durch Weira waren die Amerikaner an diesem Tag gezogen. Weil die große Orlabrücke bei Kolba mitsamt dem anliegenden Gehöft der Brückenmühle gesprengt war, kamen sie aus Richtung Krobitz und rollten über den Drebaer Weg in südliche Richtung nach Schleiz weiter. Die aus großen Baumstämmen am Ortsausgang Richtung Kolba errichtete Straßensperre hatte keinen Sinn mehr. Einem 15jährigen Hitlerjungen, der mit seiner Panzerfaust in Stellung gehen wollte, um sein Dorf bis zum letzten Mann zu verteidigen, nahm seine Mutter die Waffe ab und zehrte ihn nach Hause. Das zentrale Volkssturmlager auf dem Tanzsaal wurde später geplündert, Tabak in ganzen Blätterballen und alle Kleidung mitgenommen. Pech dabei hatte ein Einwohner, der zu dieser Zeit den Auftrag erhalten hatte, ein verendetes Militärpferd in den Wald zu schaffen und dort zu vergraben; als er nach einiger Zeit zurückkehrte war das Lager bereits auf den letzten Knopf ausgeplündert und er bekam nichts. Den Parteileiter und den Ortsbauernführer nahmen die Amerikaner mit. Ersteren internierte man in Hessen in einen Lager. Erst 1949 ist er wieder nach Hause gekommen. Der drohenden Enteignung seines Bauernhofs in Zuge der Bodenreform, entging er, weil er den Besitz vorher seinem kleinen Sohn übertragen hatte. Als neuen Bürgermeister setzten die Amerikaner den Schmied L. B. ein, der vor 1933 Sozialdemokrat gewesen war. Er blieb bis 1949 im Amt. Mit dem Einmarsch der Amerikaner fiel auch der elektrische Strom in der Gegend für volle 3 Wochen aus. Dennoch ging die Versorgung des Neustädter Lazaretts durch Ärzte und Küchenpersonal trotz zahlreicher weiterer Schwierigkeiten ungebrochen fort. Drei Wochen später, am 8. Mai, war der Krieg zu Ende. Die Frage: Wie geht es weiter in Deutschland?, stellte sich in diesen Tagen jeder. Am 25. Mai 1945 wurde das Lazarett geräumt. Die Schwerverwundeten kamen in andere Häuser. Die Leichtverwundeten, die gehen konnten, wurden von den Amerikanern mit Lastwagen abgeholt und nach Gera-Langenberg in die Maschinenfabrik Wetzel neben der Autobahn gebracht. Hier wurden auch Entlassungen von deutschen Soldaten vorgenommen. Allerdings nicht von Angehörigen der Waffen-SS. Bei der Entlassung mußten sich alle ausziehen und es wurde nach der Tätowierung am linken Oberarm gesucht.

Ich hatte dort ein kleines‹ aber gut erkennbares ›A‹. Die älteren SS-Angehörigen, welche über 30 Jahre alt waren, hatten bloß eine kaum 3 mm große Ziffer in der Achselhöhlenbehaarung, welche kaum sichtbar war. Gegen Ende des Krieges jedoch, als viele Angehörige von Marine- und Luftwaffenverbänden zur Waffen-SS überstellt wurden, waren die Blutgruppenzeichen in ihren Oberarmen bis zu 5 cm groß.

Meine Schwester besuchte mich mit dem Fahrrad in Gera. Mir war bekannt geworden daß der Russe Thüringen bekommen und alle gesunden Kriegsgefangenen zur Arbeit nach Frankreich gebracht werden sollten. Meine Schwester glaubte mir nicht. Meine Lazarettkameraden aus der Umgebung von Neustadt waren Enno Rabisch aus Dreitzsch, Adolph Wächter aus der Möbelfabrik Wächter in Neustadt und Reinhhold Barlay, der Sohn des Zirkusbesitzers Harry Barlay in Wintersitz Moderwitz. Im Lager Gera wurden alle SS-Soldaten von drei Seiten fotografiert und von allen zehn Fingern wurden Abdrücke gemacht. Fluchtmöglichkeiten waren vorhanden, jedoch war man als SS-Angehöriger ohne Papiere als ›vogelfrei‹ erklärt. Es wurde niemand bestraft, der einem SS-Gefangenen an Leib und Leben ging. Wir mußten büßen für die Kriegsverbrechen, welche die Hitlerbande befohlen hatte. Am 28. Juni 1945 wurde das Gefangenenlager in Gera geräumt und wir wurden mit LKWs der Amerikaner in die Kaserne nach Erfurt gebracht. Auf einem Studebaker mußten 40 Gefangene stehen. Auf einem Sattelschlepper 129 Mann. Es wurde mit dem Gewehrkolben nachgeholfen, bis alle Platz hatten. Am nächsten Tag ging es mit der Eisenbahn weiter von Erfurt Richtung Westen, denn der Russe besetzte am 1. Juli 1945 Thüringen. Wir wurden in Güterwaggons mit offenen Türen abtransportiert. Als Verpflegung gab es Kürbis in Gläsern und Paranüsse. Mit den Gläsern mußte man die Nüsse aufklopfen, was viel Krach machte.

Als der Zug über die Thüringer Grenze rollte, schlossen die amerikanischen Wachen die Türen der Waggons. Niemand wußte wohin die Fahrt ging. In Babenhausen wurden wir in Hessen in einem Durchgangslager ausgeladen. Ab dem 30. Juni 1945 begann ein schreckliches Lagerleben Im freien Feld. Wir kamen auf ein Feld voller Spargel, der bereits einen Meter hoch und nicht mehr eßbar war. Ein Gefangener durfte eine Zeltplane und einen Mantel oder eine Decke besitzen. Viele hatten gar nichts. Dazu kam das Filzen. Dafür mußte man seine Habseligkeiten auf eine Decke ausbreiten und die Wachmannschaft nahm sich, was sie gebrauchen konnte. Uhren, Messer, Rasierklingen, Nadeln, Geld und Ringe durfte man nicht besitzen. Alles wurde weggenommen. Ich hatte noch zwei 10 Reichsmarkscheine im Ärmelumschlag versteckt, welche nicht entdeckt wurden. Nach drei Tagen Aufenthalt in Babenhausen ging es wieder fort in unbekannte Richtung auf LKWs. Über Limburg an der Lahn nach Siershan im Westerwald. Hier war ein großes Gefangenenlager mit 5 Abteilungen. Es befand sich auf dem Gelände einer Tonwarenfabrik. In der Abteilung für SS-Gefangene waren es etwa 5.000 Mann. Ein vier Meter hoher Stacheldrahtzaun – später auch zum Nachbarlager – war gezogen und nach außen mit starken Scheinwerfern gesichert.

Wer sich auf 25 Meter dem Zaun näherte wurde erschossen.

Am 11. Juli 1945 war mein 21. Geburtstag. An diesen Tag kaute ich das letzte Stück Brot, welches ich noch von Daheim hatte. Um den 20. Juli 1945 herum übergab der Amerikaner das Lager Siershan an die Franzosen. Was folgte, war eine Art Kriegsgefangenschaft, die mit Sicherheit nicht zu den Ruhmesblättern der Nachkriegsgeschichte gezählt werden kann. Besonders die Zustände in dem Gefangenenlager V. für ehemalige Waffen-SS Angehörige in Thoree/Sarthe waren so schlimm, daß die Amerikaner, benachrichtigt vom Schweizer Roten Kreuz, einschreiten mußten und alle Gefangenen, die diese Hölle überlebt hatten, wieder in ihre eigene Obhut nahmen. Vom Kriegsgefangenenlager Metz aus kam ich zu Beginn des Jahres 1946 zur Arbeit auf einen Bauernhof nach Crehange/Lothringen. Dort lebte die Familie Losson, die mir viel Verständnis entgegenbrachte. Im Krieg, als Lothringen wieder zu Deutschland gehörte, hatte sie Serben zur Arbeit, nun waren es Deutsche. Obwohl es mir bei den Lossons nicht schlecht ging, wurde doch das Heimweh nach Hause mit jedem Tag größer. Bereits gegen Ende April plante ich zusammen mit meinem aus dem Rheinland stammenden Mitgefangenen Hans Georg die Flucht. Der örtliche Pfarrer, in unseren Plan eingeweiht, gab uns dafür als Wegzehrung zwei große Brote, die eine örtliche Familie eigens dafür gespendet hatte. Am 3. Mai 1946, abends nach der Arbeit bei Einbruch der Dunkelheit verließen wir beide das Lager im Dorf in Richtung Nordosten zum Saarland. Ich richtete mich nach dem Polarstern. Nach 3-4 Stunden Marsch querfeldein bewölkte sich der Himmel, es fing an zu regnen und wir verloren die Orientierung. Nach einigen Stunden graute der Morgen, doch wir wußten nicht, wo Osten ist. Wir versteckten uns im Wald und warteten die Dunkelheit ab. Es regnete den ganzen Tag und war nebelig dazu. Den ganzen Tag war kein Schimmer der Sonne zu sehen, um uns zu orientieren. Bei Anbruch der Dunkelheit fingen wir wieder an zu Laufen, bis zum frühen Morgen. Da kamen wir an ein Ortsschild St. Avold. Wir waren in einem großen Kreis wieder 12 km von unserem Arbeitsort Crehange gegangen. Wir wollten uns wieder den Franzosen stellen. Mir wäre es als ehemaliger SS-Angehöriger schlecht ergangen. Wahrscheinlich hätte man mich auf der Flucht erschossen. Im Morgengrauen versteckten wir uns wieder im Wald und warteten auf die Sonne. Wir teilten unsere letzten Bissen Brot und tranken Bachwasser. Gegen Mittag kam die Sonne heraus und wir konnten wieder in Richtung Osten marschieren, der Heimat zu. Wir liefen nur im Wald. Einmal überquerten wir eine Straße, als ein Lastauto mit Kriegsgefangenen vorbeifuhr. Diese riefen uns Beifall zu. Wir liefen schnell wieder in den Wald. Einige Male scheuchten wir Wildschweine auf, die sich dann langsam davontrollten. Bis gegen Abend hatten wir die Grenze zum Saarland erreicht. Wir beobachteten unsere Umgebung genau, wie das Wild. Es waren Männer und Frauen im Wald, die Baumstubben [Stöcke] rodeten zu Brennholz. In Frankreich war das nicht üblich, für Frauen gar nicht. Auf einem schmalen Waldweg hörten wir Geräusche und Schritte. Wir schlugen uns sofort in die Büsche. Ein uniformierter Mann kam mit einem schwarzen Schäferhund vorbei, wahrscheinlich ein Zöllner. Sie bemerkten uns nicht und gingen vorbei. Auch diesmal hat uns der Schutzengel behütet.

Der Lauf ging immer weiter, nun in bewohntes Gebiet. Straßen und Brücken mußten wir meiden. Über die Saar kamen wir an eine Fußgängerbrücke bei einem Stahlwerk, wo die Hochöfen brannten. Es war ein Stahlwerk von Röchling. Es war bereits Nacht geworden und wir liefen weiter und weiter. Ein Ortseingangsschild ›Ludweiler‹ stand da. Wir liefen durch die Stadt, mit unseren amerikanischen Armeestiefeln, welche Gummisohlen hatten und fast unhörbar waren. Nun hörten wir Postenschritte, welche von französischen Soldatenstiefeln stammten, die mit Zwecken besohlt waren. Anstatt uns zu verdrücken liefen wir der Streife direkt in die Arme. Unsere Behauptung, daß wir von der Arbeit kämen wurde nicht geglaubt. Mit gezogenem Gewehr ging es ab zur Kommandantur. Im Flur des Hauses wurden wir gefilzt. Dabei fanden die Soldaten meine Papiere aus der französischen Gefangenschaft, wo auch vermerkt stand, daß ich bei der Waffen-SS gewesen war. Die beiden Soldaten wichen gleich einige Schritte von mir zurück und brüllten: ›Du Prisoner!‹. Sie brachten uns in ein Zimmer in den 2. Stock des Hauses. Mein Kamerad Hans Georg bat die Soldaten um Wasser zum Trinken, denn wir hatten seit 2 Tagen nichts mehr gegessen und auch wenig getrunken.

Sie brachten uns in einer Kanne Wasser, wofür wir uns bedankten. Die Nacht schliefen wir zum ersten Mal seit 5 Tagen wieder unter einem Dach. Doch im Morgengrauen war es mit dem Schlaf vorbei, denn wir hatten viel Angst. Im Zimmer war eine Flurgarderobe, in der ein Flaschenöffner lag. An der Tür zum Flur war der Türdrücker ausgebaut und sie ließ sich nicht öffnen. Hans Georg hantierte mit dem Flaschenöffner am Türschloß und die Tür öffnete sich. Aus unserer Angst um Leben und Tod war wieder Hoffnung geworden. Lautlos schlichen wir die Treppen hinab. Unten im Flur lag noch unser Fluchtgepäck. Durch die Tür im 1. Zimmer im Erdgeschoß hörten wir die französischen Soldaten laut reden. Wir wollten zur Haustür hinaus, sie war verschlossen. Die Tür zum Keller war jedoch offen und wir liefen hinunter. Unsere Nerven waren gespannt wie Drahtseile. Die Kellerfenster waren nicht groß, doch wir waren schlank und paßten hindurch. Ein kleiner Vorgarten mit niedrigen

Zaun war kein Hindernis für uns. Vor uns war ein Platz mit großen Bäumen bestanden, über den wir hinweg rannten, jeden Augenblick gegenwärtig, daß wir beschossen werden könnten. Wir erreichten das Ende des Platzes, wo ein terrassenförmiger Hang begann, der von Kleingärtnern bewirtschaftet wurde. Einige Zäune mußten wir noch erklettern, doch es folgte uns niemand.

Im nächsten Tal war eine Ortschaft, wo die Leute früh zur Arbeit gingen. Wir mischten uns unter sie, jedoch sprachen sie uns an und sagten, wir könnten nicht so zerlumpt herumlaufen. An der nächsten Ecke könnte uns die Militärstreife wegfangen. Wir hatten wieder Angst, geschnappt zu werden. Es war uns zu Ohren gekommen, für jeden Gefangenen, den die Bevölkerung verriet, gebe es 300 Reichsmark in Bar sowie Zusatzlebensmittel. Das war eine große Verlockung, wo doch überall Hunger und Armut herrschten. Wir durften auf unserer Flucht noch erfahren, wie hilfreich die Menschen mit uns waren. Nach dem Ortsausgang kamen wir an einen kleinen Fluß, wo rechts und links Gebüsch und Wildnis waren mit Stacheldraht eingezäunt und Schildern ›Lebensgefahr – Minen!‹.

›Dahinein gehen wir – sagte Hans Georg – da sind wir sicher, ich mußte in der Gefangenschaft am Anfang Minen räumen!‹ Von nun an übernahm Hans Georg die Führung. Von Crehange bis hierher hatte ich es getan. Wir lagen in den jungen Brennnesseln bis zum Abend und der Hunger nagte im Bauch.

Nachdem wir noch einmal Wasser aus dem Bach getrunken hatten, machten wir uns abends auf den Weg in Richtung Saarbrücken. Am Bahnhof fanden wir in einer zerschossenen Hausruine ein Lager für die Nacht. Hans Georg hatte eine Adresse von einem Pfarrer 30 km von Saarbrücken in östlicher Richtung. Er war dort im Arbeitsdienst gewesen. Dorthin wollten wir. Am frühen Morgen weckte uns der Hunger und der Marsch ging Richtung Heimat weiter. Nach einigen Kilometern durch Wald und Feld gelangten wir auf eine Landstraße bei St. Ingbert, auf der wir uns dahinschleppten. Ein Mann, der mit einer Hacke auf einem kleinen Feld arbeitete, rief uns an und sagte, wir sollten ins nächste Haus gehen, wo seine Schwester eine Gastwirtschaft habe. Sie würde uns weiterhelfen, so könnten wir nicht weiter gehen. ›Ständig fahren hier französische Soldaten Streife!‹, sagte er. Ungefähr 200 m weiter war ein großer Parkplatz, auf dem einige Lastautos mit Holzvergaser standen. Die Fahrer machten Pause im Wirtshaus. Wir gingen einige Stufen hoch in die Gaststube und setzten uns an den Tisch neben der Tür. Die Wirtin kam und gleich rief sie: ›Ihr armen Jungs, wo kommt ihr her?, ich bringe euch zu essen und zu trinken!‹ Einen Teller mit Quark verspeisten wir im Nu, dazu jeder ein großes Glas Bier. Die LKW-Fahrer am Stammtisch verfolgten aufmerksam das Geschehen. Die Frau fragte uns, wo wir noch hin wollten. Über den Rhein in die amerikanische Besatzungszone, sagten wir. Auch, daß wir schon eine Woche unterwegs wären. ›Ach ihr armen Jungen!‹, sagte sie immer wieder. Hans Georg bekam auch eine andere Hose, das Knie und halbe Bein hatten bei der alten Hose schon herausgeschaut. Die Frau sprach die LKW-Fahrer an, ob sie uns mitnehmen wollten, ihre Spedition sei in Speyer am Rhein. Sie weigerten sich und sagten: ›Wenn wir kontrolliert werden und haben Gefangene an Bord, werden wir streng bestraft!‹. Die Wirtin war sehr erbost und sagte zu den Fahrern: ›Ihr braucht nicht wieder in mein Wirtshaus zu kommen, wenn ihr die Jungen nicht mitnehmt, denn sie wollen heim!‹. Schließlich durften wir mitfahren. Geld für das Essen und Trinken lehnte die Frau bestimmend ab.

Wir dankten ihr gerührt über soviel Nächstenliebe. Wieder war ein Schutzengel mit uns. Wir versteckten uns auf dem LKW unter den Holzsäcken für den Holzvergaser. Von der Ladefläche 1,5 Meter hinter dem Fahrerhaus war der Holzvergaser angebracht und im Verschlag Holzwürfel von ca. 8x10 cm in vielen Säcken gelagert.

Je nach Belastung mußte alle 10-25 km der Holzkessel wieder nachgefüllt werden, wobei wir auch tatkräftig halfen. Auch beim Be- und Entladen waren wir behilflich. Sogar in französische Militärstandorte fuhr der LKW und transportierte Frachtgut. Am Tor hatten wir uns im Tankholz versteckt. Die Fahrer des LKW konnten uns unterwegs an die Franzosen verraten und hätten dabei viel Geld verdient oder auch auf freier Strecke aussteigen lassen. Sie gingen das Risiko ein für ein Dankeschön. Am späten Nachmittag kam der LKW in Speyer an. Wir mußten einige 100 Meter vor dem Garagenhof aussteigen. ›Der Chef bestraft uns, wenn wir Gefangene mitnehmen!‹, sagten uns die Fahrer. Nun ging es weiter Richtung Rhein. Da die Brücke über den Rhein bewacht war, mußten wir ans rechte Rheinufer, welches amerikanische Besatzungszone war, schwimmen. Auf der Straße durch Speyer waren einige französische Wachen. Jeder von uns ging auf einer Straßenseite im Abstand von ca. 50 Meter und wir wurden nicht angehalten. Außerhalb von Speyer gingen wir betteln, um ein Nachtquartier und etwas zu Essen. Nach einigen erfolglosen Versuchen nahm uns der Besitzer vom Martinshof auf. Wir bekamen in der Küche eine einfache Mahlzeit und in einem Schuppen ein Nachtlager. Hans Georg hatte einige Franc französisches Geld, daß er den Leuten überließ. Kaum graute der Morgen, es war der 9. oder 10. Mai 1946, machten wir uns wieder auf den Weg in die Freiheit. Wir gingen zum Rheinufer nördlich von Speyer und verluden unser Gepäck und Kleidung auf einen alten Stamm und schwammen ca. 150 Meter.

Es war nur ein toter Flußarm vom Rhein. Nach 1 km durch Auenwald kamen wir an den richtigen Strom. Es war die gefährlichste Strecke unserer Flucht über den Rhein, der hier ca. 300 Meter breit war.

Die Strömung war so schnell, daß Aststückchen, die wir hineinwarfen, pro Sekunde 5 Meter weit schwammen. Wir fanden einen Brennholzstapel und bauten von drei 2 Meter Stücken ein Floß. Hans Georg hatte als Gürtel einen Kälberstrick vom Bauern Losson, mit welchem wir die Hölzer zusammenbanden. Mit Weidenruten banden wir noch unsere Kleidung und die Rucksäcke auf dem Floß fest.

Das gegenüberliegende Ufer beobachteten wir genau und gingen mit dem Floß, ohne Kleidung, ins Wasser. Schnell trieben wir den Rhein hinab und kamen in die Nähe des rechten Rheinufers. Der Rhein machte eine Biegung und rheinaufwärts kam französische Wasserschutzpolizei. Wir ruderten mit äußerster Kraft, ich vorn am Floß, Hans Georg hinten. Etwa 10 Meter vom Ufer entfernt kamen wir in einen Strudel, welcher uns rundum in die Tiefe riß. Hans Georg hatte das Floß losgelassen und war untergegangen. Ich tauchte nach ihm, ließ aber das Floß nicht los. Mit größter Anstrengung brachten wir uns an rettende Ufer. Das französische Boot fuhr in kaum 50 Meter Entfernung an uns vorbei. Es war ein warmer Maimorgen. Wir legten unsere Kleidung zum Trocknen auf die Büsche Doch zuvor schnappten wir nach Luft und zitterten vor Anstrengung. Nach gut 2 Stunden war unsere Kleidung trocken und wir machten uns auf den Weg in die nächste Ortschaft. Es war Schwetzingen bei Heidelberg. Es war gegen Mittag und wir gingen betteln um Essen. Eine Frau mit 2 Kindern lud uns ein. Die Nachbarin kam auch gleich und brachte einige Kartoffeln zur Suppe. Ihre Männer waren noch nicht aus dem Krieg heimgekehrt. Wir haben mit ihnen gemeinsam die Suppe gegessen und ihnen und Gott herzlich gedankt für die große Hilfe. Im Bahnhof Schwetzingen kauften wir Fahrkarten nach Mannheim von den beiden Zehnmarkscheinen, die ich in meinem Jackenfutter versteckt hatte. In Mannheim mußten wir noch mal Fahrkarten kaufen bis nach Biblis und nun ging es schnell nach Hans Georgs Heimatstadt zu. Unterwegs sagte er mir, ich sollte seiner Mutter nicht sagen, daß ich bei der Waffen-SS gewesen sei. Hans Georgs Vater war Lehrer und hatte sich gegen die Naziherrschaft gestellt. Er wurde aus dem Lehrerdienst entfernt und ist danach aus Gram gestorben. Am Bahnhof Biblis kamen wir am späten Nachmittag an. Das Haus von Hans Georg lag gegenüber vom Bahnhof, neben einer Gemüse- und Gurkenfabrik. Als wir die Gleise der Eisenbahn überschritten, erkannte der Schrankenwärter Hans Georg. Er sagte gleich:

›Deine Mutter ist vor kurzem in die Stadt gegangen!‹. Wir gingen in das Haus von Hans Georgs Eltern. Der Schrankenwärter sagte der

Mutter, daß ihr Sohn heimgekommen war. Die Wiedersehensfreude war groß. Auch ich wurde liebkost, was ich seit Jahren nicht mehr kannte. Am nächsten Sonntag war katholischer Gottesdienst, zu welchem Hans Georg gleich die Orgel spielte. Am Mittag kamen der Pfarrer, der Bischof und ein Lehrer, um die Heimkehr von Hans Georg zu feiern. Er fing gleich wieder an mit dem Studium als Lehrer. Ich kam mir etwas verloren vor. Der Onkel von Hans Georg hatte eine mittlere Landwirtschaft. Er hieß Johann Beikert und sein Hof war in der Bahnhofstraße 7 in Biblis. Zu ihm zog ich, um als Landwirtschaftsgehilfe zu arbeiten. Er war sehr auf Ordnung und Fleiß bedacht, aber auch lustig und schalkhaft. Er und seine Frau hatten 3 Töchter. Betha war 16 Jahre, Traudel 13 Jahre und Maria 6 Jahre alt. Ihre Felder lagen in der Rheinebene und waren sehr fruchtbar. ...

Vom Gemeindeamt Biblis bekam ich die Aufforderung, mich dort zu melden. Da ich keine Entlassungspapiere aus der Kriegsgefangenschaft vorweisen konnte, sollte ich nach Babenhausen in der Nähe von Aschaffenburg gehen, um Entlassungspapiere zu bekommen.

Dort hatte man mich vor einem Jahr schon einmal durchgeschleust und ich wäre aufgrund meiner Zugehörigkeit bei der Waffen-SS wieder in Kriegsgefangenschaft gekommen. Durch die Fürsprache von Hans Georg mit seinem Bekannten konnte ich in Biblis bleiben. Da ich noch meine Kennkarte mit Lichtbild, die man mit 16 Jahren bekam, bei mir hatte, erhielt ich von der Kommandantur in Bürstadt eine amerikanische Ausweiskarte. Mir fiel ein Stein vom Herzen.

Die Familie Beikert hielt große Stücke auf mich. Inzwischen hatte ich nach Hause geschrieben und auch eine Antwort bekommen. Die Sehnsucht nach Daheim war riesengroß. Der Bauer sagte mir, ich sollte dableiben. Drüben bei den Russen hätte ich nichts Gutes zu erwarten. Die große Tochter Betha war mir sehr zugetan. Die Eltern sahen es mit Wohlwollen. Die Mutter von Hans Georg, sie war die Schwester vom Bauer Johann Beikert, hatte auch davon gehört und sagte diesgehe nicht. ›Harry ist evangelisch und kann nicht in eine katholische Familie kommen!‹. Ich hatte mit Betha nur kameradschaftlichen Umgang und wollte sie nicht enttäuschen. Wir waren jeden Tag zusammen, bei der Hackfruchtpflege und nun bei der Heuernte. Wo jetzt das Atomkraftwerk Biblis steht, habe ich im Jahre 1946 noch Heuernte gemacht. Es kam wieder Post von daheim, ich hätte nichts zu befürchten, es wären schon etliche Soldaten aus Weira entlassen nach Hause gekommen. Die Sehnsucht nach der Heimat war riesengroß. Anfang Juli 1946 beantragte ich den Wohnungswechsel nach Teuschnitz nahe der Thüringer Grenze. Man bekam eine Reiseerlaubnis nur bis 50 km mit der Bahn. Ich verabschiedete mich von den Familien Beikert und Grimm. Hans Georgs Mutter sagte zu mir: ›Gott schütze dich auf deinem Weg!‹ Betha weinte sehr und sagte ich solle wiederkommen. Im Jahre 1993 unternahmen wir eine Seniorenbusfahrt nach Worms am Rhein zum Herbstweinfest. Meine Frau Irmgard und ich machten uns auf zu einem Besuch nach Biblis, welches nur 2 Bahnstationen über den Rhein entfernt war.

In der Bahnhofstraße fanden wir gleich das Haus, wo Betha wohnte. Ich klingelte am Tor und Betha meldete sich über die Sprechanlage. Schon an ihrer Stimme hörte ich die Freude. Ein Sohn von ihr öffnete das Tor. Doch oh Schreck! Betha saß bewegungslos im Rollstuhl. Sie war an Multiples Sklerose erkrankt, im fortgeschrittenen Stadium. Wir weinten beide über unser Wiedersehen nach 47 Jahren. Ich wischte ihr die Tränen aus dem Gesicht, da sie ihre Hände nicht mehr bewegen konnte. Sie sagte: ›Lange habe ich gewartet auf dich, daß du wieder kommst. Nun ist die Zeit hin!‹. Ich war betroffen über ihre Worte. Wenn ich gewußt hätte, was mich daheim in Weira für Enttäuschung und Drangsal erwartete, hätte ich in Biblis bleiben können. Betha ist 1996 gestorben. Die Heimfahrt ging früh vom Bahnhof Biblis Richtung Würzburg, bis gegen Abend nach Bamberg. Hier fuhr kein Zug mehr in Richtung Thüringen. Zu Fuß lief ich Richtung Norden, ca. 15 km, in ein Dorf. In einer Gaststätte habe ich von meinem Reiseproviant gespeist und 2 Glas Bier getrunken. Es war niemand bereit mir ein Nachtlager zu geben. In einem Heuschober auf der Wiese schlief ich dem neuen Tag entgegen. Zum nächsten Bahnhof war es nicht weit und ich löste eine Fahrkarte bis Ludwigstadt, den letzte Bahnhof auf bayrischer Seite. Zwei Bahnstationen vor Ludwigstadt bin ich ausgestiegen, da ich an der Grenze amerikanische Grenzkontrolle vermutete. Querfeldein ging es in Richtung Grenze nach Reichenbach, wo ich am Nachmittag ankam. Gegenüber stand der Wetzstein, ein Aussichtsturm auf Thüringer Seite, 792 m NN, in ca. 3 km Entfernung. Die Bewohner des letzten Hauses aus Reichenbach Richtung Grenze nahmen mich auf und berieten mich, wie gefährlich es sei, nach drüben zu kommen. Die Männer arbeiteten im Schieferbruch in Lehesten, ich sollte am nächsten Morgen mit ihnen über die Grenze gehen. Jedoch traute ich der Sache nicht. Nach einem einfachen Abendessen mit der Familie konnte ich in der Küche auf einer Liege schlafen. Kurz nach Mitternacht machte ich mich auf zum gefährlichsten Gang meiner Flucht. Es war eine sternenklare Nacht. Nach dem Polarstern ging ich in Richtung Norden, durch einen Hochwald. Nach etwa einer halben Stunde, der Morgen graute bereits, kam ich an den Waldrand. Davor war ein Wiesengrund, gut 50 Meter breit. Auf der anderen Seite war wieder Fichtenwald, aber ein Steilhang. Am Waldrand, wo ich stand, war in über 2 Meter Höhe grüner Telefondraht gespannt. Da wußte ich, daß die russischen Soldaten hier Grenzwache hielten. Vorsichtig ging ich hinaus auf die Wiese, wo noch hohes Gras stand. Ich hatte kaum 10 Schritte gemacht, da rief mich ein Posten an: ›Stoy, Stoy!‹. Ich ließ mich hinfallen und kroch etliche Meter durchs Gras. Da fiel ein Warnschuß. Jetzt sprang ich auf und lief geduckt zum anderen Waldrand. Der Posten war vielleicht 30 Meter entfernt. Nun schoß er Dauerfeuer mit der Maschinenpistole auf mich. Ich ließ mich wieder hinfallen und robbte bis an den Waldrand, sprang dann auf und wie ein gehetztes Wild den Hang hinauf. Nach einer ganzen Weile mußte ich eine Pause einlegen, da hörte ich die russischen Posten miteinander reden. Langsam nach allen Seiten sichernd stieg ich durch den Wald den Hang hinauf. Auf der Hochfläche, wo auch noch Wald war, kam ich nach etwa einer Stunde an ein Haus am Waldrand. Es war Brennersgrün. Ich beobachtete das Haus vom Waldrand aus. Nach einiger Zeit kam ein alter Mann in abgetragener Försterkleidung heraus und ich sprach ihn an. Ich fragte nach den russischen Soldaten und vieles mehr. Ich bat ihn um etwas zu trinken, er brachte mir eine warme Tasse Tee. Er sagte zu mir: ›Was zu essen habe ich nicht, wir haben die Lebensmittelkarte VI, das ist die Friedhofskarte!‹. Inzwischen war die Sonne aufgegangen und der Tag lag vor mir. In Heinersdorf fragte ich die Leute nach dem Weg an die Hohenwarte-Saaletalsperre. Sie sagten an der Zschachenmühle oberhalb von Leutenberg wäre ein russisches Kommando, also umging ich die Zschachenmühle. Weiter führte der Weg nach Lothra und Altenbeuthen an das Ufer der Talsperre an die Linkenmühle. Die Brücke, an deren Stelle heute die Mühlenfähre über die Saale geht, war im November 1944 erst fertiggestellt und in den letzten Kriegstagen gesprengt worden. Aber ich hatte mich schon darauf eingerichtet durch den Stausee zu schwimmen. Am Ufer standen einige Leute, die zum anderen Ufer wollten. Ein Fährmann mit einem Ruderboot brachte uns ans andere Ufer. Nun war es nicht mehr weit bis nach Hause. Der Nachmittag begann und von Paska vorbei an Keila ging es querfeldein neben der Bankschenke in die Flur von Weira an der Lausbrücke bei Karols Teich. Hier habe ich gebadet und mich ausgeruht und meinem Gott gedankt für den Beistand in Gefahr und Not. Auch den vielen Menschen, die mir unbekannt geholfen haben und mit uns ihr weniges Essen geteilt haben. Gegen Abend bin ich dann heimgeschlichen nach Weira. Ich hatte immer noch Angst, von den Russen gefaßt und nach Sibirien geschickt zu werden. Durch Eismanns Gehöft bin ich heimgekommen. Ans Küchenfenster habe ich geklopft und bin durchs Tor gerannt. Meine Mutter, Großmutter Lina und ein junger ehemaliger Soldat hatten das letzte Heu aus der Blothe eingefahren, nach 4½ Jahren Krieg und Gefangenschaft war ich nun wieder daheim. Es war der 5. Juli 1946. Die Familie freute sich. ... Am nächsten Tag fing die Arbeit in der Landwirtschaft meiner Mutter an. Es waren 6,18 Hektar Ackerland und Wiesen und 2,17 Hektar Wald zu bewirtschaften. Es waren 5 Kühe da, die auch sämtliche Transport- und Feldarbeiten machen mußten. Am Abend des zweiten Tages daheim mußte ich mich auf dem Gemeindeamt in Weira melden. Das Amt war in der Gaststätte ›Fürstenfichte‹ oben eingerichtet. Der Bürgermeister war der Schmiedemeister L.B., der Sekretär der ehemalige Bürgermeister zur Hitlerzeit H. G., der auch Gastwirt der ›Fürstenfichte‹ war. Da ich keine Entlassungspapiere hatte, wollte mir H. G. keinen Zuzug geben. L. B. aber sagte laut: ›Der Junge ist hier geboren und bleibt auch in Weira!‹ Ein Stein fiel mir vom Herzen. ... Nachdem ich meine Anmeldung im Obergeschoß der ›Fürstenfichte‹ hinter mir hatte, ging ich in die Gaststube, wo etliche Männer beim Bier saßen. Nach 5 Jahren Krieg und Gefangenschaft kannte ich nicht mehr alle Leute. Am Tisch erzählte ich von den schweren Zeiten der Gefangenschaft. Am Nachbartisch stand ein kleiner Mann auf und brüllte mich an. Ich kannte ihn nicht. Er sagte, er wolle mich fortbringen zu den Russen. Es war H. M. aus Weira, der 2 Jahre im KZ Buchenwald gewesen ist. Voller Angst ging ich heim und wollte wieder fort aus Weira. Meine Mutter schmiß sich vor Verzweiflung auf den Boden und wollte sich umbringen, wenn ich nicht bliebe. Meine Schulkameraden waren fast alle gefallen oder vermißt. Die Eltern hofften, daß ihre Söhne wiederkämen und sahen mich mit bösen Augen an. H. M. war bei dem Bauer E. S. im Dienst als Landwirtschaftsgehilfe. Von S. sind 2 Söhne in Rußland vermißt. Er sagte: ›Sind meine Söhne nicht wieder gekommen, brauchen andere auch nicht da zu sein!‹. Oft stachelte er H. M. auf, mich in Angst zu halten. Ich bin ja zur Waffen-SS gekommen, als Stalingrad bereits vorbei und der Krieg verloren war. Daheim gab es für mich auch nur Arbeit über Arbeit, Ich hatte kaum etwas anzuziehen, außer meine schwarzgefärbte Militäruniform und Holzschuhe. Meine Lederschuhe hatten sie dem Kriegsgefangenen Stephan, einem Polen, gegeben, der sonst barfuß lief. Den einzigen Anzug, einen dunkelgrünen Lodenanzug, hatten meine Angehörigen einem Schlesier, K. B., der bei Kriegsende bei uns im Quartier war und der damals noch an den Endsieg glaubte, gegeben. Er holte seine Familie nach Weira. Er war 3 Monate unterwegs, als ich meinen Anzug wiederbekam war er abgetragen. Gedankt hat K. B. mir das nicht. Er war in Schlesien Beamter gewesen und kam auch bald wieder ins Finanzamt.

Im Gemeinderat spielte er sich auf und wurde bald Vorsitzender des Gemeinderates. Auch in der SED wurde er Ortssekretär. In Glogau an der Oder in Schlesien war er führender Nationalsozialist gewesen. Er machte mir viele Jahre das Leben schwer. Ein weiterer Keulenschlag, der mich treffen sollte war, daß ich mein geliebtes Fahrrad, das ich als Jugendlicher mir so mühsam zusammengespart hatte, in der Scheune ohne Räder vorfinden mußte. Auf meine Frage, wo diese seien, entgegnete meine Schwester: ›Die hat Brünner Hans, mein Ehemann, geholt damit er nach Neustadt zur Arbeit fahren kann.

Wir haben doch gedacht, du kommst nicht so bald wieder aus der Gefangenschaft!‹ Nichts Gutes ist mir seit meiner Heimkehr bisher widerfahren. Ich bedauerte schon sehr, aus der Gefangenschaft geflüchtet zu sein, mit all den Strapazen und Todesängsten, die ich überlebt hatte. Erst nach 2 Jahren 1948 bekam ich durch ein Tauschgeschäft mit 8 Pfund Butter 2 Fahrradräder. Nun brauchte ich nicht mehr überall hin zu laufen. In der Jahresmitte 1947 wurde der Bürgermeister L. B. abgelöst, er war 71 Jahre. Es kam W. S. als Bürgermeister ans Ruder. Er stammte aus Steinbrücken und hatte in Weira eingeheiratet. Er war in der SED und setzte die Politik der Kommunisten rücksichtslos durch. Als erstes mußte ich zur Musterung bei Dr. Rupprecht nach Neustadt, wegen der Arbeit bei der Wismut zum Uranabbau für die Russen. Viele junge Soldaten, die aus der Gefangenschaft heimkehrten, wurden dahin verpflichtet.

Die meisten sind nach 8-10 Jahren an Strahlungskrebs gestorben. Ich wurde nicht verpflichtet. Alle möglichen Arbeiten mußte ich ohne Bezahlung leisten. ... Wer sich weigerte, wurde mit den Russen bedroht – Ab nach Sibirien! Wenn die Gemeindebotin Anna Stöckel abends oder auch morgens kam, mußten wir unsere Arbeit zu Hause liegen lassen und schleunigst der Anordnung Folge leisten. Jeden Herbst kam der Auftrag, Brennholz nach Neustadt ins Krankenhaus zu fahren. Morgens früh ging es in den Wald, wo das Holz in Stapeln lag. Man mußte es selbst aufladen, ca. 2 Raummeter, und mit dem Kuhgespann nach Neustadt fahren. Am Ortseingang von Neustadt am Buchnußberg stand ein Polizist an der Straße, mit einer Liste und wies uns an, wohin das Brennholz gefahren werden mußte. Es waren alles Polizeiangehörige und große Parteibonzen, die Brennholz bekamen. Ins Krankenhaus kam kein Stecken. Bis man wieder daheim war, hatten die Kühe fast 20 km gelaufen und wir konnten sie 10 Tage nicht anspannen, da sie die Hufe durchgelaufen hatten. Melken brauchten wir auch nicht nach dieser Anstrengung. Es gab auch keinen Dank dafür. Es war ein schwerer Anfang. Fast jede Woche war Tanzvergnügen in der Weiraer Schenke. Als ich das erste Mal hinging, konnte ich den Rummel und die Musik nicht ertragen. Im Jahre 1941 war ich in die Tanzstunde gegangen, hatte aber nach 4½ Jahren Krieg und Gefangenschaft den Kontakt zu Mädchen verloren. Wir sind durch halb Europa im Gleichschritt marschiert und hatten

Befehle auszuführen. Viel Mühsal und Arbeit ohne Ende war mein Leben. Im Jahre 1948 lernte ich Irmgard Hekisch kennen, die als Vertriebene Umsiedlerin aus dem Sudetenland bei Otto Wagner in Weira Nr. 71 wohnte. Von meiner Familie gab es viele Einwände gegen die Verbindung, da sie eine Fremde war und nichts besaß, als ihr Leben. Am 25. März 1950 haben wir geheiratet und haben in der Landwirtschaft meiner Mutter gearbeitet, zuversichtlich dem, das da kommen sollte.[121]«

Westgreußen: *>Die haben aber auch alle eine Mutter!<*

»Im Frühjahr 1945, als die Amerikaner und die Russen immer tiefer auf deutschem Gebiet vorrückten, versuchte die deutsche Führung, die Gefangenen als Arbeitssklaven auf das noch verbliebene Territorium zurückzuführen. Ende März, oder Anfang April 1945, niemand weiß heute mehr den genauen Tag, kam ein Zug Gefangener von Rohnstedt her durch unser Dorf und zog in Richtung Clingen weiter. Mehrere Hundert erbarmungswürdige Gestalten, kahlköpfig, mit zerschlissener Häftlingskleidung und z.T. mit Uniformmänteln, in Holzpantoffeln und z.T. barfuß, schwankten in Viererreihen, bewacht von deutschen Soldaten mit Hunden dahin. Elise Schubert, damals verwitwete von Nordheim. geb. Pennewitz, erinnert sich, daß ihre Mutter auf die Straße ging und den Gefangenen Brot und gekochte Kartoffeln reichte. Eilig kam ein begleitender Wachmann auf sie zu und schrie sie an, daß sie abgeführt und erschossen würde, wenn sie das nicht sofort unterläßt. Rosa Beyer, geb. Wedekind, bemerkte, wie eine Westgreußener Bürgerin abfällige Bemerkungen über die armen Gestalten machte und sagte zu ihr: >Die haben aber auch alle eine Mutter!<. Else Weibezahl, geb. Müller, erinnert sich, wie sich die Gefangenen auf das ihnen heimlich zugeworfene Brot stürzten.

Die Begleitmannschaften suchten das aber immer zu verhindern. Ein Wachposten tat sich besonders hervor, indem er rief: >Achtung, jetzt kommt die Elite der Welt!<. Der Durchmarsch lief noch verhältnismäßig glimpflich ab. Es gab im Dorf und in der Flur keine Toten.[122]«

»In Westgreußen unmittelbar am Ortsrand, da wo heute das Gelände der ehemaligen LPG ist und wo das Ackerland der Familie Fritz Pennewitz beginnt, wurde am späten Vormittag des Karfreitags, am 31. März 1945 ein Personenzug der Kleinbahn von 5 oder 6 Jagdbombern mit Bordwaffen angegriffen. Es befand sich keinerlei Militär oder militärische Ausrüstung im Zug, nur Zivilreisende.

Von überschweren Maschinengewehrgarben durchlöchert blieb der Zug stehen. Aus der Lokomotive zischte der Dampf. Menschen schrien verzweifelt, sprangen voller Panik aus den Personenwagen und rannten beiseite. Schnell herbeigeeilte Männer und Frauen trugen einen in Tücher eingehüllten blutüberströmten Mann in die Schenke, wo man nur noch seinen Tod feststellen konnte.

Dem Zugführer, einem Herrn Völlmar aus Ebeleben, wurde ein Bein abgeschossen. Mehrere Leute waren verwundet. Eine Frau aus Erfurt war sofort tot. Man trug sie in das Spritzenhaus und bahrte sie dort auf. Ihr Mann wurde benachrichtigt und er kam, um seine tote Frau nach Erfurt zu holen, aber wie? Schließlich borgte ihm Frau Klara Frei ihren Handwagen und irgendwie war auch ein Sarg organisiert worden. So zog der Mann seine tote Frau zu Fuß nach Erfurt zur Beerdigung. Gertrud Kranhold, geb. Frei, holte dann am 5. April, gemeinsam mit ihrer Tante und ihrer Cousine Dora den Handwagen in Erfurt-Nord wieder ab. Da keine Eisenbahn mehr fuhr, gingen sie frühmorgens zu Fuß los, waren um 13:30 Uhr in Erfurt und abends um 19:00 Uhr wieder zu Hause. Unterwegs mußten sie sich mehrmals vor Tieffliegern verstecken.[123]«

An den Tagen vor dem Kriegsende wurde die Frühjahrsbestellung durchgeführt. Die Witterungsbedingungen waren außerordentlich günstig.»Dabei waren tagtäglich feindliche Flugzeuge am Himmel. An einem Tag, – erinnert sich Albrecht Sauer – ich war am Ehrischen Weg mit dem Pferdegespann bei der Feldarbeit, erschienen amerikanische Jagdbomber. Ich floh sofort mit den Pferden unter die großen Kopfweiden. ... Zur gleichen Zeit war mein Vater auf dem Feld von Otto Weimann im Lochental mit dem Polen Jan bei der Feldarbeit, als die Jagdbomber sich auch auf sie stürzten und schossen. Zum Glück wurden auch sie nicht getroffen.[124]«

»Die Front rückte immer näher. Amerikanische Truppen standen schon im Raum Schlotheim-Ebeleben. Versprengte deutsche Wehrmachts-Einheiten zogen sich zurück und leisteten vereinzelt Widerstand. Am 9. April kamen z.B. Soldaten zu uns und baten um Essen. Am 10. April vormittags erschienen Wehrmachtsfahrzeuge und Panzerfahrzeuge in Westgreußen. Junge, fanatische Offiziere wollten offensichtlich unser Dorf verteidigen. Während die Panzerfahrzeuge auf der Straße vor der Gemeindeschenke standen, rückten LKWs in die Höfe an der Hauptstraße. Auch im Hof von Hermann Müller stand ein Lastwagen mit Munition beladen. Soldaten und Flüchtling wurden von den Einheimischen Familien mit Nahrung versorgt. Meistens gab es Kartoffelsalat und Eier. Es war abends gegen 18:00 Uhr. Plötzlich flog ein amerikanischer Jagdbomber über unser Dorf, der auch gleich beschossen wurde. Dieser wendete und kam zurück. Da gab es einen furchtbaren Krach und alle stürzten in die Keller. Im Keller waren Bombengeschädigte aus dem Ruhrgebiet, die in Erinnerung ihrer furchtbaren Erlebnisse in den Bombennächten in hysterisches

Geschrei verfielen. Angst und Schrecken befiel alle. Doch draußen blieb es ruhig. In der Hoffnung, daß die Gefahr vorbei sei, eilten wir auf die Straße. Eine riesige Staubwolke verdeckte die Sicht in Richtung Gasthof Mosebach. Frau Elsbeth Schieke kam mit ihrer Tochter Roswitha auf dem Arm staubbedeckt aus ihrem schwer beschädigten Wohnhaus und wurde von Familie Wedekind aufgenommen. Gertrud Frei, die mit im Keller der Wedekinds war, erinnerte sich plötzlich, daß sie alle Würste im Tragekorb in ihrer Stube stehen gelassen hatte. Schnell lief sie nach Hause und war glücklich, daß alles noch unversehrt da stand. Soldaten hasteten nervös hin und her. In der Scheune Hermann Müllers wurde schnell Platz gemacht, damit das Munitionsauto nicht von oben zu sehen war. Ein Treffer hätte hier verheerende Folgen gehabt. Die meisten Einwohner packten eilig Decken und Sachen zusammen und flohen aus dem Dorf in die Steinbrüche, ins Flattig, hinter das Kloster und hinter den Martinsteg. Dort blieben sie die ganze Nacht. Beherzte Einwohner redeten auf die Soldaten ein, daß sie sich doch aus dem Dorf zurückziehen sollten, erhielten aber barsche Antworten, wie: ›Was kommt es auf dieses Scheißkaff an, wo schon so vieles kaputtgegangen ist!‹. Hermann Haase, damals schon ein alter Mann, wurde von den Soldaten sogar erschlagen. Den alten Heinrich Meyer sen., der am Bahnhof wohnte, wollte man sogar erschießen, weil er eine weiße Fahne herausgehangen hatte.[125]«

Über den Bombenangriff vom 10. April berichtet ein weiterer Zeitzeuge: »Wir, mein Vater, ein dienstverpflichtetes russisches Mädchen und ich, waren beim Füttern der Tiere im Hof und Stall. Plötzlich erschienen am Himmel amerikanische Jagdbomber. Einer stürzte auf uns zu und klinkte zwei Bomben aus. Blitzschnell rannten wir in den Stall und warfen uns hinter der Stallwand auf den Boden. Da gab es einen furchtbaren Knall und Rauch. Qualm, Splitter und Steine flogen durch die Luft. Kurz danach sahen wir in den Hof: Das kleine Haus der Nachbarfamilie August Eckhardt war weg, der Schweinestall vom Nachbar Otto Pennewitz war weg. Von unserem Haus und vom Nachbar Otto Barthel waren die Giebel aufgerissen. Rundum die Dächer der Häuser, Scheunen und Ställe waren beschädigt, Türen und Fenster waren kaputt. Eine Bombe war genau in Eckhardts Mistloch gefallen und die andere unmittelbar daneben in das Hausgärtchen. Wir waren im Stall, etwa 15 Meter davon entfernt. Die Familie Eckardt war schon vor einigen Jahren gestorben, und in dem Haus war eine Flüchtlingsfamilie aus Weißrußland untergebracht. Diese Leute überlebten den Angriff im Keller, nur ihr Obdach über ihnen war weg. Zum Glück kam kein Mensch zu körperlichen Schaden. Im Keller des Nachbarhauses Otto Schröder, später Willi Haase, hatten mehrere Leute Schutz gesucht und alles gut überstanden. Meine Mutter, meine Schwester und mein kleiner Bruder waren auch dort. ... Zwischen 6 halb 7 Uhr fielen weitere Bomben auf unser Dorf, zwei vor der Schenke und eine vor dem Gasthof, also insgesamt fünf. Die vor dem Gasthof gefallene Bombe muß eine größere Bombe gewesen sein; denn der Bombentrichter auf der Straße hatte einen Durchmesser von ca. 3,5 bis 4 Meter. Da alle Fenster kaputt waren, luden wir unsere Wertsachen auf einen Handwagen und fuhren zu unserem Onkel Fritz nach Clingen, wo wir auch übernachteten.[126]«

Um zu erfahren, welchen Schaden die Bomben angerichtet hatten, gingen Else Müller und Inge Wedekind bis zur Schenke und sahen das ganze Elend: »Brennende Häuser und tote Soldaten, die verstümmelt und verbrannt herumlagen. Das Feuer des brennenden Geländewagens hatte das Fachwerk der Gemeindeschenke entzündet und Hugo König löschte geistesgegenwärtig mit einem Feuerwehrschlauch, wahrscheinlich von einem Hydranten her, den Brand und rettete damit die Schenke. Die Soldaten verließen das Dorf und zogen in Richtung Clingen–Greußen ab.

Am nächsten Morgen näherten sich die amerikanischen Panzerspitzen von Rohnstedt her dem Dorf. Zuerst schossen sie eine Salve über das Dorf, da erschien an einem Fenster eine weiße Fahne. Die Amerikaner verstanden das Zeichen und rückten in das Dorf ein.[127]«

Albrecht Sauer und seine Angehörigen kehrten wieder heim und richteten ihr schwer beschädigtes Haus wieder her, wobei das größte Problem die fehlenden Dachziegel waren. Vor der Schenke sahen sie ein deutsches Flakgeschütz auf Selbstfahrlafette in der Nähe des Wohnhauses von Karl Hammerstein stehen. »Direkt vor der Schenke stand ein Mannschaftswagen. Beide Fahrzeuge wurden von zwei Fliegerbomben unmittelbar getroffen und brannten aus, dabei fing das Fachwerk der Schenke Feuer. Vier deutsche Soldaten starben und ihre Überreste wurden bis zur Unkenntlichkeit verstümmelt und verbrannt. Sie wurden auf dem Friedhof beigesetzt.[128]«

Nachdem sich die Menschen vom ersten Schrecken erholt hatten und merkten, daß die Amerikaner ihnen nichts taten, wurden sie erleichtert, daß endlich der Krieg für sie vorbei war. Noch etwas verwundert betrachteten die jungen Frauen die vielen afroamerikanischen Soldaten und einem, der ihnen zuwinkte, hat eines der Mädchen sogar schon wieder keck die Zunge herausgestreckt. »Nachdem die große Armada durchgezogen war, hielten einzelne Fahrzeuge an und die Soldaten fragten nach Wein und Eiern. Weil sie anderen Lebensmitteln gegenüber sehr mißtrauisch waren, verlangten sie Eier, weil diese ja nicht vergiftet sein konnten. Wir merkten aber bald, daß die amerikanischen Soldaten selbst genügend Lebensmittel hatten und daß sie wohl eher auf etwas Frisches aus waren. In den folgenden Tagen wurden Haussuchungen durchgeführt, alle Waffen und Fotoapparate mußten abgeliefert werden. Einige Gefangene, besonders die Franzosen, biederten sich bei den Amerikanern an.

Die Zivilverwaltung wurde wieder hergestellt. Albert Frei wurde als neuer Bürgermeister eingesetzt. Das Leben verlief weiter. Die Leute gingen wieder der Arbeit nach und die schwersten Schäden wurden repariert.[129]«

Westhausen und Haubinda: *Zwei Panzer blieben liegen*

»Westhausen wurde erst am 11. April 1945 besetzt. Zwischen dem 7. und 10. April konnten sich durch den schmalen Schlauch zwischen Westhausen und Seidingstadt noch viele deutsche Soldaten retten und [wenigstens vorläufig] der Gefangenschaft entgehen.

Auch in Westhausen lag ein SS-Kommando. Es wäre denkbar, daß die SS in Seidingstadt und in Westhausen den Auftrag hatte, den Rückzug der eigenen Leute zu decken. Es fiel auf, daß Artillerie und auch Panzer durchkamen. Zwei von diesen blieben wegen Spritmangel in den Kreckwiesen zwischen Westhausen und Gellershausen liegen, zwei weitere blieben im Sumpfgebiet im Westhäuser Grund Richtung Völkershausen stecken. Sie wurden von den letzten durchkommenden Soldaten gesprengt. In den Wäldern um Westhausen lagen viele Wehrmachtsangehörige. ... Angesichts der bedrohlichen Lage wollten viele Westhäuser nicht im Ort bleiben. Sie zogen mit Vieh und dem wichtigsten Hausgerät Richtung Gompertshausen, das bereits schon seit dem 9. April von Amerikanern von Alsleben aus genommen war, was den Flüchtlingen jedoch unbekannt war.

Sie kamen nicht bis zum ›Lomper‹ [Landwehr]. Auf halbem Weg zwischen Westhausen und Gompertshausen, im Weidig, das zum Flurteil Herrensee gehört, mußte ein Teil der Flüchtenden Unterschlupf suchen, weil fliehende deutsche Soldaten die Aufmerksamkeit der Amerikaner auf sich gezogen hatten. Es liegt von einem Gewährsmann die Angabe vor, daß ein Amerikaner in fließendem Deutsch das Ehrenwort abverlangte, wegen eventuellen Verrates von Geheimnissen nicht nach Westhausen zurückzukehren, sondern nach Gompertshausen weiterzuziehen. ... Der Oberlehrer Kopp hat das Kriegsende folgendermaßen erlebt: In den Vormittagsstunden des 11. April 1945, es war am Mittwoch, trafen die ersten motorisierten GIs im Ort ein. Bereits am Vortag hatte sich ein Spähwagen, von Höhenhausen kommend, den Dorf genähert, war aber wieder zurückgefahren. Die ersten Wagen hielten am 11. April vor dem Gasthof ›Zum Grünen Baum‹. Durch die Ortsschelle wurde bekannt gemacht, daß die Einwohner sämtliche Waffen, Photo[apparate] und anderes innerhalb einiger Stunden an bestimmten Sammelstellen abzuliefern hätten. Nichtbefolgung würde mit dem Tode bestraft. Die verängstigten Einwohner lieferten wohl alles restlos ab. Nun kamen lange Kolonnen amerikanischer Truppen und zogen nach Gellershausen weiter. Das ging auch am 12. April so weiter. An den Tagen vorher, am 9., 10. April berührte noch eine Kompanie Infanterie den Ort. Sie bezogen Quartier in der Schule. In der Nacht verschwanden sie Richtung Coburg. Durch den Volkssturm wurden an den Dorfein- und ausgängen Barrikaden errichtet, die am Abend des 10. April durch SS-Soldaten geschlossen wurden. Noch in der Nacht mar- schierte die SS auch in Richtung Coburg ab. ... Am Morgen des 10. April flatterte eine weiße Fahne vom Turm der Kirche im Winde, die durch einen SS-Leutnant beseitigt wurde. Niemand weiß, wer sie in der Nacht angebracht hatte. Die letzte Nacht vor dem Einzug der Amerikaner war unheimlich, schaurig. Alle zehn bis fünfzehn Minuten dröhnte ein mächtiger Kanonenschuß durch den Ort. Die Bewohner hielten sich in den Kellern auf und kamen erst am Morgen heraus. Mehrere Häuser in Höhenhausen hatten Beschädigungen erlitten. ... Die zurückgelassenen Panzer standen noch lange am gleichen Fleck. Ende der 1980er Jahre wurden die letzten verbliebenen Reste gebor- gen und verwertet. Zuvor hatten sich die Westhäuser je nach Bedarf das eine oder andere nützliche Teil abmontiert.[130]«

In Haubinda hingegen gestaltete sich das Kriegsende höchst problematisch, da die Amerikaner auf ziemlich starken Widerstand stießen: »Dort lagen auf dem Gut und in der Hermann-Lietz-Schule in den letzten Kriegstagen eine Panzerkompanie ohne Panzer und eine größere Anzahl von Fahnenjunkern. Ihr Widerstand kostete vier deutschen Soldaten das Leben. Sie sind im Wald bei Haubinda be- graben. Das Grab des Hans von Bordeaux, der ebenfalls bei Kriegs- ende in der Nähe ums Leben kam, ist heute noch vorhanden.

Es wurde vor wenigen Jahren von Helmut Eckstein und Wolfgang Rode wieder hergerichtet. Die Panzergrenadiere und Fahnenjunker verließen in der Nacht zum 11. April Haubinda im letzten Augenblick vor der Ankunft der Amerikaner, die bereits Gompertshausen und Streudorf besetzt hatten, aber noch nicht Seidingstadt und West- hausen. Die deutschen Truppen marschierten gut ausgerüstet, aber ohne schwere Waffen auf dem alten Postweg durch Seidingstadt weiter Richtung Völkershausen, während die Amerikaner schon am Straufhain lagen. Einer der Soldaten stammte aus Völkershausen und nutze seine Ortskenntnisse. Bei Holzhausen soll der Trupp mit dem Feind in Berührung gekommen sein, es gab einige Leichtverwundete, die mitgeführt wurden. Die Einheit schlug sich dann zum Pfaffenholz durch zwischen Holzhausen und Colberg, westlich von Gauerstadt nach Sülzfeld.[131]« Günther Schmitt erinnert sich: »Rudi Scheiderbauer ist am 10. April 1945 beim Schloß Haubinda den Heldentod gefallen. Er ist auch dort mit unserem Inspektionschef und noch mehreren Kameraden begraben. Unsere Kriegsschule kam nach Ostern geschlossen in der Gegend von Meiningen zum Einsatz. Die Kriegsschule war aber ganz auf sich allein gestellt und so waren wir bereits nach dem ersten Tag unseres Einsatzes eingeschlossen und blieben es auch die ganze Zeit hindurch. Rudi selbst war unserm Chef zugeteilt und ich sprach noch mit ihm, als beide mit dem Fahrrad zu einer Panzersperre fuhren. Inzwischen hatte sich dort eine Pioniereinheit ohne Befehl abgesetzt und so kam das Verhängnis, daß Rudi und Oberleutnant Bräunlich nichtsahnend in die Garben eines amerikanischen Maschinengewehrs hineinfuhren.

Ein weiterer Oberleutnant übernahm nun die Führung der Einheit. Diese löste sich am anderen Morgen auf, aus Mangel an Munition.[132]«

Aus anderer Perspektive erlebte Else Weidmann damals das Geschehen:»Am 8. April 1945 stand der Amerikaner auf der Höhe der beiden Gleichberge, die ja nicht weit von Haubinda entfernt sind. Am Abend erschienen in der Schule etwa 100 deutsche Fahnenjunker mit ihrer Führung. Sie bezogen einen Teil des Hauses, bauten in der Flur draußen ihre Panzer auf. Der Amerikaner beschoß mit seinen Panzern und Geschützen die Gegend. Am 9. April kamen noch 200 dazu, und das ganze Gebäude mußte von den Schülern geräumt werden. Sie zogen in die Bunker in den Felsen, denn es war ja nun auch höchst gefährlich geworden. Der Amerikaner kam mit Tieffliegern usw.. Er zog sich langsam von den Gleichbergen herunter und kam immer näher. Da bat der Leiter die Truppe, die Schule zu verlassen, da sie ansonsten verloren sei, ein Widerstand nach Lage der Dinge zwecklos. Darauf zogen sich die Fahnenjunker zurück, das heißt sie rückten ab. Eine Reihe ihrer Panzer blieben im Sumpf stecken. Der Amerikaner kam sehr schnell nach, umstellte die Schule, ein paar Offiziere kamen im Auto, eine kurze Verhandlung, und nach zehn Minuten zogen sie weiter und kamen nie wieder. Die Haltung der Amerikaner war tadellos, ritterlich und anständig. Als sie hörten, daß in der Schule fünf Schwerverletzte lagen, kamen innerhalb von 10 Minuten Rot-Kreuz-Autos und brachten die Verwundeten in das Krankenhaus nach Hildburghausen. Schüler fanden dann im Wald zwei Tote und später hieß es, draußen in der Lindener Flur liegen noch zwei. Der Gutspächter fuhr mit dem Milchwagen hinaus und holte sie. Es waren Rudi und der Oberleutnant. Sie waren in eine Maschinengewehrgarbe gekommen und durch Kopfschuß getötet worden. Sie hätten ganz friedlich und unverletzt ausgesehen. Die Haubindaer sprechen heute noch übrigens von dem tadellosen Geiste und der besonders guten Haltung der ganzen deutschen Truppe. Eine Gruppe ist versprengt worden, hat sich noch einige Tage in den Wäldern aufgehalten. Nachts kamen sie hinunter auf den Gutshof, wo sie von der Gutsfrau versorgt wurden, heimlich buk sie jede Nacht Brot, sie mußte vorsichtig sein, wegen der ausländischen Arbeiter. Was dann aus ihnen geworden ist, weiß man nicht in Haubinda. Die Gefallenen wurden würdig beerdigt. An der Beerdigung nahm die ganze Schulgemeinde teil.[133]«

Wiedermuth: *Die drei Jungen sollten erschossen werden*

Am 2. April 1945 treibt man KZ-Häftlinge in mehreren Marschblöcken durch den Ort. Die Zugbegleitung besteht aus Männern der Waffen-SS mit Hunden. Der Durchmarsch dauert von 11:00 Uhr vormittags bis weit in den Nachmittag hinein.

Am 5. April trifft ein amerikanischer Stoßtrupp bestehend aus einen Panzerspähwagen und 2 Jeeps im Ort ein. Der Offizier befiehlt das Hissen der weißen Flagge. Der Bürgermeister schickt dazu 3 Jugendliche auf dem Turm.

Am 7. April erscheint ein Spähtrupp der Waffen-SS im Ort und verlangt die Einholung der Fahne sowie die Bestrafung der Verantwortlichen. Die 3 Jungen werden verhaftet und sollen erschossen werden. Harry Speiser erklärte daraufhin, daß die Jungs nur im Auftrag des Bürgermeisters gehandelt hätten. Daraufhin nimmt die SS den Bürgermeister und den Lehrer mit. Beide bleiben verschwunden. Während der Lehrer erst nach einem Jahr nach Hause zurückkehren kann, wird der Bürgermeister erst nach 2 Jahren schwerkrank entlassen. Am 9. April wird der Ort von der US-Armee besetzt.[134]

Wülfingerode: *Aller Besuch hatte aus dem Ort zu verschwinden*

»Ein großes Erlebnis hatte ich am 3. April 1945 in Wülfingerode.

Von 10:00 Uhr an fuhr dauernd ein Funkwagen durch den Ort. Alle Personen, auch Kranke, mußten auf die Chaussee. Ich bin nicht hinausgegangen, sondern auf den Boden. Da fuhren von allen Seiten riesige Panzer auf, die Rohre auf das Schloß derer von B. gerichtet. Die Spannung und Angst bei den Leuten war groß. Auf einmal hingen von zwei Seilen große, weiße Betttücher raus. Ein paar Minuten Schweigen, dann kam ein Signal für die Panzer zum Abmarsch. Sie fuhren alle nach Westen zurück. Ich bin vom Boden runter und auf die Straße. Da kam der General von der V-Waffe mit zwei Amerikanern aus dem Schloß und fuhr in ihrem Jeep weg. Jetzt wußte ich auch, warum der Besuch vor vier Wochen weg mußte [Am 2. März waren Partei und SA gekommen, wobei aller Besuch hatte aus dem Ort zu verschwinden hatte]. Die Leute konnten ohne Schaden wieder nach Hause gehen. Mutter und ich haben im April 1945 ein paar nette sieben und acht Jahre alte Jungen aufgenommen. Frau von B. brachte sie von Berlin mit. Jeder, der ins Land fuhr, mußte in diesem April Kinder vom Roten Kreuz mitnehmen. Es waren Peter und Siegfried F. aus Berlin. Der Vater war Staatsrichter und im Krieg Kapitän. Das Schiff soll untergegangen und die Mutter nach dem Osten verschleppt worden sein. Als ›Waisenkinder‹ hat Frau von B. sie mitgenommen. Da sie aber aus ihrem Schloß raus mußte, wurde durch den Bürgermeister dringend für die Kinder eine Bleibe gesucht. Aber keiner im Dorf hatte Platz für sie. Meine Mutter, die schon das Haus voll Ausgebombte hatte, nahm auch die Kinder noch auf. Sie hatte für alle armen Menschen ein Herz. Sieben Monate hatten wir die Kinder. Dann mußte ich nach Nordhausen aufs Sozialamt kommen. Wir sollten für die Kinder vom 1. November an 45,00 Mark im Monat bekommen. Die Freude war groß, denn bis dahin gab es nichts. Als ich nach Hause zurückkam, war meine Mutter verweint. Die Mutter der Kinder hatte durch das Rote Kreuz ihre Kinder wiedergefunden und war mit einem Auto aus Berlin gekommen.[135]«

Wutha-Farnroda: *Häufige Lazarettzüge kündigen das Ende an*

Am 3. April 1945, am dritten Osterfeiertag, verkündet der Großdeutsche Rundfunk, daß Meiningen und Eisenach in harten Kämpfen mit den Amerikanern ständen und sich die deutschen Truppen aus taktischen Gründen zu einer Frontverlängerung zurückzögen.[136]
Tragisch für Wutha-Farnroda war, daß der Ort an der Ost-West-Hauptversorgungslinie von Eisenbahn und Reichsautobahn lag. »Das Ende kündigte sich durch immer häufiger durchkommende Lazarettzüge mit Kriegsversehrten an. Ab 1944 wurden über das Gebiet Wuthas hinweg schwere Luftangriffe auf Eisenach geflogen. Ziel war hauptsächlich das Automobilwerk, jedoch wurden immer wieder Wohnviertel getroffen. Bachhaus, Lutherhaus und die Ostseite des Marktes wurden zerstört. Der schwerste Angriff fand am Mittag des 11. September 1944 statt. 500 angloamerikanische Bomber überflogen das Gebiet. Der Feuerschein der brennenden Stadt war bis nach Sättelstädt zu sehen.[137]«
»In Eisenach setzten sich der NSDAP-Kreisleiter Köhler und der Oberbürgermeister Müller-Bowe zwischen dem 1. und dem 4. April aus der Stadt ab und übertrugen das Amt des Oberbürgermeisters kommissarisch dem parteilosen Stadtrat Dr. Lotz, den die Amerikaner

zunächst im Amt beließen.[138]« Bereits am 6. April 1945 waren die Amerikaner in dem östlich von Wutha-Farnroda gelegenen Mechterstädt eingerückt.[139] »Am 7. April 1945 marschieren sie nördlich am Hörselberg vorbei, über Hastrungsfeld und Sättelstadt in Wutha und Farnroda ein. Vorher versuchten sie, die Autobahnbrücke bei Sättelstädt zu sprengen, was ihnen jedoch letztlich nicht gelang, da eine zweite Bombe wegen eigener nachrückender Panzereinheiten nicht mehr gezündet werden konnten. Zahlreiche Einwohner hatten vor den Bomben Schutz in den Hörselbergen gesucht. In Wutha und Farnroda wurden mehrere Häuser in Brand geschossen.[140]«

Zella-Mehlis: *Die Stadt wurde kampflos eingenommen*

Nachdem Feldalarm ausgegeben und eine Reihe von wichtigen Nazis die Stadt bereits verlassen hatte, nahm eine Gruppe beherzter Bürger das Heft in die Hand. Am frühen Abend des 3. April 1945 planten Max Anschütz, Paul Weiß, Fritz Walther und Oberbürgermeister Grube die kampflose Übergabe der Stadt. Ein situationsbezogener Text, datiert auf den 4. April, wurde vom OB als Ausweis zertifiziert und einige Parlamentäre damit an die Ausfallstraßen der Stadt geschickt. Jene sollten den Kontakt zu den Amerikanern herstellen. Der Ausweis trug den Wortlaut: »Der Inhaber dieses Ausweises ist beauftragt, die Verbindung zwischen der Stadtverwaltung Zella-Mehlis und den amerikanischen Truppen zwecks kampfloser Übergabe der Stadt herzustellen. Die Stadt ist seit gestern Abend von der deutschen Wehrmacht geräumt. Sonstige Kampfeinheiten befinden sich nicht in der Stadt.   Der Oberbürgermeister«
Max Anschütz gelang die erste Kontaktierung am 4. April gegen 9:15 Uhr mit der Hauptkampfspitze der US-Armee im Grund auf halbem Weg zwischen dem Mercedes-Werk und der Eisenbahnbrücke. Die Stadt wurde kampflos eingenommen. Amerikanischer Kommandant war Captain Earl F. Engelbrecht. Seine Offiziere wurden mit der Aufsicht über je ein Viertel betraut.[141]

Zimmerau: *Die Einquartierung wechselte pausenlos*

Für den Osterdienstag 1945 steht in der Schulchronik der protestantischen Volksschule Zimmerau vermerkt: »Die ›Kriegsmaschine‹ der Amerikaner ist im Anrollen. Fast ununterbrochen ziehen hier zersprengte deutsche Truppenteile, einzelne Soldaten, Arbeitsdienstler, Volkssturmmänner durch, meist führerlos, größtenteils ohne Waffen, nur mit dem einen Ziel, sich noch vor der Gefangenschaft zu retten. Auch gefangene Ausländer sind auf dem Durchmarsch. Alles ein Bild der Auflösung. Für Stunden und Nächte wechselt die Einquartierung bei den Bauersleuten ohne Unterbrechung. Auch für die Verpflegung müssen diese aufkommen. In Meiningen und Mellrichstadt wird bereits gekämpft. ... Nach dem Nachmittagsgottesdienst [8. April] schwärmen feindliche Tiefflieger in großer Zahl über der Gegend und beschießen die Wälder und Rückzugsstreifen. Letzte deutsche Soldaten verlassen fluchtartig die Quartiere und schlagen sich in die Wälder. Amerikanische Panzer und Kraftwagenkolonnen auf der Straße von Königshofen heraus vorstoßend, nehmen ohne Gegenwehr Unter- und Obereßfeld, kommen gegen 7 Uhr abends nach Sternberg [das einige Zeit wegen noch vorhandenen deutschen Militärs beschossen wird], fahren durch Zimmerau und Rieth.[142]«

FORSCHUNGSÜBERBLICK

Das kurze Zwischenspiel der amerikanischen Besetzung Thüringens war in der DDR-Geschichtsforschung weitgehend ausgespart geblieben. Lediglich in den ›Westen‹ gegangene Thüringer – wie Dieter Grille – hielten die Erinnerung an die Ereignisse publizistisch wach.

In den 1990er Jahren, spätestens aber ab dem 50. Jahrestag des Kriegsendes, rückte das Thema schlagartig wieder in den Mittelpunkt der Erinnerung. Neuere Nachforschungen, so der Gesamtüberblick von Gunther Mai [2005], aber auch orts- und regionalbezogenere Veröffentlichungen sowie Ausstellungen und über diesen unbekannten Zeitabschnitt thüringischer Geschichte haben viele neue Erkenntnisse erbracht. Auch die ab 1990 wieder vermehrt erscheinenden Ortschroniken und Festschriften zur lokalen Ortsgeschichte mit Beiträgen und Erinnerungen zahlreicher Zeitzeugen haben so manches Teil zu diesem großen Puzzle beigetragen.

Auch wenn die Ortschroniken zuweilen einen gewissen Mangel an Subjektivität zu besitzen scheinen und mit mehr oder minder großer zeitlicher Distanz auf die Ereignisse zurückblicken, sind sie dennoch eine ausgezeichnete Quellengrundlage.

Sie zeichnen ein sehr differenziertes Bild über das Kriegsende in Thüringen und fangen diese Zeit, freilich weitestgehend aus Perspektive der Zivilbevölkerung, aus verschiedensten Blickwinkeln ein.

Während die letzten Kriegstage in den einem Ort entweder gar nicht, oder nur kurz in der Zeittafel erwähnt sind, sind sie anderenorts minutiös erforscht und niedergeschrieben worden.

Verbindet man die Einzeldarstellungen miteinander lassen sich nach und nach die zahlreichen Facetten des Kriegsendes, sowie deren Gemeinsamkeiten und Unterschiede vor Ort erkennen.

In den Ortschroniken kommen vornehmlich die kleinen Leute zu Wort. Es ist Geschichte vom Volk, für das Volk geschrieben. Jenseits der großen Entscheidungszentren bricht der Krieg – für viele von Grauen und Schock geprägt – in den zivilen Alltag der Thüringer Bevölkerung ein. Wie auf diese Ausnahmesituation, auf diesen Bruch der Alltagsroutine reagiert wird, zeigt viel vom Wesen des Menschen. Während die einen – oft jene, von denen man es am wenigsten erwartet hätte – plötzlich zu Helden werden und trotz höchster Gefahr ihren Wohnort vor dem drohenden Untergang retten, gibt es andere, die sich ihrer angestammten Führungsposition nicht gewachsen zeigen und Dinge tun, ›die sie keineswegs wollen können‹.

Was Ortschroniken, Kriegstagebücher und behördliche Überlieferung über das Kriegsende vermissen lassen, liefert die Erinnerung der amerikanischen Soldaten. In den Nachlässen zahlreicher mittlerweile verstorbener amerikanischer GIs haben sich u.a. unzählige – vornehmlich mit den damals konfiszierten deutschen Fotoapparaten gemachte – Bilder erhalten, welche gerade die Ereignisse während der ›Stunde Null‹ in vielen thüringischen Städten und Gemeinden erstaunlich gut dokumentieren.

Epilog: Ein Kreis schliesst sich

Schlesien 1945: Die Front war vorübergezogen. Rauchende Trümmer einer zusammengeschossenen Fahrzeugkolonne säumen den Weg. Neugierig wie Kinder einmal sind, näherten wir uns vorsichtig den rauchenden Trümmern. Keine Menschenseele war zu sehen. Das machte uns kühn. Am Steuer eines Fahrzeugs saß noch der Fahrer, das Kinn auf der Brust, so als würde er schlafen. Aus dem Einschuß an seiner Stirn rann ein dünner Faden Blut. Ich sprang auf den Beifahrersitz und sah um seinen Hals ein Fernglas hängen. Ohne zu überlegen, nahm ich dem Toten das Glas ab und folgte den anderen zurück ins Dorf, noch nichts ahnend von dem, was kommen sollte.

Bald mußten wir unsere Heimat verlassen. Auf den staubigen Landstraßen während der Flucht, bei den Ausflügen der Nachkriegszeit, immer hatte ich es bei mir – dieses Fernglas.

Manches Abenteuer hat es unversehrt überstanden. Auf jeder Urlaubsreise war es im Gepäck. Die ganze Welt habe ich durch dieses Glas gesehen.

Bis zu einem Tag zu Beginn der 1990er Jahre: Während einer Polenreise bot sich mir die Gelegenheit, meiner Frau die alte Heimat zu zeigen. Wehmütig spazierte ich in meinem ehemaligen Dorf umher, dachte an dies und jenes. Irgendwann kamen wir auch an die Stelle, wo ich damals zu meinem Fernglas gekommen war. Und da passierte es: Das Glas löste sich vom Riemen, fiel auf einen Stein und zerbrach. Da wußte ich: Der Kreis hatte sich geschlossen.[143]

Ortsverzeichnis

QUELLENNACHWEISE

[1] Steindl-Rast 1999, S. 13f.

[2] Mai 2005/06, S. 270f.

[3] Vgl. ebenda; Grille u. Kaiser 1988/89; Sagan 2013

[4] Mai 2005/06, S. 273

[5] Vgl. Henke 1995

[6] Zitiert bei: Fritze 2002

[7] Mai 2005, S. 273f.

[8] Vgl. Möller 2011

[9] Vgl. Hörnig 1988/89, S. 13-27; Fritze 2002, S. 15f.

[10] Mai 2005, S. 274f.

[11] Fügener, S. 34

[12] Mai 2005, S. 276

[13] Vgl. ebenda

[14] Ebenda, S. 281f.

[15] Ebenda, S. 282f.

[16] Ebenda, S. 285

[17] Vgl. ebenda, S. 284-306; Blöthner 2008; Jochen R., in: OTZ 24.02.1995

[18] Brachmanski 1996, S. 67

[19] Autorenkollektiv: Bad Salzungen 2000, S. 45

[20] Vgl. N.N.: Schloß Burgk, in: OTZ 24.01.1995

[21] Vgl. Fritze 2002

[22] Vgl. Greiser 2008

[23] Vgl. Lämmerhirt 2001

[24] Vgl. Fritze 1995

[25] Vgl. Heinze 2002, S. 18; Breustedt 2005

[26] Vgl. Autorenkollektiv: Mendhausen, o.J.

[27] Autorenkollektiv: Dingsleben 2000, S. 22f.

[28] Zitiert bei: Landeszentrale I, S. 60f.

[29] Vgl. Autorenkollektiv: Ershausen 1997, S. 57

[30] Bienert 2002; Vgl. auch Raßloff 2005

[31] Müller u.a. 1996, S. 203, 211

[32] Feuerwehrchronik Frankenhain, zitiert bei Rockstuhl 2002, S. 12f.

[33] Autorenkollektiv: Geisa 1992, S. 18f.

[34] Mues, in: OTZ 26.02.2005

[35] Autorenkollektiv: Gerstungen 1994, S. 24

[36] Autorenkollektiv: Gompertshausen 1994, S. 37

[37] Vgl. Blöthner 2008

[38] Vgl. Grille 1988/89; Schröder 2005; Grossmann 2010

[39] Autorenkollektiv: Grabe 1997, S. 15

[40] Vgl. Reetz, in: OTZ 20.01.2005

[41] Jochen R., in: Ebenda 24.02.1995

[42] Vgl: Querfeld 1995, S. 50f.; Hörnig 1988/89, S. 24f.; Schreiber 2005

[43] Stadtverwaltung Großbreitenbach 1999, S. 40f.

[44] Autorenkollektiv: Großpürschütz 2001, S. 13

[45] Mönchgesang, in: Steputat 2002, S. 46

[46] www.750-Jahre-hermsdorf.de/stadtgeschichte/am...

[47] Vgl. Fritze 2002

[48] Vgl. Knabe 1988/89, S. 106-112

[49] Vgl. Fügener, S. 25-51, Zitat ebenda

[50] Ebenda, S. 34

[51] Heimat- und Bürgerverein Jesuborn 1993, S. 22f.

[52] Ebenda

[53] Autorenkollektiv: Kranlucken 1999, S. 79ff.

[54] Autorenkollektiv: Kefferhausen 1996, S. 14f.

[55] Fröhlich u.a. 1999, S. 13

[56] Trümper 2003

[57] Ebenda

[58] Vgl. ebenda

[59] Fritze 2002

[60] Vgl. Trümper 2003

[61] Blöthner 2011, S. 54f.

[62] Kein 1998, S. 203-206

[63] Fritze 2002

[64] Grau 2003

[65] Autorenkollektiv: Plothen 2000

[66] Vgl. Blöthner 2009

[67] Vgl. Geiling 2009

[68] Kallenbach 2000, S. 66ff.

[69] Vgl. Autorenkollektiv: Lehesten 2001, S. 13; N.N., in: OTZ 29.12.1994

[70] Grote, S. 125-128

[71] Vgl. Heimatverein Liebschütz 2008, S. 161

[72] Grote, S. 125-128

[73] Vgl. Pocher 2000

[74] Gemeinde Mengersgereuth-Hämmern 1998, S. 79-83; Vgl. Müller u.a. 2005

[75] Grille 1988/89, S. 121f.

[76] Fritze 1995

[77] Vgl. Autorenkollektiv: Mupperg 1994, S. 14f.

[78] Bräutigam 2002, S. 12f.

[79] Vgl. Koity, in: OTZ 23.07.2005

[80] Blöthner 2011, S. 52ff.

[81] Vgl. Autorenkollektiv: Neustadt am Rennsteig 1989, S. 11f.

[82] Vgl. Benneckenstein 1995, S. 226f.

[83] Vgl. Mai 2005, S. 271; Bahr 1996, S. 1-27

[84] Boltger 1998, S. 20; Vorhergehendes Zitat von Rudolf Hagelstange (1912-1984)

[85] Vgl. Kuhlbrodt 1995, S. 21-25, 43-49

[86] Elise Schubert, Rosa Beyer, Else Weibezahl und Gertrud Kranhold, bei Müller 1996

[87] Matthey 1995, S. 17

[88] Ebenda, S. 62-65

[89] Vgl. Meininger Tageblatt (01.04.2005), zitiert bei Mai 2005, S. 275

[90] Matthey 1995, S. 62-65

[91] Autorenkollektiv: Plothen 2000, S. 26ff.

[92] Vgl. Schütz u. Weinhardt 1996, S. 41-45; Kreuzer 1988/89, S. 29-45; Enkelmann 2005

[93] Meyer-Weyrich 1988/89, S. 137f.

[94] Vgl. Kreuzer 1988/89, S. 29-45; Henning 2005

[95] Kuhlbrodt 1995, S. 177f.

[96] Vgl. N.N., in: OTZ 20.01.2005

[97] Reetz 2005

[98] Weiland, in: OTZ 29.12.1994

[99] Köhler, in: OTZ 24.02.1995

[100] Eckstein 2006, S. 144f.

[101] Zitiert bei N.N, in: OTZ 24.02.1995

[102] Vgl. Heimatjahrbuch des Saale-Orla-Kreises 2006, S. 144

[103] Eckstein 2011, S. 79-85

[104] Jochen R., in: OTZ 24.02.1995

[105] Vgl. Heym u. Jung 1996

[106] Vgl. Ortschronik Schmiedefeld; Kreuzer 1988/89, S. 31

[107] Töpfer 2002, S. 18-31

[108] Autorenkollektiv: Westgreußen, S. 211; Schloßmuseum Sondershausen 1995

[109] Reinhold 1994, S. 693, 791-794

[110] Siehe auch bei: Kreuzebra und Effelder

[111] Vgl. Fritze 1995; Richard 2011, S. 14f.

[112] Zitiert bei Fritze 1995

[113] Vgl. ebenda, Trümper 2003

[114] Vgl. Autorenkollektiv: Sömmerda 2001, S. 57f.

[115] N.N. 1957/8

[116] Vgl. Gemeinde Körner 1997, S. 58f.

[117] Vgl. Autorenkollektiv: Udestedt 2001, S. 37f.

[118] E. F., S. 97f.

[119] Mai 2005, S. 279f.

[120] Vgl. Günther 1984

[121] Blöthner 2013, S. 16ff., 32-72

[122] Nach Erzählungen von Elise Schubert, Rosa Beyer, Else Weibezahl und Gertrud Kranhold. Erfragt und niedergeschrieben von Ulrich Müller 1996

[123] Ebenda

[124] Albrecht Sauer, zitiert ebenda, S. 202-208

[125] Schubert, Beyer, Weibezahl, Kranhold, bei Müller 1996

[126] Sauer zitiert ebenda, S. 202-208

[127] Schubert, Beyer, Weibezahl, Kranhold, bei Müller 1996

[128] Sauer zitiert ebenda, S. 202-208

[129] Schubert, Beyer, Weibezahl, Kranhold, bei Müller 1996

[130] Albert 2001; Vgl. auch Schubert 1970

[131] Albert 2001

[132] Zitiert ebenda

[133] Zitiert ebenda

[134] Vgl. Autorenkollektiv: Wiedermuth 1998

[135] L. H., S. 16f.

[136] Schütz u. Weinhardt 1996, S. 41

[137] Autorenkollektiv: Wutha 2001, S. 68

[138] Mai 2005, S. 274

[139] Vgl. Autorenkollektiv: Mechterstädt 2000, S. 46

[140] Autorenkollektiv: Wutha 2001, S. 68

[141] Vgl. Autorenkollektiv: Zella-Mehlis, S. 19ff.

[142] Reinhold 1994, S. 791-794

[143] Vgl. Holbe 1991

BIBLIOGRAPHIE

- **Autorenkollektiv**: 1.225 Jahre Bad Salzungen, Festschrift zum Stadtjubiläum, 2000.
- **Autorenkollektiv**: Festschrift 1.200 Jahre Dingsleben 800–2000.
- **Autorenkollektiv**: 725 Jahre Ershausen, 1272–1997.
- **Autorenkollektiv**: Festschrift und Chronik der Stadt Gehren, 1993.
- **Autorenkollektiv**: Festschrift 1.175 Jahre Geisa, Fulda 1992.
- **Autorenkollektiv**: 1.250 Jahre Gerstungen 744–1994.
- **Autorenkollektiv**: Festschrift 1.000 Jahre Grabe, 997–1997.
- **Autorenkollektiv**: 875 Jahre Gompertshausen, 1119–1994.
- **Autorenkollektiv**: Festschrift Großpürschütz, 2001.
- **Autorenkollektiv**: Hermsdorfer Chronik, in: 750-Jahre-hermsdorf.de
- **Autorenkollektiv**: Festschrift zur 850-Jahrfeier der Gemeinde Kefferhausen vom 26. Juli bis 17 August 1996.
- **Autorenkollektiv**: 800 Jahre Kranlucken, 260 Jahre Pfarrei, 1999.
- **Autorenkollektiv**: 350 Jahre Stadtrecht Lehesten – Festschrift zum Jubiläum 2001.
- **Autorenkollektiv**: Festschrift 1.225 Jahre Mechterstädt, 2000.
- **Autorenkollektiv**: Ortschronik Mendhausen, o.J..
- **Autorenkollektiv**: Mupperg 1069–1994.
- **Autorenkollektiv**: 500 Jahre Neustadt am Rennsteig 1489–1989.
- **Autorenkollektiv**: Sömmerda – Einblicke in die Geschichte einer Kreisstadt 876–2001.
- **Autorenkollektiv**: Udestedt 876–2001, Festschrift zur 1.125-Jahr-Feier, in: Sömmerdaer Heimathefte, Sonderheft 2.
- **Autorenkollektiv**: Ortschronik Volkenroda, Gemeinde Körner, 1997.
- **Autorenkollektiv**: Festschrift 870 Jahre Wiedermuth, 1128–1998.
- **Autorenkollektiv**: 650 Jahre Wutha, 1349–1999, Festschrift zur 650-Jahrfeier, 2001.
- **Autorenkollektiv**: Chronik der Stadt Zella-Mehlis, Historische Persönlichkeiten von A–Z, Meiningen u.a. o.J..
- **Autorenkollektiv**: Wo einst Sumpf war – Die Geschichte von Plothen, Schleiz 2000.
- **Bahr**, Thomas: Die amerikanische Besatzungszeit in Apolda, in: Apoldaer Heimat – Beiträge zur Natur- und Heimatgeschichte der Stadt Apolda und ihrer Umgebung (Sonderheft), Apolda 1996.
- **Benneckenstein**, Hans: Ortschronik von Neudietendorf (Hg. von der Gemeinde Neudietendorf), Wechmar 1995.
- **Bienert**, Thomas: Erfurt – Eine kleine Stadtgeschichte, Erfurt 2002.
- **Blöthner**, Alexander: Wo die Saale rauscht...! – Gössitzer Heimatbuch. Alltag, Kultur und Wirtschaft in einem ehemaligen Markt- und Gerichtsflecken im Orlagau (Hg. von der Gemeindeverwaltung Gössitz zur 900-Jahrfeier, Oettersdorf 2008.
- **Blöthner**, Harry, u.a.: Krobitz im Wandel der Zeiten, Plothen 2011.
- Sabine **Bode**: Kriegsenkel – Die Erben der vergessenen Generation, Stuttgart 2011.
- **Derselbe**: Meine Lebenswege 1924-1948. Beitrag zur Alltagsgeschichte, Plothen 2013.
- **Boltger**, Hans: Festschrift 1.000 Jahre Niederroßla (Hg. von der Gemeindeverwaltung Niederroßla), 1998.
- **Brachmanski**, H.-P.: 1.100 Jahre, Geschichtliches aus Chroniken des Ortes Alach, Festschrift, Erfurt 1996.
- **Bräutigam**, Adolf in: Sonneberger Wochenblatt (29.03.1995).
- **Breustedt**, Susanne-Maria: ›...wir sahen nur einen roten Feuerball...‹: Das Kriegsende in Creuzburg 1945 (Hg. von der Stadt Creuzburg und der Kirchgemeinde) Creuzburg 2005.
- **Eckstein**, Manfred: Der Bombenangriff am 8. April 1945, in: Heimatjahrbuch des Saale-Orla-Kreises 2006.
- **Derselbe**: Der Granatsplitter im tiefen F, in: Orgelgeschichten, in: Ebenda 2011.
- **Enkelmann**, Hans Walter: Das Kriegsende in Pößneck aus dem Blickwinkel der US Army, in: Pößnecker Heimatblätter 11 (2005), S. 11-17.
- **F.**, Edeltraud: Fliegeralarm hatten wir fast jede Nacht, in: Landeszentrale für politische Bildung (Hg.): Quellen zur Geschichte von Thüringen, Band 1.

-**Fritze**, Eduard: Die letzten Kriegstage im Eichsfeld und im Altkreis Mühlhausen vom 3. bis 10. April 1945, Bad Langensalza 2002.

-**Derselbe**: Struth am 7. April 1945 – Die letzten Kriegstage im Eichsfeld, Witzenhausen 1995.

-**Fröhlich**, Willy, u.a.: Beiträge zur Geschichte der Gemeinde Knau anläßlich der 925-Jahrfeier 1999.

-**Fügener**, Jens: Amerikanisches Intermezzo – Jena zwischen Drittem Reich und Sowjetischer Besatzungszone (April–Juli 1945), in: Stutz, Rüdiger (Hg.): Macht und Milieu, Jena zwischen Kriegsende und Mauerbau.

-**Geiling**, Jürgen: Langenberg – Beiträge zur Geschichte, Gera 2009.

-**Gemeindeverwaltung** Mengersgereuth-Hämmern: 75 Jahre Gemeinde Mengersgereuth-Hämmern, Festschrift 1998.

-**Grau**, Benno: Jagdgeschichten, in: Dorf- und Heimatverein Schöndorf e. V. (Hg.): Festschrift 625 Jahre Külmla, Schöndorf, Tausa 2003.

-**Greise**, Katrin: Die Todesmärsche von Buchenwald, Göttingen 2008.

-**Grille**, Dietrich; Kaiser, August Wilhelm (Hg.): Thüringen unter dem Sternenbanner – April bis Juni 1945, in: Kultur und Geschichte Thüringens 8/9 (1988/89).

-Stadt **Großbreitenbach** (Hg.): 600 Jahre Großbreitenbach – Waldstadt und Weltstädtchen, Festschrift, in: Brätmicher Heimatbücher, Hildburghausen 1999.

-**Grossmann**, Günter: Kriegsende und amerikanische Besatzung in Gotha: Erinnerungen – Erlebtes – Überliefertes 1944/45, Gotha 2010.

-**Grote**, Karl: Die letzten Kriegstage im Raum Liebengrün, in: Hanisch, Manfred u.a.: Festschrift 625 Jahre Marktflecken Liebengrün, Remptendorf 2002.

-**Günther**, Gitta: Weimar-Chronik – Stadtgeschichte in Daten, in: Weimar-Heft 10, 1984.

-**H.**, Lydia: Wie soll das der Mensch verkraften?, in: Landeszentrale für politische Bildung (Hg.): Quellen zur Geschichte von Thüringen, Bd. 1.

-**Heimat- und Bürgerverein** Jesuborn: 1368–1993, 625 Jahre Jesuborn 1993.

-**Heimatverein** ›Krumme Kiefer‹ Liebschütz (Hg.): Liebschütz im Wandel der Zeit 1258-2008 – Festschrift zur Feier der Ersterwähnung.

-**Heinze**, Kurt: Bad Tennstedt – Geschichte einer Kurstadt, 1899–2002, Bad Langensalza 2002.

-**Henke**, Klaus Dietmar: Die amerikanische Besetzung Deutschlands, in: Quellen und Darstellungen zur Zeitgeschichte 27, München 1995.

-**Henning**, Dirk: ›7 Tage im April‹ – Das Kriegsende in Saalfeld, in: Saalfelder Museumsreihe 8, Saalfeld 2005.

-**Heym**, Rolf, Jung, Heinrich: Goldlauter – Heidersbach. Ein Heimatbuch von Rudolf Heym, Zella-Mehlis 1996.

-**Holbe**, Rainer (Hg.): Unglaubliche Geschichten, München 1991.

-**Hörnig**, Herbert: Thüringen im Nationalsozialismus, in: Grille u.a. (Hg.): Thüringen unter dem Sternenbanner 1988/89.

-**Kallenbach**, Ernst: Dorfgeschichte u.a., in: Chronik der Gemeinde Leimbach, Hg. anläßlich der 950-Jahrfeier des Ortes 2000.

-**Kein**, Rudi: Krölpa – Eine Ortschronik (Hg. von der Gemeinde Krölpa), 1998.

-**Knabe**, Ruth: In der Stadtverwaltung von Hildburghausen, in: Grille u.a. (Hg.): Thüringen unter dem Sternenbanner, 1988/89.

-**Köhler**, Erika: Sie kannten keine Rache damals – Eine Frau, die nach dem Bombenangriff verschüttet war, berichtet, in: Ostthüringer Zeitung (OTZ) 24.02.1995.

-**Koity**, Marius: Kernphysik in der Harrasmühle, in: OTZ 23.07.2005.

-**Kreuzer**, Hermann: Die Besetzung Saalfelds durch die Amerikaner 1945 – Kommunal- und Regionalverwaltung in der ›Stunde Null‹, in: Grille u.a. (Hg.): Thüringen unter dem Sternenbanner, 1988/89.

-**Kuhlbrodt**, Peter: Schicksalsjahr 1945, Inferno Nordhausen, Chronik, Dokumente, Erlebnisberichte (Hg. vom Archiv der Stadt Nordhausen), Nordhausen 1995.

-**Lämmerhirt**, Rainer: Der Kampf um die Werralinie 1945 – Mihla und das mittlere Werratal im Zweiten Weltkrieg, Bad Langensalza 2001.

-**Landeszentrale** für politische Bildung (Hg.): Die Zeit des Nationalsozialismus 1933–1945, in: Quellen zur Geschichte von Thüringen, Band 1.

-**Mai**, Gunther: Das Kriegsende 1945 in Thüringen – Region zwischen zwei Fronten, in: Zeitschrift des Vereins für Thüringische Geschichte und Altertumskunde Jg. 53f. (2005/06).

-**Matthey**, Fritz: Aufzeichnungen, in: 1.200 Jahre Oberweid, 795–1995.

-**Meyer-Weyrich**, Käthe: Was wäre uns nicht alles erspart geblieben, in: Grille u.a.: Thüringen unter dem Sternenbanner 1988/89.

Möller, Jürgen: Der Kampf um den Harz, April 1945 – Der Vorstoß des VII. US Corps von der Weser durch das nördliche Eichsfeld ..., Bad Langensalza 2011.

-**Mönchgesang**, Elisabeth: Bericht, in: Steputat 2002.

-**Mues**, Siegfried: ›Bei uns roch es ständig nach Futterküche‹ – 60 Jahre Kriegsende in Gera, in: OTZ 26.02.2005.

-**Müller**, Florian; Norck, Sebastian; Kathe, Martin; Schrepel, Kurt: 60 Jahre Kriegsende in Sonneberg (in Zusammenarbeit mit dem Stadtarchiv Sonneberg), Sonneberg, 2005.

-**Müller**, Ulrich u.a.: Chronik und Heimatbuch von Westgreußen 1996.

-**N.N.**: Ab Anfang Februar 1945 rollen LKWs mit SS-Akten aus Berlin an; Die SS wollte 1945 Schloß Burgk in die Luft jagen; MG-Feuer der Amerikaner auf Schloß Burgk, in: OTZ 24.01.1995.

-**N.N.**: Alliierte Truppen erreichten ›Laura‹ im April 1945, in: OTZ 29.12.1994.

-**N.N.**: In schwerer Zeit in vorderster Linie – Aus dem Tagesbefehl an die SA im April 1945, in: OTZ 24.02.1995.

-**N.N.**: Schleizer Zeitung im Frühjahr 1945, in: OTZ 20.01.2005.

-**N.N.**: Thierbach ist unser Stützpunkt und wird gehalten, in: Der Oberlandbote – Heimatzeitschrift mit kultureller Monatsschau der Kreise Schleiz und Lobenstein 1957, Heft 8.

-**OTZ** – Ostthüringer Zeitung. Tageblatt für Ostthüringen.

-**Pocher**, Wilhelm: Weiße Fahnen über Meiningen – Osterwoche 1945, in: Schriften zur Stadtgeschichte Meiningens, Meiningen 2000.

-**Querfeld**, Werner: Greiz – Geschichte einer Stadt, Greiz 1995.

-**R.**, Jochen: Der Krieg und seine Gesichter, in: OTZ 24.02.1995.

-**Raßloff**, Steffen: Erfurt 1945, in: Heimat Thüringen – Bd. 12. (2005), S. 33ff..

-**Reetz**, Volker: Tagtäglich sind viele Bomber am Himmel – Vor 60 Jahren endete der II. Weltkrieg: Flak, Ballons und Netze schützen Bleilochsperrmauer, in: OTZ 20.01.2005.

-**Reinhold**, Albert: Chronik der Gemeinde Sulzdorf an der Lederhecke, 1994.

-**Derselbe**: Chronik von Westhausen mit seinem Ortsteil Haubinda, 2001.

-**Richardt**, Georg: Kriegsende in Struth, in: Eichsfelder Heimatzeitschrift 55 (2011), S. 14.

-**Rockstuhl**, Harald (Hg.): Der Kampf um die Rennsteiglinie im Thüringer Wald 1945 – Eine Spurensuche, Bad Langensalza 2002.

-**Derselbe** (Hg.): Feuerwehrchronik Frankenhain, in: Ebenda.

-**Sagan**, Günther: Ostthüringen im Bombenkrieg 1939-1945, Petersberg 2013.

-**Schloßmuseum** Sondershausen (Hg.): Heimat und Zerstörung – Zum 8. April 1945 in Sondershausen, Sondershausen 1995.

-**Schreiber**, Gerhard: Kriegsende in Greiz – April 1945, in: Heimatbote 51 (2005), S. 9-16.

-**Schröder**, Jochen: Das Kriegsende vor 60 Jahren im Heimatkreis Gotha ..., in: Gothaer Heimatbrief 46 (2005), S. 5-8.

-**Steputat**, Kerstin: Gemeinde Haßleben – Chronik 802–2002 (Hg. von der Verwaltungsgemeinschaft Straußfurt – Gemeinde Haßleben), Erfurt 2002.

-**Schubert**, Albert: Das Kriegsende im Coburger Land, 1970.

-**Schütz**, Günther; Weinhardt, Hilmar: Vor 50 Jahren: Die letzten Kriegstage – Bisher unveröffentlichtes Material aus Pößneck im Jahr 1945, in: Heimatjahrbuch des Saale-Orla-Kreises 1996.

-**Steindl-Rast**, David: Fülle und Nichts – Von innen her zum Leben erwachen, Mount Saviour 1999.

-**Töpfer**, Gustav: Aufzeichnungen, in: Rockstuhl, 2002.

-**Trümper**, Karl Josef: Kreuzebra 1945 – Unter Einfluß des Zeitgeschehens, Ein Beitrag zur Ortsgeschichte, Leinefelde 2003.

-Heinz **Weiland**: Halbe Kinder am Karabiner und an der Panzerfaust, in: OTZ 29.12.1994.

Die Reihe Plothener Hefte zur Thüringer Regionalgeschichte

Band 1: Sagenhafte Wanderungen im Land der Tausend Teiche um Plothen, Dreba, Knau, bis nach Crispendorf und Linda – 88 S. Broschürt

Band 2: Die Kirche zu Weira – Kirchgemeinde und Baugeschichte. Festschrift zur Wiedereinweihung der Marienkirche – 64 S. Broschürt

Band 3: Gespenster im alten Gera – Soziologische Untersuchungen zum Geisterphänomen – 112 S. Paperback

Band 4: Sagenorte und Sagengestalten in der Volksüberlieferung des Orlagaues unter besonderer Berücksichtigung magischer Pflanzen, gespenstischer Tiere und keltischer Flurnamen – 80 S. Broschürt

Band 5: Die Herrschaft der Universität Jena über die Stadt Apolda im 18. Jahrhundert – Ein Rationalistischer Herrschaftsstil? – 72 S. Broschürt

Band 6: Die Jenaer Umgebung als Erinnerungslandschaft – Die kulturelle Erfindung einer Landschaft. Ästhetisierung und Rezeptionswandel – 104 S. Broschürt, Bezug über den Buchhandel: *ISBN 978-3-743-17616-4*

Band 7: Das Kriegsende 1945 in Thüringen in Augenzeugenberichten – 156 S. Paperback, Bezug über den Buchhandel: *ISBN 978-3-7448-9717-4*

Band 8: Geschichte und Geschichten aus dem Orlagau – Eine alte Kulturlandschaft stellt sich vor – 96 S. Broschürt

Band 9: Eine kleine Geschichte der Landwirtschaft in Ostthüringen unter besonderer Berücsichtigung des Saale-Orla-Kreises – 128 S. Broschürt

Band 10: Der Dreißigjährige Krieg in Thüringen [1618-1648] – Östlicher Teil: Reuß, Schwarzburg, Orlagau, Holz- und Osterland, 396 S. Paperback, Bezug über den Buchhandel: *ISBN 978-3-741-29289-7*

Band 11: Eine kleine Geschichte der Jagd und des Waldes – 80 S. Broschürt

Band 12: Kamen die Reußen von der Unstrut? – Das Kloster Homburg bei Bad Langensalza und seine Gründer – 96 S. Paperback, *ISBN 978-3-743-17635-5*

Band 13: Fackeln des Krieges – Nordischer Krieg, Siebenjähriger Krieg und Napoleonischer Krieg an Saale, Orla und Wisenta [1700–1815], 232 S. Paperback

Band 14: Geheimnisse der Vorzeit im Orlagau – Von den Jägern und Sammlern der Urzeit bis zu den Kelten – 116 S. Broschürt

Band 15: Waldlandvölker – Germanen und Sorben im Saale-Orla-Raum – Vom Leben im Ersten Jahrtausend nach Christi – 2 Teilbände: 60/68 S. Paperback

Band 16: Die Geschichte der Arbeiterbewegung im Fürstentum Reuß älterer Linie – Ziviler Ungehorsam im 19. Jahrhundert – 80 S. Paperback, Bezug über den Buchhandel: *ISBN 978-3-743-17627-0*

Band 17: Wie dunkel war das Mittelalter? – Der Saale-Orla-Raum vom Mittelalter bis zur Frühneuzeit [899–1567] – 116 S. Broschürt

Band 18: Zwischen Heil und Verdammnis – Christianisierung und Reformierung im Saale-Orla-Raum [950–1590] – Eine etwas andere Kirchengeschichte, 104 S. Broschürt

BAND 19: Abschied von der alten Saale – Beiträge zur Wirtschafts- und Sozialgeschichte von Oberland und Orlasenke, Band 2, 376 S. Paperback [Sammelband der Folgen 9, 11, 22–27], Bezug über den Buchhandel: *ISBN 978-3-744-81273-3*

BAND 20: Krobitz im Wandel der Zeiten – Festschrift zum 400jährigen Jubiläum der Wiederaufrichtung der St. Annenkapelle 2011 – 88 S. Paperback

Band 21: Geschichte des Saale-Orla-Raumes: Orlasenke und Oberland – Eine LandesChronika vonden frühesten Anfängen der Besiedlung bis zur Frühneuzeit des Jahres 1599 [Sammelband der Folgen 14, 15, 17, 18] – 420 S. Paperback, Bezug über den Buchhandel: *ISBN 978-3-743-15120-8*

Band 22: Alte Bergwerke und Goldseifen im Saale-Orla-Raum – Wissenswertes über eine vergessene Bergbauregion ans Licht gebracht – 64 S. Broschürt

Band 23: Mühlen, Hammerwerke, Schmelzhütten an Saale und Orla – Zur regionalen Industriegeschichte in ›Händischer Zeit‹ – 64 S. Broschürt

Band 24: Alte Handelsstraßen und Floßverkehr im Saale-Orla-Raum – 68 S. Broschürt

Band 25: Die Stadt und ihre Nachbarschaft – Urbane Strukturen im Neustädter Kreis und im Reußischen Oberland während der Frühneuzeit – 80 S. Broschürt

Band 26: Von alten Bräuchen und Festtagen im Saale-Orla-Kreis – 48 S. Broschürt

Band 27: Rittergüter im Saale-, Orla- und Wisenta-Raum – Entstehung, Machtentfaltung, Untergang – 200 S. Paperback

Band 28: Sagen und Altertümer in Neustadt/Orla und Umgebung – 112 S. Broschürt

Band 29: Sagen und Altertümer um Ziegenrück – 52 S. Broschürt

Band 30: Sagenhafte Wanderungen im Saale-Orla-Raum, Band 1: Obere Orlasenke mit Neustadt/Orla, Triptis, Auma und Umgebung [Sammelband der Folgen 1 (teils), 4, 28, 42] – 436 S. Paperback, *ISBN 978-3-744-85164-0*

Band 31: Weiraer Chronik, Band 1: Das Dorf und seine Umgebung in Geschichte und Gegenwart – 284 S. Paperback

Band 32: Weiraer Chronik, Band 2: Beiträge zur Wirtschafts-, Schul- und Kirchengeschichte sowie zur Ortsflur und zur Infrastruktur – 264 S. Paperback

Band 33: Harry Blöthner: Meine Lebenswege [1924-1948] – 72 S. Paperback

Band 34: Sagenhafte Wanderungen in der Aga-Hochebene und im südlichen Zeitzer Lößhügelland von Steinbrücken nach Pölzig – 60 S. Broschürt

Band 35: Sagenhafte Wanderungen von Langenberg durch das Brahmetal nach Bethenhausen – 68 S. Broschürt

Band 36: Sagenhafte Wanderungen um Bad Köstritz – 68 S. Broschürt

Band 37: Sagenhafte Wanderungen im Bundsandsteingebiet westlich der Weißen Elster durch den Saarbach-, Erlbach- und Weißiger Grund – 88 S. Broschürt

Band 38: Sagenhafte Wanderungen in Ronneburg und Umgebung, durch die Täler der Sprotte sowie durch das Gessental – 96. S. Broschürt

Band 39: Sagenhafte Wanderungen im Geraer Becken, Erster Teil: Das Gebiet westlich der Weißen Elster mit dem Geraer Stadtwald – 68 S. Broschürt

Band 40: Sagenhafte Wanderungen im Geraer Becken, Zweiter Teil: Das Gebiet östlich der Weißen Elster mit der alten Stadt Gera – 96 S. Broschürt

Band 41: Sagenhafte Wanderungen um die Stadt Weida – 96 S. Paperback

Band 42: Sagenhafte Wanderungen in Triptis, Auma und Umgebung – 80 S. Paperback

Band 43: Eine sagenhafte Wanderung auf der Hochebene nördlich von Oetters-dorf – 72 S. Paperback

Band 44: Sagen und Altertümer aus Schleiz und Umgebung – 100 S. Paperb.

Band 45: Sagenhafte Wanderungen in Tanna und Umgebung – 68 S. Broschürt

Band 46: Sagenhafte Wanderungen um Gefell, Hirschberg und Blankenberg – 68 S. Paperback

Band 47: Sagenhafte Wanderungen in der Gemeinde Remptendorf und auf den Saale- und Sormitzhöhen – 68 S. Broschürt

Band 48: Sagen und alte Geschichten aus Saalburg-Ebersdorf und Umgebung – 80 S. Broschürt

Band 49: Sagenhafte Wanderungen durch die Saale-Rennsteig-Region: Blanken-stein und Umgebung – 48 S. Broschürt

Band 50: Sagen und Altertümer aus Bad Lobenstein und Umgebung sowie aus der vom Stausee überfluteten Erinnungslandschaft ›Saalpolynesien‹ – 60. S. Broschürt

Band 51: Sagenhafte Wanderungen im Raum Wurzbach, im Sormitztal und im [thüringischen] Frankenwald – 56 S. Broschürt

Band 52: Sagenhafte Wanderungen in Ranis und Umgebung, Teilband 1: Stadt und Burg Ranis mit den Zechsteinriffen um Brandenstein – 84 S. Broschürt

Band 53: Sagenhafte Wanderungen in Ranis und Umgebung, Teilband 2: Das Gebiet zwischen Ranis und der Oberen Saale – 84 S. Broschürt

Band 54: Sagenhafte Wanderungen um Krölpa und in den Wäldern der Saal-felder Heide – 64 S Broschürt

Band 55: Sagen und Altertümer aus Pößneck und Umgebung – 88 S. Brosch.

Band 56: Sagenhafte Wanderungen in der Verwaltungsgemeinschaft Oppurg; Teil 1: Von Oppurg über die Heidewälder nach Langenorla und Kleindembach – 80 S. Broschürt

Band 57: Sagenhafte Wanderungen in der Verwaltungsgemeinschaft Oppurg; Teil 2: Von Wernburg über die Bahrener Höhe nach dem Weiraer Wald – 88 S. Broschürt

Band 58: Sagen und Altertümer von den Zechsteinriffen der Orlasenke – 88 S. Broschürt

Band 59: Sagenhafte Wanderungen zwischen Saale und Ilm östlich von Leuten-berg – 68 S. Broschürt

Band 60: Sagenhafte Wanderungen um Schloß Burgk und seine Umgebung – 56 S. Broschürt

Band 61: Thüringer Fürsten und ihre Residenzen im 18. Jahrhundert: Coburg, Ebersdorf, Eisenberg, Gera, Gotha, Greiz, Köstritz, Lobenstein, Neustadt/Orla, Rudolstadt, Saalfeld, Schleiz, Weida, Weimar, Zeitz u.a. – 200 S. Paperpack, Bezug über den Buchhandel: *ISBN 978-3-743-17622-5*

Band 62: Harry Blöthners Weiraer Familienbuch – Familien in Weira [1850-1950] – Haus- und Familiengeschichte[n], 132 S. Paperback

Band 63: Sozialistische Landwirtschaft und LPGisierung im Saale-Orla-Raum [1945-1990], 144 S. Paperback

❖❖❖❖❖❖❖❖❖❖❖❖❖❖❖❖❖❖❖❖❖❖❖❖❖❖❖❖❖❖❖❖❖❖❖❖❖❖

Alexander Blöthner:

Geschichte des Saale-, Orla-Raumes: Orlasenke und Oberland

Von den frühesten Anfängen der Besiedlung bis zum Jahr 1815
BAND 1: ISBN 978-3-743-15120-8,   BAND 2: 78-3-743-12886-6
420/660 S. PAPERBACK

Der Saale-Orla-Kreis zählt zu den schönsten, als auch zu den historisch bedeutendsten Regionen Thüringens. Vorzeitliche Funde, Burgen und historische Bauten gibt es in einer Zahl wie sonst nur noch im Rheintal. Erinnerungslandschaften eröffnen sich hier, die sich durch Vielfalt und Verschiedenartigkeit auszeichnen. Den Mittelpunkt der Region bildet die klimatisch begünstigte Orlasenke mit ihren eindrucksvollen Zechsteinriffen. Im Norden von einer bewaldeten Bundsandsteinplatte, der ›Heide‹, umrissen, schließt sich im Süden der Senke das Gebiet der ›Oberen Saale‹ an, mit zwei großen Stauseen und zerklüfteten Seitentälern, die bis zu 200 Meter tief hinabfallen. Im Osten dagegen findet sich mit dem ›Land der Tausend Teiche‹ eine Wasser- und Sumpflandschaft nach märkischem Bild. Im Westen wird die Region von den ›Saalfelder Höhen‹, den östlichen Ausläufern des ›Thüringer Waldes‹ begrenzt.

Dieses ausgesprochen spannende, durch und durch mystische Buch geht zurück zu den Wurzeln des Landes und läßt die alten Tage wieder auferstehen. Heimatinteressierte und Besucher seien dazu einladen, die Geschichte dieses Landes in neuem Licht zu sehen. Am Puls der Zeit geschrieben, finden Sagen, alte Geschichten und neueste wissenschaftliche Erkenntnisse übersichtlich in einem Werk zusammen.

Jetzt am Beginn eines neuen Zeitalters findet sich im Bekannten die Kraft für das Neue. Packend und augenzwinkernd zugleich wird der Leser auf jene Aspekte hingewiesen, die wieder und wieder, in ständig wechselnder Verkleidung das Leben der Menschen von jeher bestimmt haben und wohl auch in Zukunft bestimmen werden.

❖❖❖❖❖❖❖❖❖❖❖❖❖❖❖❖❖❖❖❖❖❖❖❖❖❖❖❖❖❖❖❖❖❖❖❖❖❖

Alexander Blöthner:

Beiträge zur Wirtschafts- und Sozialgeschichte des Saale-, Orla- und Wisenta-Raumes

BAND 1: *Wie es damals bei uns war* – ISBN 978-3-734-78731-7
BAND 2: *Abschied von der alten Saale* – ISBN 978-3-744-81273-3
656/356 S. PAPERBACK

Aus dem Inhalt:

✦ *Eine kleine Geschichte der Forstwirtschaft, des Waldes und des Jagdwesens*

✦ *Gemeinschaft, Landbau, historisches Brauchtum – Das Leben auf dem Dorf*

✦ *Handwerker, Ackerbürger, Bierkriege – Die Stadt und ihre Nachbarschaft*

✦ *Von der Fastenspeise zur Fischroster – Zur Geschichte der Teichwirtschaft*

✦ *Ein Leben mit der Saale – Zwischen Flößerromantik und gefährlichem Alltag*

✦ *Ein Ruhrgebiet der Frühneuzeit? – Von Mühlen, Hammerwerken und Hochöfen*

✦ *Schleizer Antimon, Zechsteinkupfer, Schwarzagold–Vom Bergbau in der Region*

✦ *Waldpfade, Leichenwege, Handelsstraßen – Ein Beitrag zur Verkehrsgeschichte*

❖❖❖❖❖❖❖❖❖❖❖❖❖❖❖❖❖❖❖❖❖❖❖❖❖❖❖❖❖❖❖❖❖❖❖❖❖❖

Alexander Blöthner:

Sagenhafte Wanderungen im Saale-Orla-Kreis

Schlösser – Kirchen – Mühlen – Hammerwerke – Höhlen – Keltische Flur-namen – Archäologische Fundstätten – Kraftorte – Heidnische Kultplätze

4 Bände: 436/ 436/ 320/408 S. Paperback

Als Ergebnis einer Suche nach magischen Orten, prähistorischen Fund-stätten, heidnischen Kultplätzen, alten Kirchen und Schlössern findet sich die Sagenwelt des gesamten Großraumes übersichtlich in einem Werk versammelt. Zusammen mit einer Neuinterpretation unserer Flurnamen in Bezug auf deren mögliche Entstehung in keltischer bzw. vorkeltischer Zeit, möchte das Land von seinen Bewohnern neu entdeckt werden.

❖❖❖❖❖❖❖❖❖❖❖❖❖❖❖❖❖❖❖❖❖❖❖❖❖❖❖❖❖❖❖❖❖❖

Alexander Blöthner:

Der Dreißigjährige Krieg in Thüringen [1618–1648]

Östlicher Teil: Reuß, Schwarzburg, Orlagau, Holz- und Osterland

ISBN 978-3-741-29289-7, 396 S. Paperback

Obwohl kein Krieg von 30 Jahren Dauer, stellte er doch eine Abfolge ganz unterschiedlicher, militärischer Konflikte dar, die sich zum Teil zwangs-läufig, zum Teil aber auch unglückseligerweise miteinander verbanden. Ausgerechnet die Bevölkerung der Region zwischen Saale und Weißer Elster mußte es als Unglück erleben, daß ihr Land in der Mitte Deutsch-lands an wichtigen Verkehrsknotenpunkten lag und so unabwendbar und immer wieder in den Krieg hineingezogen wurde. Erstmals in sol-cher Fülle in einem Band vereinigt, zeichnen die regionalen Quellen und Darstellungen ein authentisches und emotional tief bewegendes Bild aus Deutschlands wohl unheilvollster Zeit.

❖❖❖❖❖❖❖❖❖❖❖❖❖❖❖❖❖❖❖❖❖❖❖❖❖❖❖❖❖❖❖❖❖❖

Alexander Blöthner:

Fackeln des Krieges [1700–1815]: Nordischer, Siebenjähriger und Napoleonischer Krieg an Saale, Orla und Wisenta, 232 S. Paperback

Oktober 1806: Für Napoleon sind die Würfel gefallen. In drei Heersäulen rückt seine 200.000 Mann starke Armee gegen die Mittelgebirgskämme vor. Preußen und Sachsen, in seltener Eintracht vereint, erkennen die Gefahr nicht. Sie haben kaum drei Viertel ihrer möglichen Truppenmacht ausgehoben und liegen in einen über 100 Kilometer langen Bogen zwischen Weißer Elster und Werra verstreut. Nur langsam erkennen sie, was sich da gegen sie zusammenbraut. Aber auch die Zivilisten, als Kinder eines langen Friedens, können sich mit aller Phantasie nicht ausmalen, wie es in einem Kriege zugehen könnte. Bereits Monate zuvor waren überall französische Aufklärer, teilweise sogar in französischer Uniform aufgetaucht. Die Preußen dagegen hielten die Späherei für niedrig und machten keine Anstalten machten, sich über den gewaltigen Gegner in Kenntnis zu setzen, ein großer Fehler, wie sich bald herausstellen sollte.

❖❖❖❖❖❖❖❖❖❖❖❖❖❖❖❖❖❖❖❖❖❖❖❖❖❖❖❖❖❖❖❖❖❖

Alexander Blöthner:

Magische Orte in
Leipzig und Umgebung

Sagen und Mythen, Legenden und Altertümer, Vorzeitliche Flurnamen, Fundstätten, Heidnische Kultplätze

Band I: Das Stadtgebiet von Leipzig

ISBN 978-3-741-29290-3, 276 S.

Dieses Buch möchte dazu einladen, altbekannte Orte in neuem Licht zu sehen. Es ist am Puls der Zeit geschrieben und stellt den Versuch dar, den ›Genius Loci‹ – die ›Aura des Ortes‹ – von verschiedenen Seiten her zu beleuchten. Heimatgeschichtliche und archäologische Wissensstände über geheimnisvolle Stätten werden ebenso berücksichtigt, wie die Ergebnisse prähistorischer Namensforschung und esoterische Hintergründe.

Alexander Blöthner:

Magische Orte in
Leipzig und Umgebung

Sagen und Mythen, Legenden und Altertümer, Vorzeitliche Flurnamen, Fundstätten, Heidnische Kultplätze

Band II: Die Umgebung von Leipzig mitsamt der Tieflandsbucht zwischen Elster und Mulde von der Dübener Heide bis zum Zeitz-Altenburger Lößhügelland

ISBN 978-3-741-29291-0, 352 S.

Aus dem Inhalt:

+ Tauchaer Endmoränenland
+ Porphyrhügel- und Göselgebiet
+ Ehemalige Eula- und Pleißeaue
+ Wyhragebiet und Zwickauer Mulde
+ Thümmlitzwald
+ Grimma, Wurzen und Umgebung
+ Hohburger Schweiz
+ Pleißegebiet
+ Im westsächsischen »Kohlorado«
+ Im Tal der Weißen Elster bis Zeitz
+ Schnauderaue und Lößhügelland
+ Markranstädt südwärts
+ Schkeuditz und Umgebung
+ Delitzsch und Umgebung
+ Eilenburger Land
+ Dübener Heide